KURT FLASCH

EINFÜHRUNG
IN DIE PHILOSOPHIE DES MITTELALTERS

DIE PHILOSOPHIE

Einführungen in Gegenstand, Methoden und Ergebnisse
ihrer Disziplinen

WISSENSCHAFTLICHE BUCHGESELLSCHAFT
DARMSTADT

KURT FLASCH

EINFÜHRUNG IN DIE PHILOSOPHIE DES MITTELALTERS

WISSENSCHAFTLICHE BUCHGESELLSCHAFT
DARMSTADT

Einbandgestaltung: Neil McBeath, Stuttgart.

1. Auflage 1987
2., unveränderte Auflage 1989

Die Deutsche Bibliothek – CIP-Einheitsaufnahme

Flasch, Kurt:
Einführung in die Philosophie des Mittelalters / Kurt Flasch. – 3., unveränd. Aufl. – Darmstadt: Wiss. Buchges., 1994
(Die Philosophie)
ISBN 3-534-04570-X

Bestellnummer 04570-X

3., unveränderte Auflage 1994

Gedruckt auf säurefreiem und alterungsbeständigem Offsetpapier
Satz: Fotosatz Janß, Pfungstadt
Druck und Einband: Wissenschaftliche Buchgesellschaft, Darmstadt
Printed in Germany
Schrift: Linotype Garamond, 10/11

ISSN 0174-0997
ISBN 3-534-04570-X

INHALTSVERZEICHNIS

VORWORT

Man kann auf den verschiedensten Wegen einführen in die Philosophie des Mittelalters. Doch war ein Versuch dazu schwieriger, als ich anfangs dachte. Eine Einführung fordert Konzentration auf das Wesentliche. Aber beim gegenwärtigen Stand unseres Wissens vom Mittelalter steht noch nicht fest, was „das Wesentliche" war. Die Situation ist hier anders als etwa bei der Geschichte der antiken Philosophie.

Ich hätte mich beschränken können auf zwei oder drei Philosophen des Mittelalters. Dies hätte eine ausführliche Darstellung gestattet und die Divergenzen dokumentiert, die es innerhalb des Mittelalters gab. Gewiß wäre die Auswahl problematisch gewesen. Aber dem Vorwurf subjektiver Bewertung kann ein Historiker ohnehin nicht definitiv entgehen. Ich habe dieses Verfahren aus einem anderen Grund verworfen: Es hätte den Fluß der geschichtlichen Entwicklung zerschnitten zugunsten zweier oder dreier Zustandsbilder. Im Lese- und Ausstellungspublikum der BRD herrscht ohnehin die Neigung, sich das Mittelalter als eine statische, agrarische und fromme Zeit stilisieren zu lassen. Wendet man sich der Geschichte zu mit dem einseitigen Zweck der Stabilisierung bedrohter Werte, stört der Prozeß- und Konfliktcharakter der Geschichte. Die vorliegende Einführung will demgegenüber das philosophische Denken des Mittelalters *im Werden* zeigen. Seine Konflikte und die Schübe seiner Entwicklung sollen deutlich werden.

Dies konnte ich nicht erreichen, indem ich eine kurzgefaßte Geschichte der mittelalterlichen Philosophie schrieb. Erstens lag mir eine mit gegenwärtigem Problembewußtsein aus den Quellen bearbeitete Geschichte der mittelalterlichen Philosophie nicht vor. Ich habe mir ein derartiges Gesamtbild erst mit dem Buch: Das philosophische Denken im Mittelalter. Von Augustin zu Machiavelli (Reclam/Stuttgart 1986) erarbeiten müssen.

Zweitens erhält man nicht dadurch eine Einführung, daß man ausführliche Analysen des Prozesses des mittelalterlichen Denkens auf abstrakte Entwicklungslinien zusammenzieht. Die vorliegende Einführung ist daher keine Kurzfassung des genannten umfangreichen Buchs. Sie geht einen eigenen Weg: Sie sucht das mittelalterliche Denken in einer Reihe von offenen Situationen auf, in denen sich sein Fortgang entschieden hat. Dadurch wollte ich vermeiden, daß der Geschichtsfluß vor den Augen des Lesers erstarrt. Ich habe Situationen ausgewählt, die gut dokumentiert sind, um generalisierende Charakteristiken durch Textnähe zu unterlaufen. Welche methodologischen Gesichtspunkte mich dabei leiteten, habe ich im ersten Abschnitt des zweiten Kapitels skizziert.

Wenn der Leser findet, das mittelalterliche Denken habe eine wirkliche, zuweilen dramatische Geschichte gehabt, und wenn er Lust gewinnt, sich an den Entdeckungen zu beteiligen, die auf diesem Feld noch zu machen sind, dann hat diese Einführung ihren bescheidenen Zweck erreicht.

Mainz, im Dezember 1985 Kurt Flasch

I. ZITAT UND EINSETZUNG – KAROLINGISCHER NEUBEGINN

1. Untergang der Antike – Anfang einer Zivilisation

Wenn man sich irgendwo in Europa eine Anschauung vom Anfang des Mittelalters verschaffen kann, dann in Aachen. Der karolingische Ursprung einer Epoche ist hier mit Händen greifbar. Allerdings müssen wir vieles wegdenken – den spätgotischen Chor des Münsters, den großen Leuchter, den Barbarossa 1165 anbringen ließ, um die Würde des von ihm zum Heiligen erklärten Karl zu feiern, die frühneuzeitlichen Wohnhäuser, die moderne Stadt. Wir müssen das karolingische Achteck in seiner Reinheit rekonstruieren, in mühseliger Kleinarbeit, innen wie außen. Wir müssen uns die Welt vorstellen, in der es stand, umgeben von einigen wenigen Steinbauten, inmitten von riesigen Wäldern. Landstraßen gab es fast keine. Die meisten Reisen, fast alle Transporte geschahen mit dem Schiff. Ein Buch hatte den Wert eines Bauernhofes. Im ganzen Reich, das viel zu groß war, um effizient verwaltet zu werden, gab es nur einige wenige hundert Personen, die ein solches Buch lesen konnten. Ein Buch war ein Prunkstück. Die Edelsteine auf dem Einband, die kostbaren Miniaturen – dies alles enthob es der Sphäre des Gewöhnlichen und des Privaten. Ein solches Buch gehörte eigentlich keinem Menschen; es gehörte Gott. Mittelalterlicher noch: Es war im Besitz eines Heiligen. Denn man stellte sich vor, ein bestimmter Heiliger sei, auch im juristischen Sinne, der Besitzer eines Klosters oder einer Kathedrale einschließlich der Bibliothek. Um 800 hatte ein Buch fast immer mit dem Kaiser zu tun, entweder direkt oder weil es in ein Kloster gehörte, wo der Kaiser seine geistige, geistliche und politische Führungselite ausbilden ließ.

Doch gehen wir noch einmal zurück ins Münster zu Aachen. Wie „jenseitig" und wie stabil, wie „anders" muß es gewirkt haben, wenn man es um 800 nach langer Waldwanderung oder nach einem beschwerlichen Ritt betrat. War der achteckige Rundbau auf Gott, auf den Altar oder auf den Kaiser konzentriert? Man konnte es nicht unterscheiden. Man wollte auch nicht. Hier war alles zusammen, was in einer wenig bearbeiteten Natur Halt und Ordnung verlieh. Hier war Form, Einheit, Mittelpunkt. Nicht als wären alle Unterschiede verflossen in mystischem Dunkel: Der Kaiser war „oben“, alle anderen, auch der Klerus, waren „unten“. Hierarchie blieb sichtbar. Darauf kam es an: Herrschaft war Hierarchie, nicht bloße Funktion. Nicht als wäre sie ohne Gewalt und ohne Krieg zustande gekommen. An den Händen des Kaisers klebte Blut. Wir müssen ihn eher als einen erfolgreichen Bandenchef denken denn als den idealisierten Priesterkönig späterer Darstellungen. Er hatte sich durchkämpfen müssen, gegen Sachsen und Bayern. Er war es, der dem Klerus seine Rolle zuwies, nicht umgekehrt. Der Papst war fern und ohnmächtig; in den Augen Karls hatte er seine Hauptaufgabe darin, für das Gelingen der kaiserlichen Pläne zu beten.

Aber wenn Karl der Anführer einer Reiterbande war, so war er ein Bandenchef mit einer Idee: möglichst so zu sein wie der ferne Herrscher von Byzanz. Das reiche und mächtige Ostrom war für viele Jahrhunderte des Mittelalters ein anstachelnder Traum. Dort waren Gold und Reliquien; dort war das Erbe Roms. Dort regierte der Kaiser die Kirche, beraten von Klerikern, die ihm untergeordnet waren. Dort standen Bauten, die das sakrale, das politische und das kulturelle Bild des Kaisertums zum Ausdruck brachten: Salomo und Augustus in einem. Dieser Eifer, Byzanz zu kopieren, drückte sich auch im Kaiserbau von Aachen aus (s. Tafeln 1 und 2). Diese Kirche war ein Zitat. Sie versetzte den Kaiserbau von Ravenna, die Kirche des heiligen Vitale, in eine nördliche Umwelt. Was sie intendierte, war nicht Originalität, sondern Imitation. Der Gedanke, Ostrom zu kopieren und San Vitale nachzubauen, es räumlich und zeitlich zu versetzen – dies war schon eine ungeheure Originalität. Ostrom im Zentrum Mitteleuropas zu zitieren, und zwar bei aller Ungunst der Gesamtsituation richtig zu zitieren, war das Höchste, was in dieser geschichtlichen Lage erreichbar war. Um die karolingische Kultur zu verstehen, muß man den Abgrund der drei Jahrhunderte ausmessen, die zwischen Aachen und San Vitale liegen. Man muß die Geringschätzung wegarbeiten, die wir mit dem Begriff „Nachahmung“ verbinden. Man muß sehen: In bestimmten historischen Konstellationen ist die Reprise so groß wie das Original. Die Einsetzung eines Zitats kann folgenreicher sein als seine erste Konzeption.

„Einsetzung“ – das ist der Schlüssel zur karolingischen Kultur. Die goldenen Prunkstücke des Schatzes von Aachen geben davon eine Anschauung: In einem vergoldeten Kreuz bildet eine antike

Gemme das Mittelstück. Ein fein profilierter Cäsarenkopf, ein antikes Werkstück, eingesetzt in das Kreuz (s. Tafel 3). „Einsetzung" war nicht nur Aufbewahrung; sie konservierte nicht nur einige antike Werkstücke, indem sie diese einfügte in sakrale Geräte. Sie holte das Gewesene in die Gegenwart. Von einem ungeschichtlichen Standort aus könnte man die Freude am glitzernden Gold und an der unerreichbaren technischen Vollendung einzelner antiker Einsetzstücke belächeln. Man könnte fragen, was der Gekreuzigte mit dem antiken Kaiserjüngling zu tun hat. Aber es bedurfte einer langen geschichtlichen Entwicklung, bis das Kreuz zum Ausdruck der leidenden und geschundenen Kreatur wurde. Das karolingische und das ottonische Kreuz intendierten nicht Einfühlbarkeit in die Schmerzen Jesu, sondern Teilnahme an Christi Weltherrschaft. Die Einsetzung einer antiken Gemme war konsequent, wenn man alles, was Form und überlegene Schönheit hatte, als Ausdruck des himmlischen Weltenkaisers und seines irdischen Repräsentanten sah. Auch wenn man das antike Einzelstück unverändert einsetzte, veränderte man es in seiner faktischen Funktion. Es wurde Teil einer neuen geschichtlichen Welt: Einsetzung.

2. *Alkuin. Philosophie und Politik*

Wie die antiken Gemmen eingesetzt werden konnten in die imperiale Machtausübung und Selbstdarstellung, so auch die Philosophie. Sehen wir zu, wieso.

Doch zunächst noch eine Vorbemerkung: Ein Reiterführer, der den Boden der Kultur betrat, mußte an Vorhandenes anknüpfen. Er allein konnte schon gar nicht daran denken, seine Haudegen zu domestizieren. Karl konnte nicht schreiben. Einhard, sein Biograph, berichtet, er habe ein Schreibtäfelchen unter dem Kopfkissen gehabt, um in schlaflosen Nächten die Buchstaben zu üben. Er wußte, daß zu einem „richtigen" Kaiser das Lesen und Schreiben gehörte. Aber seine Anläufe blieben stecken. Der Begründer der westeuropäischen Kultur war Analphabet; er brauchte Berater und Helfer für sein Ziel. Für geeignete Personen hatte er einen sicheren Blick. Indem er sie für sich gewann, sicherte er für das karolingische Reich den Anschluß an die wenigen Orte, wo in den Wanderjahrhunderten Kultur und Wissenschaften weitergelebt hatten oder wieder aufgegriffen worden waren. Nicht alle antiken Städte waren von Germanenhorden überschwemmt worden. Die Langobarden waren nicht bis Rom und nach Ravenna gekommen. Im Süden Frankreichs und in Spanien gab es geschützte Orte. In England und Irland war es zu Neugründungen von Schulen und Bibliotheken gekommen. Als Karl im Jahr 781 auf einem Romritt *Alkuin* aus York († 804) kennenlernte, engagierte er ihn für seine Erziehungs- und Kirchenpolitik. Er machte ihn zum Leiter seiner Hofschule, überließ ihm die Verantwortung für die Kulturpolitik. Alkuin bildete die Führungsschicht der Folgegeneration aus. Er brachte sie in lebendige Verbindung mit der antiken Tradition, wie sie im York des 8. Jahrhunderts daheim war. Von dort besorgte er Texte der römischen Antike und der Kirchenväter. Durch Alkuin und seine Schule kamen West- und Mitteleuropa wieder unter den Einfluß der Bildung, die in England die rauhesten Jahrhunderte überstanden hatte. Alkuin wurde der Meister der karolingischen Einsetzung; er wurde es auch für das philosophische Denken. Was er eingesetzt hat und in welchen Gesamtzusammenhang er das Ererbte eingefügt hat, sehen wir aus seinen Texten.

Reden wir zunächst von dem neuen Kontext. Wofür brauchte Alkuin die Philosophie? Der Einfall, daß sie Selbstzweck sein könnte, konnte ihm in einem Europa, das aus Wäldern bestand und dessen ehemals (von den Römern) befestigte Straßen überwuchert waren, nicht kommen. Welchem Zweck sollte sie also dienen? Wenn wir dies nicht herausfinden, verlieren wir uns in lauter Einzelheiten. Zum Glück gibt Alkuin darüber selbst Auskunft, und zwar in der Vorrede zu seinem Buch ›Über die Dreieinigkeit‹ (De fide sanctae Trinitatis), das er gegen Ende seines Lebens, vielleicht 802, in Tours verfaßt hat. Scheuen wir nicht vor dem theologischen Titel dieses Buches zurück, wenn wir Alkuins Umgang mit der Philosophie kennenlernen wollen. So wie heute philosophische Analysen in Büchern über die Farben oder über Richard Wagner, in Schriften zur Atombombe oder über die Psychoanalyse stehen – oft wichtigere als in den Werken der sog. „Fachphilosophie" –, so waren im Mittelalter philosophische Untersuchungen oft in grammatischen oder medizinischen Texten enthalten, häufiger noch in theologischen. Unsere Abtrennungen der Fächer sind späte Produkte. Die Grenzlinien liefen früher anders oder fehlten völlig. Man muß sich auf den Inhalt einlassen; die Überschriften zählen wenig. Nun also zu Alkuins Vorwort.

Alkuin redet darin direkt den Kaiser an. Gleich im ersten Satz erklärt er ihm den Sinn des Kaisertums: Die kaiserliche Würde ist von Gott sinnvoll eingerichtet (ordinata), und zwar nur zu dem Zweck, daß der Kaiser dem Volk vorstehe und ihm nütze (populo praeesse et prodesse). Deswegen gehöre zum Kaisertum Macht (potestas) und Weisheit (sapientia): Macht, um die „Stolzen“ zu bedrängen und die „Demütigen“ zu beschützen; Weisheit, um die Untertanen in frommer Fürsorge zu leiten und zu belehren.[1] Mit beidem habe Gott den Kaiser ausgestattet. Der Schrecken seiner Macht (terror potentiae) liege weithin über allen Völkern, so daß selbst die in freiwilliger Unterwerfung zu ihm treten, die früher durch kriegerische Anstrengung nicht zu bändigen waren. Jetzt ist die Zeit der Ruhe und des Friedens gekommen. Jetzt bleibt nur noch, daß das gesamte Volk auf den Wink des Kaisers herbeikomme, um seine Anweisungen aufzunehmen. Der Kaiser soll Recht sprechen, Anweisungen geben und zum religiösen Leben ermahnen, damit jeder froh mit der Anleitung zum ewigen Heil nach Hause zurückkehren kann. Um dem Kaiser etwas zur Hand zu gehen bei seiner Verkündung des christlichen Glaubens (praedicatio catholicae fidei), schreibe er, Alkuin, die christliche Lehre in der Form eines kleinen Handbuchs zusammen. Niemand sei eines solchen Geschenkes würdiger als der Kaiser, denn es sei allgemein bekannt, daß ein „Fürst des christlichen Volkes alles wissen und verkündigen müsse, was Gott gefalle“. Niemand muß Wichtigeres oder mehr wissen als ein Kaiser, denn sein Wissen dient dem Nutzen aller. Er schreibe dieses Buch nicht etwa, um das Wissen des Kaisers zu ergänzen. Er wüßte nicht, daß dem Kaiser irgend etwas, das zum christlichen Glauben gehört, unbekannt oder auch nur weniger erforscht geblieben wäre. Er wolle nur seine Pflicht als Lehrer nicht versäumen. Und zudem wolle er diejenigen widerlegen, die es für unnütz hielten, daß der Kaiser sich dem Studium der Logik widme (dialecticae disciplinae discere velle rationes). Sei es doch eben diese Logik oder „Dialektik“, von der Augustin in seinem Buch ›Über die Trinität‹ (De trinitate) schreibe, wie überaus notwendig sie sei. Denn die schwierigsten Probleme bezüglich der Dreieinigkeit ließen sich nur durch scharfsichtige Analyse der Kategorien erklären. Wer das Studium der Philosophie nicht mißachte, werde dies in dem genannten Werk Augustins finden.

Alkuin schließt sein Widmungsschreiben mit der Bemerkung, er habe über alle diese Dinge gerade jetzt nachgedacht, wo der Kaiser befohlen habe, alle Priester und Lehrer des Volkes sollten in

[1] Alkuin, De fide S. Trinitatis. Epistula nuncupatoria. Migne, PL 101, 11 D–12A. Dort bis 14 A auch der folgende Text.

Aachen zusammenkommen. Wenn der Kaiser sein Buch gutheiße, werde ihm niemand mehr zu widersprechen wagen: Die Autorität des Kaisers, der das Buch den Versammelten zum Lesen gebe, werde mehr geachtet als die Frömmigkeit des Verfassers. Der Kaiser habe eine priesterliche Sorgepflicht und eine vollendete Wissenschaft im christlichen Glauben (perfecta in catholica fide scientia). Deswegen sollen alle Gläubigen darum beten, daß sich die Ehre seines Reiches ausdehne, damit der christliche Glaube, der allein das Menschengeschlecht belebt und heiligt, alle vereine, so daß die Einheit des heiligen Friedens und der vollkommenen Liebe alle Menschen miteinander verbinde. Es gebe kein wünschenswerteres Ziel als Eintracht und Liebe im christlichen Glauben, damit alle eins seien in Christus, der für alle gestorben sei.

3. Alkuins philosophische Grundbegriffe. Theologisch-politische Anwendung

Alkuins Buch hatte den gewünschten Erfolg. Der Kaiser approbierte es und gab es den Versammelten mit auf den Weg. Es enthielt eine kurze Gesamtdarstellung des christlichen Glaubens, wie man ihn kurz nach 800 im lateinischen Westen deutete. Das Buch sollte die Einheit sichern, um die es Karl und Alkuin ging. Es enthielt die offiziellen Richtlinien der kaiserlichen Theologie; es bestimmte die ideologischen Grenzen der karolingischen Führungsschicht. Für die Sachsenmission war das Buch nicht zu verwenden; dafür war es bei aller Kürze und Einfachheit zu kompliziert. Aber wenn irgendwo Fragen auftauchten über den Glauben, sollte man hier Antwort finden. Die Trinitätslehre steht im Vordergrund, aber noch nicht, wie kurz darauf, in polemischer Abgrenzung gegen Ostrom. Das Buch handelt indes nicht nur, wie der Titel nahelegen könnte, von der Trinität; es erörtert auch die Menschwerdung Gottes, und es schließt mit einem Ausblick auf den glückseligen Gottesfrieden: Dort werden die, die dessen würdig sind, gewisse Sicherheit und ewiges Glück finden (plena certaque securitas et sempiterna felicitas).[2] Gott, der die Tugend ist, wird dort der Lohn der Tugend sein. Er selbst wird dieser Lohn sein, er, über den hinaus es Besseres und Größeres nicht geben kann (quo melius et maius nihil possit esse). Dann erst werden die Menschen im vollen

[2] Alkuin, De fide S. Trinitatis III 22 PL 101, 54 B.

Besitz ihres freien Willens sein. Alle Not wird getilgt, der Tod besiegt sein: eine einzige Liebe für alle, eine einzige Eintracht mit jedermann. Es wird ewiger Friede sein im Haus des Herrn.[3]

Diese politische Theologie bildete den Kontext, in den Alkuin die Philosophie einsetzte. Die Philosophie gehört zum Kaisertum, weil sie den christlichen Glauben zu erklären und abzugrenzen hilft. Unter „Philosophie" (Alkuin gebrauchte dieses griechisch klingende Wort, z. B. 12 D) verstand er „Dialektik". Nun bedeutete das Wort „Dialektik" im Mittelalter soviel wie „Logik". Aber auch mit dieser Übersetzung ist noch nicht viel gesagt; man hat die Logik im Laufe der Jahrhunderte sehr verschieden konzipiert. Was sie für Alkuin vornehmlich sein sollte, sagte er selbst: Kategorienlehre. Auch hier gebrauchte er das griechisch klingende Wort „Kategorie", obwohl er wußte, daß die Lateiner dafür eine eigene Vokabel besitzen, nämlich praedicamentum.[4] Alkuin beherrschte das Griechische nicht; er kannte nur einzelne Worte. Aber auf sie legte er Wert: Die Hofwissenschaft des bis dahin wilden Westens meldete Gleichberechtigungsansprüche an. Sie sollte der byzantinischen Kultur ebenbürtig sein; dazu mußte sie zeigen, daß auch bei ihr das antike Erbe aufgehoben war. Doch was verstand Alkuin unter „Kategorie", und welche Funktion dachte er der philosophischen Prädikamentenlehre zu? Die Kategorien sind nach Alkuin die „zehn Gattungen menschlicher Rede" (decem genera humanae locutionis). Sie sind die allgemeinsten Bestimmungen menschlicher Rede. Sie sind nicht die Redeteile, von denen die Grammatiker sprechen. Um diesen Unterschied zu erläutern, zählte Alkuin einige Prädikamente auf: Substanz, Quantität, Qualität. Dann das „Auf-etwashin", was die relativen Bestimmungen zusammenfaßt, wie z. B. „Vater"–„Sohn". Diese Bestimmungen sind nicht grammatischer Art. Sie sind Realitäten. Sie sind das Ding (Substanz) und seine Eigenschaften. Sie sind nicht Teile der Rede, sondern Grund, Ursache unserer Aussage (causae locutionis nostrae).[5] Besonders hob Alkuin die Substanz und das Relative hervor: Zu beiden gab er bemerkenswerte Erläuterungen: „Relativ" sind Bestimmungen, von denen die eine ohne die andere nicht sein kann. So kann man nicht von einem „Herrn" sprechen, wo kein „Knecht" ist. (Er konnte nicht ahnen, daß tausend Jahre später im Frankenreich eine

[3] Ib. 54 A–C.
[4] I 15 PL 101, 22 C.
[5] Ib. 22 C–D.

Revolution stattfinden würde, deren bleibende Wirkung darin bestand, daß sich nun alle „Damen“ und „Herren“ nennen durften.)

Zum Substanzbegriff: Zwei Menschen wie Isaak und Abraham sind nach Alkuin nicht zwei „Substanzen“. Diese zwei und alle anderen Menschen bilden *eine* Substanz, sofern sie die menschliche Natur haben. Sie sind, wie Alkuin betonte, verschiedene „Personen“, aber von derselben „Substanz“. Man sieht, wie voreilig es war, daß ich vorhin einmal „Substanz“ mit „Ding“ übersetzte. Im Sinne Alkuins läge es näher, von „Wesen“ zu reden. Verschiedene Menschen haben dieselbe „Natur“. Sie zeigen Differenzen, aber innerhalb derselben „Substanz“. Es gibt viele „Personen“, aber alle Menschen bilden eine einzige Substanz. Die allgemeine Bestimmung „Mensch“ nahm Alkuin also realistisch, ja als die eigentliche Wirklichkeit der Personen.[6] Er sah darin kein Problem. Er erläuterte nur den herrschenden Sprachgebrauch seiner philosophischen Texte. Genau in diesem Zusammenhang brach im 11. Jahrhundert der sog. Universalienstreit aus. Man sah es dann nicht länger als selbstverständlich an, daß unser Wort „Mensch“ die Substanz verschiedener Personen bezeichne. Man fragte, ob dieses Wort vielleicht nur ein von Menschen geschaffener Sammelname sei. Alkuin war von diesem Zweifel völlig frei. Problemlos ging er zur Anwendung seiner Kategorienlehre über.

Wie die menschliche Sprache von den Kategorien bestimmt ist, so sind es auch die Aussagen der Bibel. Man versteht sie richtig, wenn man sie kategorial richtig einordnet. Dieser kategorialen Einordnung dient die Dialektik. Sie gibt Regeln an die Hand, wie korrekt von Gott und der Welt zu reden ist: Wenn gefragt wird, was ist Abraham der „Substanz“ nach, so ist zu antworten: ein Mensch. Wenn von Gott gesagt wird, er sei „Vater“, so fordert die „Regel der Relation“, daß er dies ist, weil er einen „Sohn“ hat.[7] Alkuin schuf die erste mittelalterliche Gesamtdarstellung des christlichen Glaubens, indem er diese Regeln konsequent auf die Hauptaussagen der Schrift anzuwenden versuchte. Aus dem Vielerlei der Offenbarungstexte sollte so ein geordnetes Ganzes werden. Man sollte Antworten parat haben, wenn gefragt wurde, warum man dieses oder jenes glaube. Man sollte unterscheiden können, was Wahrheit und was Irrtum sei. Die einheitliche Sinnbestimmung der karolingischen Politik und Zivilisation sollte relativ eindeutig for-

[6] I 8 PL 101, 18 D.
[7] I 7 PL 101, 18 A.

muliert werden. Man sollte in einem autoritativ verordneten Text nachlesen können, wer zu ihr gehörte und wer ausgeschlossen werden mußte. Ohne „Dialektik“ war diese Festlegung nicht zu erreichen.

Aber die Anwendung der Kategorienlehre hatte für Alkuin noch einen anderen Zweck: Sie reinigte die volkstümlichen Vorstellungen von Gott, Welt und Mensch. Sie schloß Primitivismen aus. Dieser Aspekt nimmt in Alkuins Buch sogar den größeren Raum ein: Gott heißt „gut“. Aber in Gott ist „gut“ keine Eigenschaft, kein „Akzidens“, das zu seinem Wesen, seiner „Substanz“ hinzuträte. „Gut-sein“ ist in Gott nichts anderes als „Gott-sein“. In Gott ist kein Akzidens, weil es in ihm keinen Wandel und keine Zeit gibt und weil das Hinzutreten von Eigenschaften einen Wandel besagt und in der Zeit verläuft.[8] Die Unwandelbarkeit Gottes und die Wandelbarkeit der Welt waren für Alkuin wichtige philosophische Motive, die er aus der Tradition aktualisierte; sie beleuchteten den Ewigkeitssinn der Religions- und Kulturpolitik Karls. Um so problematischer war das Zugeständnis, daß es in Gott Relationen (wie die des Vaters zum Sohn, der zweiten Person der Gottheit) gab. Dies sagte die Trinitätslehre. In der antiken, vorchristlichen Philosophie galt das Relative als Akzidens. Augustin hatte dies abgeändert: Von Gott sollte nicht nur die Kategorie „Wesen“ (Substanz), sondern auch die der „Beziehung“ ausgesagt werden können. Dann durfte „Relation“ kein Akzidens sein. In Gott ist Beziehung-Sein, ohne daß er deshalb wandelbar wäre. Er ist reines, ungetrübtes Sein. Er ist „das Sein selbst“ (ipsum esse, unde essentia nominata est).[9] In ihm ist das Bezügliche das Wesen selbst. Damit schrieb Alkuin für das Mittelalter die augustinische Reform der Kategorienlehre fest. An dieser Stelle gab er seinem Leser aber auch zu verstehen, daß er in der Richtung dieser Gedanken nicht weiterzugehen gedachte. Er meinte, der Leser müsse nach dieser schwierigen Untersuchung einmal aufatmen.[10]

Atmen wir also auf. Was hat Alkuin erreicht? Er hat die augustinische Gotteslehre in die karolingische Kultur integriert. Als habe er gesehen, daß man aus Augustin auch ganz andere, kultur- und philosophiefeindliche Motive herauslesen konnte, gerade auch aus seinem Buch ›Über die Trinität‹, fügte Alkuin hinzu: Dies sehe nur

[8] I 9 PL 101, 13 A–B.
[9] I 15 PL 101, 24 A–B.
[10] Ib. 24 B.

derjenige, der die Philosophie ernsthaft betreibe.[11] Was Alkuin bot, war der Sache nach traditionell. Aber er legte die Tradition dabei aus. Er tat es im Sinne des karolingischen Ordnungs- und Einheitsstrebens, das einer unübersichtlichen Realwelt eine politische und kulturelle Form zu geben suchte. So machte Alkuin Augustins Trinitätslehre aktuell, indem er ihre Gemeinsamkeit mit der spätantiken Schulkultur und mit der traditionellen „Dialektik" stärkte. Die kulturbedrohenden Motive des späten Augustin unterdrückte er oder ließ sie als bloße Redensweise stehen. Was er begierig aufgriff, war die Kategorienlehre mit ihrer neuen Höherbewertung der Relation, die in der vorchristlichen Philosophie, jedenfalls in der aristotelischen Kategorienlehre, ein kümmerliches Dasein gefristet hatte. Er drängte auf Übersichtlichkeit und Regeln. Die gedrängte Darstellungsweise seines Buches ist davon geprägt; sie unterscheidet das Werk von den Büchern Augustins, die voller Abschweifungen sind. Was Alkuin auch gebrauchen konnte, war die Tendenz zur Sublimierung des Gottesbegriffs: Akzidentien sollte es in Gott nicht geben. Er mußte zeitlos und unräumlich gedacht werden. Wenn die Bibel anders von ihm sprach, mußten ihre Sätze nach den Regeln der Dialektik zurechtgelegt werden. Wenn die Bibel also sagte: „Ehre sei Gott in der Höhe", dann sprang die Dialektik ein und erklärte, daß Gott nicht in der Höhe ist. Witzig fügte Alkuin hinzu: Wenn Gott „oben" und „im Himmel" wohnte, wären ihm die Vögel näher als die Menschen.[12] Gott sei nicht denen nah, die auf den Bergen wohnen, sondern denen, die bedrückten Herzens sind. Und wenn Gott „im Himmel" wohnt, wo wohnte er, bevor er „Himmel und Erde" erschuf? Er wohnte in sich selbst, er *ist* in sich selbst, antwortete Alkuin und forderte auf, anderslautende Aussagen der Bibel als „bildlich" zu verstehen. Die Dialektik wurde also zur Auslegungsregel: In der Bibel müssen einige Sätze „im eigentlichen Sinne", andere im „übertragenen" Sinne, wieder andere in dem schon erläuterten „bezüglichen" (relativen) Sinn gedeutet werden.[13] Da die Bibel diese Interpretationsregeln nicht enthält, müssen wir sie der Philosophie entnehmen.

Dieses philosophisch geschulte christliche Selbstbewußtsein sollte in einem präzisen Sinn ins konkrete Leben einschneiden. Kommen wir noch einmal auf die Situation zurück, in der das Buch

[11] Epistola nuncupatoria 12 D.
[12] II 5 PL 101, 26 A.
[13] II 15 PL 101, 22 D.

entstanden ist. Soeben war die letzte, blutigste Phase der Sachsenkriege zu Ende. Seit dem erneuten Aufstand 792 war der Kampf immer härter geworden. Nach den fränkischen Siegen, besonders zwischen 795 und 802, wurden viele Tausende von Sachsen deportiert. Viele Ortsnamen, wie „Sachsenhausen", erinnern an diese Zwangsumsiedlung. Die Aachener Versammlung von 802 sollte regeln, was jetzt, nach dem Sieg, zu tun sei. Alkuin kam nicht zufällig auf die Motive von Friede und Eintracht zu sprechen. Die Zukunft sollte von der Einheit im Glauben und in der Liebe bestimmt sein. Man kann Alkuin vorhalten, sein Buch sei philosophisch nicht sonderlich originell. In der Tat wiederholt er Augustinisches, zudem einen entschärften, einen von den Abgründen der Gnadenlehre losgelösten Augustin.[14] Aber das philosophische Verständnis Alkuins besteht nicht in dem noch so gelehrten und scharfsinnigen Nachweis seiner Abhängigkeit, die er selbst nie verhehlt hat, sondern in der Einsicht in die geschichtliche Relativität unseres Begriffs von Originalität und von Kultur überhaupt. Alkuins Traktat ist ein Nachkriegsbuch. Es mußte dem Krieg einen Sinn beilegen; es mußte dem Kaiser und seinen Vertrauten eine Weisung für die nächsten Jahre geben. Es gab in Europa niemanden, der dies sonst autoritativ hätte tun können. Alkuin sprach kein Wort vom Papst und von den Bischöfen. Der Kaiser war die höchste geistige, geistliche und weltliche Autorität. Was später auseinanderfiel, war bei Karl noch vereinigt. Man könnte von Caesaropapismus nach byzantinischem Muster sprechen. Man hat viel von „karolingischer Renaissance" geredet. Alkuins Text zeigt, daß solche Schlagwörter nur Teilaspekte beleuchten. Es ging darum, nach dem Lärm der Schlachten, nach den Grausamkeiten des Krieges und der Deportationen den Sinn der karolingischen Macht- und Kulturorganisation zu zeigen. Alkuin sah ihn in der Eintracht und im Frieden der als Realität gedachten humanen „Substanz", im irdischen Vorschein der göttlichen Weltherrschaft, die einer labilen Welt Form verleihen sollte. Sie sollte die reale Organisation eines geläuterten universalmenschlichen und christlichen Selbstverständnisses sein, das die Philosophie wie die anderen Schätze der antiken Kultur einsetzte in eine neue geschichtliche Welt.

[14] Dazu vgl. Flasch, Augustin. Eine Einführung in sein Denken. Stuttgart 1980 (A), 179–191. Zur Trinitätslehre Augustins vgl. ebda., 326–368.

II. ABGRENZUNG: DER LATEINISCHE WESTEN GEGEN OSTROM – KAROLINGISCHE RATIONALITÄT GEGEN BYZANTINISCHEN BILDERKULT

1. Wozu studiert man Geschichte der mittelalterlichen Philosophie?

Zu welchem Zweck eigentlich studiert man die Geschichte der mittelalterlichen Philosophie? Auf diese Frage gibt es verschiedene Antworten; sie hängen ab von der philosophischen Position des Gefragten. Man kann das Mittelalter aus bloßer Neugierde studieren. Man kann versuchen, durch seine Kenntnis die Neuzeit und die gegenwärtige Auflösung der Neuzeit, die sog. „Postmoderne", zu verstehen. Ich kann hier der Frage nur andeutend nachgehen. Aber ich will hier doch zwei Ansätze nennen, denen ich mich nicht anschließen kann, um dann die Erwartung zu formulieren, die ich an das Studium der mittelalterlichen Philosophie knüpfe. Dabei werde ich noch einmal auf die Philosophie der Karolingerzeit zurückkommen.

Nehmen wir an, es schließe sich jemand philosophisch an Kant an und habe historisches Interesse. Was wird er in der Philosophie des Mittelalters finden? Er wird Ethik-Entwürfe entdecken, die das sittlich Gute als Selbstwert ansehen; selbst Alkuin tat das: Er sah Tugend, Wissenschaft, Weisheit und „gute Liebe" als etwas an, was wir anstreben, allein wegen der Würde, die ihnen in sich selbst zukommt.[1] Aber von Kant auf das Problem aufmerksam gemacht, wird er den Übergang studieren, den mittelalterliche Autoren vom Sein zum Sollen versuchen. Er wird Unterschiede entdecken; nicht alle Autoren haben problemlos die Natur der Dinge oder den Willen Gottes zum Maßstab des Sollens gemacht. Schon um 800 war die stoische Tradition lebendig, die im Sittlich-Guten einen Selbstwert sah, der keiner weiteren Ableitung bedürfe; im 12. Jahrhundert wurde dann die Intention des Handelnden in ihrer ethischen

[1] Vgl. Alkuin, De arte rhetoricae dialogus, ed. C. Halm, in: Rhetores latini minores. Leipzig 1863, 548.

Bedeutung entdeckt.[2] Aber solche Ansätze konnten ihre bei Kant erzielte Reinheit und Konsequenz nicht erreichen. Von Kant her gesehen bleiben sie bloße Versuche; man hat sie dann insgesamt als „vor-kantisch" bezeichnet. Vollends gilt dies für jene Philosophien des Mittelalters, die eine theoretische Erkenntnis Gottes, der Seele und des Weltganzen sein wollten, die also Philosophie als Metaphysik verstanden. Die meisten Philosophien *vor* Wilhelm von Ockham waren von dieser Art. Sie waren vor allem Metaphysik. Sie mußten scheitern, weil sie das Unendliche zu wissen versuchten, obwohl ihnen nur Endliches gegeben war. Sie mußten sich in Widersprüche verwickeln, weil nach Kant unsere theoretische Erkenntnis zwar das Unbedingte als Grenzbegriff braucht, aber nicht als Gott oder Seele erkennen kann. Die mittelalterlichen Denker mußten sich also entweder in einem theoretischen Dogmatismus verhärten oder ihr Scheitern eingestehen. Sahen sie, daß sie bei ihrer Metaphysik nicht vorankamen, dann gaben sie das Wissen auf, um sich dem Glauben anzuvertrauen. Aber sie wußten dann noch immer nicht, warum sie gescheitert waren und ob jeder derartige Versuch scheitern müsse. Ihre Skepsis war ein Fortschritt gegenüber dem dogmatischen Wissensanspruch, aber sie behielt etwas Zufälliges an sich. Sie konnten auch nicht sagen, ob ihre Skepsis irgendwo aufhören müsse, z. B. bei der Mathematik oder der Naturwissenschaft. Es fehlte ihnen die Wissenschaft von den Grenzen der Vernunft. Diese brachte erst die Kritik der reinen Vernunft. Im Vergleich zu ihr konnte die mittelalterliche Philosophie (sofern sie Metaphysik war) nur hilflos schwanken zwischen mutigen Grenzüberschreitungen und wilder Skepsis. Wer die Kritik der reinen Vernunft durchdacht hatte, konnte Abstand nehmen von der mittelalterlichen Philosophie insgesamt, denn diese erschien notwendigerweise als ein haltloses Hin und Her; sie konnte die Probleme prinzipiell nicht lösen, die sie sich gestellt hatte. Dies meinte man, wenn man sie als „vor-kantisch" bezeichnete.

Ähnlich erging es den Anhängern des Thomas von Aquino mit der Geschichte der Philosophie des Mittelalters. Nicht als hätten sie insgesamt die Metaphysik verworfen. Aber sie mußten mehr oder weniger höflich sagen, daß erst Thomas die Probleme gelöst habe, die man von 800 bis 1250 bearbeitet hatte. Die Zeit nach Tho-

[2] Vgl. dazu Abailard bei Flasch, Mittelalter. Geschichte der Philosophie in Text und Darstellung, hrsg. v. R. Bubner. Bd. 2. Stuttgart 1982 (MA), 225 und 270–279.

mas erschien als Zerfallszeit, oft als schuldhafte Zerstörung der erreichten Synthese. Oder sie wurde zur Geschichte der thomistischen Schule. Die, wie man sagte, „vor-thomistische“ Philosophie hätte demnach nur Vorarbeiten, die „nach-thomistische“ Zeit nur Thomisten und sachlich überholte Neuansätze gebracht.

Beide Ansichten, die kantianische wie die thomistische, sind für das Verständnis der mittelalterlichen Entwicklung fruchtbar geworden. Beide sind durch respektable Gelehrte vertreten. Aber beide sistieren den Fluß der Geschichte im Hinblick auf ein als zeitlos angesehenes System. Beide treten mit einem inhaltlichen Kanon, mit einem festen Begriff der definitiv erreichten wahren Philosophie an die Fülle des geschichtlichen Stoffes. Sie sehen das mittelalterliche Denken entweder als Vorgeschichte des Thomismus oder als Übungsfeld für prinzipiell verfehlte Versuche. In beiden Fällen ist das mittelalterliche Denken inhaltlich überholt; Thomas ausgenommen für die Thomisten. Die Geschichte, der man sich doch zuwendet, wenn man die Entwicklung des mittelalterlichen Denkens untersucht, hat dann als solche keinen Wahrheitsgehalt. Ihre Komplikationen ergeben sich aus einem genau anzuzeigenden Mangel: Alle anderen Denker hatten die Position des Thomas bzw. die Kants „noch“ nicht erreicht. Diese Betrachtungsweisen erscheinen mir unhistorisch. Sie nehmen aus dem Ablauf der Denkgeschichte einen Autor heraus und beurteilen nach ihm alles übrige. Sie nehmen Philosophie als eine Versammlung abstrakter Thesen; sie übersehen oder sie vernachlässigen ihren Sitz im Leben. Sie analysieren einen philosophischen Text im Hinblick auf eine andere Philosophie (Thomismus bzw. Kant); sie bewerten im Hinblick auf einen, wie sie sagen, „systematischen“ Maßstab. Nun kommt man in der Tat ohne einen „Maßstab“ nicht aus; sonst würde man ein Sammelsurium von Tatsachen vorbringen, ohne zu wissen, warum man gerade diese und keine anderen zur Geschichte der Philosophie zählt. Man bewertet bereits durch die Auswahl. Aber der „Maßstab“ müßte flexibel sein. Das Bild des „Maßstabs“ zerbricht dann: Das Denken früherer Zeiten war nicht wie ein Ballen Tuch, der nach unserer Elle gemessen werden muß. Es trägt seinen Maßstab in sich. Dieser ist individuell und selbst geschichtlich, folglich kein „Maßstab“ mehr. Versuchen wir es also einmal anders: Eine frühere Philosophie ist mehr als die bloße Vorläuferin einer späteren. Sie ist mehr als ein „Fall“ für eine bereits feststehende Regel. Suchen wir die Funktion, die sie in ihrer Zeit erfüllt. Sie formulierte das Selbstverständnis einer Epoche. Sie bestärkte und korrigierte das Selbstbewußtsein einer Zivilisation. Sie ordnete und durchleuchtete die Regeln und Denkmuster, die damals vorhanden waren. Sie harmonisierte auseinanderstrebende Tendenzen, an denen eine Kultur zu zerbrechen drohte. Sie zeigte Unvereinbarkeiten des bislang Harmonisierten und trieb dadurch an zur Weiterentwicklung. Sie thematisierte Mißverhältnisse zwischen den Wertmaßstäben und der realen Erfahrung, oft fand sie, daß derartige Wertkonzeptionen miteinander kollidierten. Man suche eine ältere Philosophie also am Ort ihrer Entstehung auf. Man verfolge aus den Quellen, welche Aufgaben man mit ihrer Hilfe lösen wollte. Und wenn es nicht ohne Bewertung abgeht, dann beurteile man sie nach dieser ihrer Lösung. Sie gehören allesamt, Thomas und Kant eingeschlossen, in ihre Zeit. Ihre Größe bemißt sich nicht nach der Zahl ihrer „richtigen" Antworten in einem absolut gesetzten Thesenkatalog. Ihre Größe liegt in der Kraft, mit der sie die realen Bedingungen menschlichen Lebens analysierend durchdrangen. Wie ein Mensch (oder eine Gruppe) sich selbst versteht, welchen Werten er sich zuordnet und wie er sein Leben und seinen Tod deutet – dies entspringt ebenso den geschichtlichen Bedingungen, wie es verändernd in sie eingreift. Eine „große" Philosophie mag diejenige heißen, die vorgegebene Zielvorstellungen, Welt- und Wertkonzepte klar ausspricht, dadurch kritisierbar macht und neue Wertungen bzw. neue Denkregeln akzeptabel macht. Die Frage, ob die „realen Lebensbedingungen" die „Basis" bilden und ob die Philosophie zum „Überbau" zählt, stellt sich hier nicht. Ich kenne nur geschichtliche Welten, in denen sich beides durchdrungen hat. Ich kenne aber viele schlecht-idealistische Geschichtsdeutungen, die dieses Durchdringen nicht erforschen, weil sie von der spätbürgerlichen Autonomie der Kultur (der Wissenschaften, der Philosophie, der Kunst usw.) als von einer ewigen Wahrheit ausgehen. Ihnen gegenüber ist der Rekurs auf Landwirtschafts- und Stadtgeschichte, auf Handelswege und technische Arbeitsbedingungen unerläßlich. Was die Philosophie dabei an äternistischem Gepränge verliert, gewinnt sie wieder an Lebensbezug und Konkretheit. Die Geschichtsschreibung der Philosophie setzt sich wieder in Verbindung zum realen Leben der menschlichen Gattung.

2. *Rhetorik und ethische Elementarlehre*

Damit kehre ich zurück zum karolingischen Neubeginn nach den Katastrophen der Wanderjahrhunderte. Was ich im ersten Kapitel „Einsetzung" nannte, sollte hinweisen auf die reale Funktion, die das antike Erbe und das philosophische Wissen um 800 neu erhielt. Alle Traditionselemente, die sich isoliert in die Spätantike zurückverfolgen lassen, traten damit in einen neuen Lebenszusammenhang ein. Wenn Kaiser Karl in schlaflosen Nächten das Schreiben zu erlernen versuchte, wenn er sich von Alkuin in Dialektik und Rhetorik, vor allem aber in Astronomie unterrichten ließ, so wurden diese Wissenselemente, auch wenn sie materiell unverändert geblieben wären, zu einem Moment in einem veränderten geschichtlichen Kontext. Sie dienten dem Nachweis, daß die karolingische Herrschaft Macht mit Weisheit zu verbinden verstand, daß sie den moralisch-politischen Sinn des römischen Kaisertums unter christlich-germanischen Bedingungen fortführte. Alkuin bemühte in seiner Schrift für das Konzil von 802 die Philosophie, um in der Situation nach dem Sachsenkrieg die theoretische und praktische Identität des Karolingerreichs so bestimmt wie möglich zu formulieren und gegen mögliche Einwände abzusichern. Das ethisch-kulturelle Programm sollte mit allen erreichbaren Mitteln befestigt werden, und dazu schien die Dialektik unentbehrlich. Die Verwirklichung der Einheit der menschlichen Gattung, die Aussicht auf zunehmende Vereinigung der jetzt noch vom Konflikt geprägten Gruppen, das Bewußtsein, im Sinne des einzigen und in sich bezüglichen, also dreieinigen Gottes zu handeln – dies alles mußte den Krieg als sinnvoll erscheinen lassen und den jetzt freigesetzten Energien den richtigen Weg weisen. Die Dialektik war notwendig, weil die Sieger des Sachsenkrieges damit ihre eigene geistige Formierung betreiben und sich als die lebendigen Erben der antiken Vereinigung von Macht und Weisheit erweisen konnten. Sie diente dazu, die Tendenz zum Improvisierten, Willkürlichen und Abrupten, die den Texten des frühen Christentums an sich innewohnte, im Sinne einer praktischen Vereinheitlichung der Welt zu beseitigen oder doch unschädlich zu machen. Die antike Philosophie war zudem nicht nur als Dialektik im Spiel. Als Karl bei Alkuin die Rhetorik erlernte, machte er Bekanntschaft mit einem ausgearbeiteten Schema sittlicher Haltungen. Er lernte die Definitionen der vier Haupttugenden – Klugheit, Gerechtigkeit, Tapferkeit, Maßhalten –, und diese Definitionen waren allesamt antik-philosophischen

Ursprungs. In Alkuins Dialog über die Rhetorik trat sein Schüler Karl als Mitunterredner auf. Er fragte, was die Philosophen mit den Tugenden im Sinn gehabt hätten. Alkuin antwortete: Sie haben sie mit höchstem Eifer verfolgt und als in der menschlichen Natur liegend erkannt (intellexerunt in natura humana).[3] Man unterschied also zwischen dem, was allgemeinmenschlich und was spezifisch christlich war, und man wertete das Allgemeinmenschliche nicht in theologischem Fanatismus ab. Karl fragte denn auch in Alkuins Dialog, was einen solchen Philosophen vom Christen unterscheide. Alkuins Antwort: der Glaube und die Taufe.[4] Die Wissenschaft und die ethischen Wertvorstellungen waren von diesem Unterschied demnach nicht betroffen. Karl bat daher seinen Lehrer, er möchte ihm die „philosophischen Definitionen" der Tugenden vortragen, und Alkuin gab ihm die Liste der spätantiken, vorab stoisch konzipierten Tugenden. Daraufhin erklärte Karl sein Erstaunen darüber, daß die Philosophen diese Tugenden verwirklicht hätten, während man sie heute unter Christen oft mißachtet sehe. Die antike Ethik diente also konkret der Kritik an der Gegenwart. Das moralische Niveau der antiken Weisen war höher als das vieler Christen. Kein Wort davon, ihre Tugenden seien nichts als glänzende Laster gewesen. Entgegen der spätaugustinischen Kritik an ihnen galten sie für Karl und Alkuin als moralische Norm. Eine gewisse Zweigleisigkeit des Normensystems zeichnet sich ab. Antike und neutestamentliche Lebensregeln stehen unkoordiniert nebeneinander. Karl fragt, wie die Tugenden im Christentum zu verstehen seien. Alkuin antwortet mit einem christlich umgeformten Tugendkatalog. „Tapferkeit" wird jetzt nicht mehr wie in der antiken Ethik definiert. Jetzt besteht sie in der Besiegung des Teufels und im Ertragen der Widrigkeiten dieser Welt.[5] Alkuin begnügte sich mit dem unkoordinierten Nebeneinander konkurrierender Wertkonzeptionen. Er tat dies nicht nur, weil er sich im Rhetorikunterricht befand und auf das Problem nicht weiter eingehen wollte. In seiner geschichtlichen Situation erforderte es schon die äußerste Anstrengung, beide Ethiken präsent zu halten und für die Gläubigen den Wert der antiken Ethik gezeigt zu haben. Dabei erhielt diese Ethik – ähnlich wie die Glaubensformeln in Alkuins Konzilbuch – eine spätantike Starrheit. Etwas von Schulstoff und von steifem Ritual haftet sowohl der

[3] Alkuin, De arte rhetoricae dialogus, ed. C. Halm 548, 19.
[4] Ib. Halm 548, 20–21.
[5] Ib. Halm 549, 28–550, 5.

Theologie wie der Ethik Alkuins an. Aber es ist unergiebig, ihr deswegen vorzuwerfen, das wirkliche religiöse Leben und die tatsächlichen ethischen Konflikte der Zeitgenossen seien in diesem geregelten und schulförmigen Wissensaufbau nicht vorgekommen. Solche Nuancierungen konnten später auftreten; im Augenblick der ersten Konsolidierung der ökonomischen, politischen und intellektuellen Konturen einer Welt wären sie verfrüht gewesen. Ich hebe dies hervor, um an einem Beispiel zu zeigen, wie sich die historisch-philosophische Bewertung von einer abstrakt-überzeitlichen Attitüde unterscheidet.

Durchdenken wir dieses Beispiel etwas genauer: Eine bloß sammelnde Gelehrsamkeit, die man fälschlich „positivistisch" nennt, würde vielleicht den Kontrast zwischen stoisch-philosophischer und neutestamentlicher Ethik bei Alkuin nicht zum Thema machen, sondern sich mit dem Nachweis seiner „Quellen" begnügen. Dagegen erscheint es philosophischer, von Alkuin Konsequenz zu verlangen: Unterscheidet sich der Christ vom antiken Weisen wirklich nur durch „Glaube und Taufe"? Ist sein Ethos nicht ein prinzipiell anderes, und geht dies nicht gerade auch aus Alkuins christlich umgebildeter Tugendtafel hervor? Ist die „Tapferkeit", die im Besiegen des Teufels und im Ertragen der Weltwidrigkeiten besteht, noch die antike Tapferkeit, etwa die des Philosophenkaisers Mark Aurel? Offensichtlich nicht, und wer Zensuren austeilen möchte, kann Alkuin dies vorwerfen. Eine historisch-philosophische „Bewertung" sieht anders aus. Sie respektiert die Grenzen, die in der geschichtlichen Situation eines Autors lagen. Sie weiß, daß selbst Maßstäbe wie „Widerspruchsfreiheit" und „Konsequenz" von lebensweltlichen Bedingungen abhängen, also am Anfang einer geschichtlichen Entwicklung anders gedeutet werden als an deren Ende.

3. Die Kritik am oströmischen Herrscher- und Bilderkult

„Wissen" wandelt sich in geschichtlichen Welten. Seine immanenten Kriterien hängen immer auch von seinen realen Funktionen ab. „Philosophie" hatte bei Alkuin die Aufgabe der Definition einer kulturellen Form der Gemeinschaft, einer Sinnvergewisserung für die karolingische Neugestaltung des gesamten Lebens. Sie bewies, daß die Franken würdig und fähig waren, das antike Erbe als das ihre anzusehen. „Konsequenz" betrieb Alkuin nur soweit, als es innerhalb dieser Gesamtkonzeption nötig war. Darin verhielt er sich aber nicht „primitiv“, sondern wie andere Philosophen innerhalb veränderter Rahmenbedingungen auch.

Doch innerhalb der karolingischen Welt hatte das Wissen noch eine Funktion, die wir genauer belegen können. Es diente der Abgrenzung. Wir sahen schon bei Alkuin, wie er Klarheit und schulgerechte Definitionen suchte. Auch darin lag soziale Abgrenzung und Ausschließung. Aber am Hof Karls gab es eine spektakulärere, offensivere Abgrenzung; es war die gegen Byzanz. Byzanz – das war das römische Kaisertum. Es war stehengebliebene Spätantike. Es war das Ziel neidvoller Blicke; es war noch für lange Zeit im Westen der Inbegriff von Macht, Kultur und Reichtum. Sich einen leichten griechischen Anstrich zu verschaffen galt für einen Schriftsteller des Westens als attraktiv: Alkuin gebrauchte das griechische Wort „Kategorie“; Anselm von Canterbury wird noch am Ende des 11. Jahrhunderts seinen Büchern griechische Titel geben wie ›Monologion‹ oder ›Proslogion‹.

Mit Karls Reich erhielt Ostrom-Byzanz erstmals ernsthafte Konkurrenz. Die Araber hatten es bedroht und zurückgedrängt. Aber sie konnten seinen geistig-religiös-politischen Führungsanspruch nicht beerben. Das war anders bei dem Christen Karl, der Frankreich, Deutschland und große Teile Italiens beherrschte. Als Schutzherr der römischen Kirche konnte er den Papst als den Kaplan des Reiches betrachten. Doch dieser geistig-politische Neuentwurf mußte machtpolitisch wie intellektuell durchgeführt, er mußte nach den maßgeblichen Kriterien der Zeit legitimiert werden. Dazu bedurfte es der Philosophie. Wenn es um die Beurteilung von Sätzen ging, war sie unentbehrlich. Und Karl wollte nicht nur mit Soldaten, er wollte mit Argumenten siegen. Dies beweisen die sog. ›Libri Carolini‹.[6] Karl wollte das Werk mit seinem eigenen Namen verbunden wissen. Die wirklichen Verfasser werden daher nicht genannt. Man hat lange an Alkuin gedacht, und höchstwahrscheinlich hat er mitgearbeitet. Aber der Hauptverfasser war vermutlich Theodulf von Orléans.[7] Der Text zeigt eine scharfe, oft giftige Polemik, die Alkuin weniger lag. Doch für uns hängt daran

[6] Libri Carolini sive Caroli Magni capitulare de imaginibus, ed. H. Bastgen (Monumenta Germaniae Historica. Legum Sectio III. Concilia. Tomi II Supplementum). Hannover – Leipzig 1924.

[7] Vgl. A. Freemann, in: Speculum 32 (1957), 663–705, und 40 (1965), 203–289.

nicht viel. Die ›Libri Carolini‹ sind in jedem Falle ein einzigartiges Dokument zur Geschichte des Konflikts zwischen lateinischem Westen und Byzanz. Sie zeigen den Gebrauch, den man gegen 800 von der Philosophie zu machen gedachte. Sie belegen – in einem regierungsamtlichen Dokument von mehreren hundert Seiten Umfang – ihre Funktion zum Zweck der Abgrenzung. Sehen wir zu, in welchem Sinne.

Karl (bzw. die Verfasser seiner Staatsschrift) griff mit diesem Text in den sog. Bilderstreit ein. In Byzanz hatte 754 eine Synode die Bilderverehrung verboten. Nach Jahrzehnten des Bildersturms betrieb die byzantinische Kaiserin Irene eine Annäherung an die westliche Tradition, nach der Bilder zwar nützlich sind, aber kein Gegenstand religiöser Verehrung. 787 beschloß eine Synode in Ostrom die Wiederzulassung religiöser Bilder. Sie verbot deren Anbetung, maß ihnen aber religiöse Bedeutung zu. Diesen Anlaß wählte Karl, um die Abgrenzung zu Ostrom voranzutreiben. Er griff Ostrom heftig an. Dies war zugleich eine Korrektur am Papst, der den Beschlüssen der Synode von 787 zugestimmt hatte. Karl wollte zeigen, daß er auch für die Auslegung der rechten Lehre die oberste Instanz sei. Kaum war er im Besitz einer schlechten Übersetzung der Synodalakten, ließ er seine Gelehrten polemisieren.

In rauhen Worten machten sie Ostrom und der Welt klar, daß nach fränkischer Ansicht in Ostrom ein irrationales und häretisches Konzept von Politik und Kunst herrsche. Was die Politik angeht, so kritisierte Karl die oströmische Gewohnheit, das Kaisertum religiös zu überhöhen. Nicht als habe er eine religiöse Bestimmung der Reichsmacht abgelehnt. Aber die oströmische Auffassung rückte ihm den Monarchen zu sehr in die Nähe Gottes. Besonders heftig kritisierte er die regierungsamtliche Formel Ostroms, wonach Gott ein „Mitregent“ der Kaiserin hieß. Das hieß die Grenze zwischen Schöpfer und Geschöpf verwischen. Gottes Sein kennt nur Sein, kein Gewesensein oder Zukünftigsein. Er ist ewig und unveränderlich. Sein Name ist: „Ich bin, der ich bin“. Unser menschliches Sein ist demgegenüber Nichtsein.[8] Das wahre Sein ist das Ewige – dieser augustinische Leitsatz dient Karl dazu, die Überhöhung des oströmischen Kaisers, von dem er immer nur als „König“ (rex) spricht, abzubauen. Die fränkische Auffassung des Herrscheramts ist pragmatischer und, wie Karl sagt, demütiger: Gott herrscht unter den Menschen, aber nicht durch den irdi-

[8] Libri Carolini II 1 Bastgen 8, 29–34.

schen Herrscher; er herrscht in ihren Herzen durch den Glauben; erst im Jenseits werden sie mitherrschen mit Gott. Der König ist verantwortlich für die Administration des irdischen Lebens. Weder er noch sein Bild dürfen religiös verehrt werden. Wenn er mit Respekt behandelt wird, so ist doch alles zu vermeiden, was ihn aus der Menschheit herauslösen und die Kluft zwischen Schöpfer und Geschöpf vergessen machen könnte. Die griechischen Theologen hatten die Bilderverehrung mit dem Argument verteidigt, die Kaiser ließen ihr Bild in den Provinzen öffentlich aufstellen und forderten für diese Bilder denselben Respekt wie für ihre Person. Die fränkischen Theologen erwiderten: Das waren die Gewohnheiten von Babylon und Rom. Sie verstanden diesen Hinweis im Sinne der Zwei-Staaten-Lehre Augustins. Die religiöse Verherrlichung der politischen Macht war das Kennzeichen des Teufelsreiches. Ferner treffe der Vergleich zwischen Gott und Kaiser nicht zu: Gott ist allgegenwärtig; er braucht und kann nicht für den Fall seiner Abwesenheit durch Bilder vertreten werden.

Karl wollte eine nüchternere, eher funktionale Auffassung des Herrscheramts und eine schärfere Abgrenzung zwischen Gott und Kaiser. Das irdische Leben sollte im Bewußtsein seiner Vorläufigkeit, ja Nichtigkeit bestanden werden. Differenz, nicht Teilhabe hieß das Leitmotiv. Die Gottesnähe, die der Osten der Person des Kaisers und dem ergriffenen Betrachter der Ikonen zubilligte, galt im Westen als jenseitige Krönung eines moralischen Lebens, nicht als irdische Erfahrung. Die Scheidewand zum ewigen Leben sollte nach Karl nirgends einbrechen, weder im Prunk des höfischen Zeremoniells noch im Goldglanz der Ikonen.

Denn Bilder sind ein Machwerk unserer Hände. Sie bestehen aus Holz, Stoff, Farben. Wenn der Künstler, der sie hergestellt hat, ein guter und frommer Mann war – was man nie weiß –, so konnte er seine Moralität und Religiosität doch dem Stoff nicht mitteilen. Wie das Ewige vom Zeitlichen, so müssen wir das Stoffliche vom Geistigen abgrenzen; es gibt keine fließenden Übergänge. Wiederum dienen augustinische Formeln zur Markierung sich ausdifferenzierender geschichtlicher Welten. Im Osten nannte man die Malerei eine „religiöse Kunst“ (ars pia), aber im Westen galt sie als ein Handwerk, das irdischen Stoff bearbeitet und das guten wie schlechten Zwecken dienstbar gemacht werden kann, also religiös indifferent ist.[9] Nichts gegen die Malerei. Sie kann, argumentiert

[9] Ib. III 22 Bastgen 149, 27–33.

Karl, wirklich geschehene Taten ins Gedächtnis zurückrufen und den Geist anregen, von der Lüge zur Wahrheit zu streben. Aber sie kann auch täuschen. Sie kann etwas, das nie geschehen ist, als wirklich vorgaukeln und Unmögliches für wirklich ausgeben. Dann ist sie „Lüge".[10] Sie kann die nichtigen Fabeln der Dichter mit dem Schein von Wirklichkeit vor Augen stellen. Vieles Falsche, vieles Lasterhafte, vieles Absurde wurde schon gemalt.[11] Wir sehen, wie hier die Dichterkritik antiker Philosophen, die Augustin aufgegriffen hatte, in pragmatischer und polemischer Verkürzung wiederauflebt. Statt der neuplatonischen Durchdringung der Sphären des Geistigen und Stofflichen betonte Karl den dinghaften Charakter von Bildern, ja, mit Berufung auf Aristoteles, ihre Lügenhaftigkeit.[12] Mit poesieloser Nüchternheit sah er in ihnen nichts als Instrumente. Sie sind, meinte er, nach ihrem Zweck und ihrer Tauglichkeit dazu zu beurteilen. Das richtige Leben besteht nicht darin, die Bilder, sondern den Nächsten zu lieben.[13] Praktisch-ethische Frömmigkeit, nicht ein in die Transzendenz verschwimmendes ästhetisches Erlebnis – dies ist – in fränkischen Augen – die Lehre des Christentums und der Vernunft; und ihr ist der Kunst- und Kaiserkult des Ostens sowohl irrational als auch häretisch. Der Text Karls zielt immer wieder darauf ab, daß die östliche Bildertheologie von den Lehren der Kirchenväter abweicht (wobei die großen Lehrer des Ostens zugunsten Augustins und Gregors d. Gr. vergessen sind) und daß sie gegen logische Regeln verstößt. Dialektik und Rhetorik werden aufgeboten, um die Fehlerhaftigkeit der Argumente der Synode von 787 nachzuweisen. Schulmäßiger ist wohl nie ein politisches Dokument aufgetreten; vielleicht übertrifft auch keines die ›Libri Carolini‹ an Respekt für die Philosophie. „Philosophie" – das waren hier die augustinischen Differenzen von Gott und Welt, von Geist und Stoff, und es waren die Regeln des Logikunterrichts, die aus Aristoteles und Boethius († 524) bekannt waren. Also kein großer spekulativer Gegenentwurf zur östlichen Weisheit, sondern eher eine kleinliche Jagd nach logischen Schnitzern, aber geleitet von dem Motiv, daß die Religion eine Sache des Willens und der Tat ist, daß kein Mensch, auch der Kaiser nicht, ein Teil der Gottheit ist, daß die Bilder als stoffliche Dinge dem Ewi-

[10] Ib. III 23 Bastgen 150, 38–151, 30.
[11] Ib. III 23 Bastgen 152, 44–153, 1.
[12] Ib. III 23 Bastgen 151, 1–5.
[13] Ib. III 16 Bastgen 137, 33.

gen und Unsichtbaren nicht angemessen sind. Kann ein Bild etwa ausdrücken, daß Gott *einer* und daß er Geist ist? Dies kann nur die Sprache; sie ist folglich viel geeigneter für die Erziehung des Volkes als die Bilder.[14]

4. Die Funktion der Philosophie in der karolingischen Welt

Die ›Libri Carolini‹ bedeuteten eine markante Selbstaufwertung des Westens. Sie machten dem Papst und den Griechen klar, daß der Übergang der Macht zu den Franken auch eine kulturpolitische und religiöse Realität war. Abfällig sprach Karl vom „Aberglauben" der Griechen. Er ließ zeigen, daß man im Westen die Bibel sorgfältiger las als im Osten, daß man hier sogar den hebräischen Urtext zu Rate zog, daß hier die Kirchenväter eine Heimstätte gefunden hatten und daß der Unterricht in Dialektik und Rhetorik machtpolitische Früchte trug. Der Westen redete jetzt nicht nur mit. Er wies eine byzantinische Synode zurecht und korrigierte den Papst. Karl verband diesen Text mit seinem eigenen Namen. Offenbar stimmte er mit Alkuin darin überein, daß ihm ein universales philosophisch-theologisches Lehramt zukomme. Die kunstarme Mittelregion Europas machte aus ihrer Bedürftigkeit einen Krafterweis: Gegenden, in denen es kaum Bilder gab, konnten nicht nur im Besitz der wahren Religion sein; sie konnten, auf die Macht der Sprache und die Bedeutung des sittlichen Ernstes gestützt, die bisherigen Kulturzentren – Byzanz und Rom – auf die zweite Stelle verweisen. Sie mußten dazu nur die Sprache von der Seite ihrer rhetorischen und vor allem ihrer logischen Regeln auffassen; dann konnten sie einen ehrwürdigen Kaiserthron und goldglänzende Ikonenwände wenn nicht stürzen, so doch „entmythologisieren". Ein früher Rationalismus geht durch die „karolingischen Bücher". Er nahm seinen Maßstab der Rationalität vom Tun der Handwerker und Bauern, ohne ihn freilich konsequent anzuwenden. So nahm er die Reliquien der Heiligen von jeder Entzauberung aus. Aber da der Westen nach Reliquien jagen mußte, da er sie kaufen, stehlen und rauben mußte, um nach den Maßstäben des 9. Jahrhunderts gleichberechtigt zu sein mit Rom und Byzanz, haben wir diese „Inkonsequenz" nur zu konstatieren, nicht zu kritisieren. Das Wort „Rationalismus" wird man mit Einschränkungen

[14] Ib. III 23 Bastgen 153, 4–17.

gebrauchen müssen. Aber zurücknehmen muß man es nicht. Mit den angedeuteten Nuancierungen bezeichnet es einen Grundzug der karolingischen Kultur. Alle Welt, sofern sie lesen konnte, sah jetzt, daß die Philosophie wieder präsent war, und zwar nicht in der meditativen Stille einer Klosterzelle, sondern am Zentrum der Macht. Sie existierte dort nicht nur als gelehrtes Dekor. Sie garantierte nicht nur die Luzidität theologischer Traktate. Gewiß hielt sie subjektiv-religiöse Willkür fern, indem sie zeigte, wie man „richtig" redete und dachte. Sie formierte nicht nur das Selbstverständnis einer neuentstehenden Gesellschaft. Sie bewies die kulturelle Inferiorität der bisherigen Weltzentren. Sie grenzte den „Aberglauben" vom „Vernünftigen" ab. Sie war Teil einer sich erweiternden Macht. Denn der neue politische Organismus verstand sich als die Vereinigung von Macht und Weisheit.

III. SELBSTBESTIMMUNG ODER PRÄDESTINATION – ERIUGENA GEGEN GOTTSCHALK

1. *Die angebliche Wiederkehr von Problemen – ein Intermezzo zur Methode*

Zwei Generationen später: Die karolingische Schulorganisation mit ihren Kloster- und Domschulen stand; das Reich wankte. Es zerbrach, denn es war überdimensional. Es entsprach weder den Verwaltungstechniken noch der Ökonomie, noch der Mentalität der Zeit. Lokale und regionale Differenzen drängten sich vor. Stämme und die Anfänge nationaler Blöcke traten an die Stelle des karolingischen Großraums. Wikinger und Normannen, Araber und Ungarn zogen zerstörend durch das für einige Jahrzehnte befriedete Reich. Man erfuhr, was das Böse ist: die ständigen Fehden der lokalen Größen und die Raubzüge zu Schiff und zu Pferd. Die Welt sah düsterer aus als 50 Jahre vorher. Dies gilt nicht für die Schulkultur. Sie erntete jetzt die Früchte der geregelten Arbeit seit Alkuin: In den Klöstern standen jetzt gut lesbare Handschriften mit vereinheitlichten liturgischen Texten, mit den Werken der lateinischen Kirchenväter und der römischen Klassiker. Vor allem gab es jetzt eine etwas breiter gestreute Kultur des Lesens und des Disputierens, insbesondere in den Klöstern des Westens. Es kam zu ersten literarischen Fehden. Man polemisierte nicht mehr nur gegen Ostrom. Die innere Differenzierung des Westens war nun so weit fortgeschritten, daß man den literarischen Gegner im Westen hatte, manchmal sogar im eigenen Haus, so in Corbie. Freilich war das Publikum solcher Debatten klein. Es hatte fast immer Beziehungen zum westfränkischen Königshof. Die Palastdiskussionen Karls des Großen hatten sich ausgebreitet, aber eine literarische „Öffentlichkeit" war das noch nicht. Man stritt über mehrere Hauptprobleme. Ich greife das philosophisch Interessanteste heraus: die Debatte über menschliche Freiheit und göttliche Vorherbestimmung. Dieser Disput beschäftigte vor allem Gottschalk und Johannes Eriugena, doch zog er wahre Wortschlachten nach sich. Bevor ich davon erzähle und den wichtigsten Text vorstelle, noch eine Bemerkung:

Der Konflikt von „Freiheit" und „Notwendigkeit" kommt in der

Geschichte der Philosophie vielfach vor. Er ist das, was man gern ein „ewiges Menschheitsproblem“ nennt. Ich möchte einladen, über eine solche Benennung ein wenig nachzudenken.

Es scheint gar nicht so sicher, daß „Probleme“ „wiederkehren“. Zwar werden ähnliche Vokabeln gebraucht, wenn man im 14. Jahrhundert die göttliche Vorherbestimmung mit der menschlichen Freiheit versöhnen will und wenn Kant die sittliche Selbstbestimmung gegen den Mechanismus der Naturnotwendigkeit absetzt. Leibniz wollte gegen Spinoza die Willensfreiheit sichern; im 19. Jahrhundert wollte man individuelle Entscheidungen gegen „das Absolute“ Hegels ertrotzen. Schon in der Antike, vor allem in der Stoa, war das Problem erörtert worden: Wie kann die Natur rational bestimmt sein und dennoch der Mensch einen Spielraum eigenen Handelns gewinnen?

Wie man sieht, gibt es hier Gemeinsamkeiten über die Jahrhunderte hinweg. Sie reichen von Platon bis zu Heideggers Kritik an Sartre im ›Humanismusbrief‹. Die Philosophie hat in Europa immer wieder das Freiheitsbewußtsein formuliert. Aber sie hat es auch auf seine immanenten Bedingungen hin untersucht und damit problematisiert. Dabei haben sich im Laufe von zweitausend Jahren Formulierungen und Argumentationsfiguren wiederholt. Diese kann man nachträglich als Artikulationen eines und desselben „Problems“ zusammenfassen; man kann dabei überraschende Durchblicke konstruieren. Man hat, vor allem in Deutschland, seit Beginn unseres Jahrhunderts die Geschichte der Philosophie auf diese Weise abgehandelt. Neukantianer und neue Ontologen, wie Nicolai Hartmann, sahen darin eine Möglichkeit, dem uferlosen Faktenmeer der sog. „positivistischen“ Forschung zu entkommen. Aber bedenklich ist dieses Verfahren doch, und zwar aus mehreren Gründen:

(1) Es verselbständigt die sog. „Probleme“. Es achtet nicht darauf, daß es Menschen sind, die in einer gegebenen geschichtlichen Situation sich denkend zurechtzufinden suchen, dabei in Konflikt mit sich, mit ihrer traditionellen Weltdeutung oder mit dem Denken anderer Personen geraten. Das „problemgeschichtliche“ Verfahren läßt Individuen in den ewigen Lichtkreis überzeitlicher „Probleme“ treten; es analysiert nicht das Entstehen dieser Probleme aus der Spannung von Situationen und Traditionen.

(2) Wenn die „Probleme“ ewig sind, versteht sich ihr zeitgebundenes Auftreten wie von selbst. Man fragt dann nicht, warum man

um 800, also bei Alkuin und den ›Karolingischen Büchern‹, das Problem von Vorbestimmung und Freiheit *nicht* gehabt hat, das um 850 zu gelehrten Debatten, zu tumultuösen Bischofsversammlungen und zur öffentlichen Geißelung von Schriftstellern geführt hat. Die „problemgeschichtliche Methode" wertet das zeitgemäße Kolorit nur eben als Kolorit, als eine Art historische Umkleidung des immerbleibenden „Problems". Sie trennt also „Problem" und „Geschichte". Dabei will sie eine Anleitung sein zum Studium der Geschichte der Philosophie. Sie macht aber unbegreiflich, warum man sich der Geschichte zuwenden soll. Sie begünstigt die Enthistorisierung der Geschichte. Man muß ihr zugestehen, daß sie in der Geschichte der Philosophie mehr sehen will als ein Sammelsurium zufälliger Tatsachen. Sie sucht „Wahrheit", auch im Umgang mit der Geschichte. Aber sie zwingt die Geschichte zu hochgradig vereinheitlichten Konstellationen; sie inspiriert nicht zu Detailstudien über die konkreten Bedingungen einer Debatte, z. B. über die Bücher, auf die man sich dabei stützte, über die regionalen und sozialen Gruppen, die sich gegenüberstanden. Bei der Diskussion über Prädestination und Selbstbestimmung im 9. Jahrhundert war es z. B. entscheidend, daß man bestimmte Texte Augustins zur Hand hatte, daß man bestimmte Bücher, die eine Korrektur Augustins enthielten, für augustinisch hielt, daß man in Lyon den pseudoaugustinischen Charakter einiger Texte erkannte, in Reims und Mainz aber nicht. Soziale Schichtungen zeichneten sich ab: Die Bischöfe verteidigten eine Tradition, die sie nicht wirklich kannten. Sie hatten weder die Zeit noch die Texte, um in ihre Widersprüche einzudringen. Einzelnen gelehrten Mönchen, denen bessere Bibliotheken zur Verfügung standen, gelang dies sehr wohl. Die Orientierung des historischen Blicks auf die „Menschheitsprobleme" oder, wie man gesagt hat, auf die „Hauptprobleme der abendländischen Metaphysik" hat die historische Forschung behindert. Sie sah Situationen und Texte, Gesprächszusammenhänge und realgeschichtlichen Kontext nur verschwommen, wie durch Milchglas hindurch. Ich möchte diese Einstellung „äternistische Verblasenheit" nennen. Man sah die Konturen von Landschaften und Gruppen von Individuen und Institutionen als das Uneigentliche an: „ein Erdenrest, zu tragen peinlich". Dies war, im Umgang mit der Geschichte, eine ahistorische, ja antihistorische Position. Heinrich Rickert hat dies programmatisch formuliert. Nach ihm treiben wir Geschichte der Philosophie, „um von der Geschichte loszukommen". Mancher deutsche Philosophiehistoriker hat dieser Wendung applaudiert, ohne zu sehen, daß dieser Äternismus die Geschichte entwertet und die genaue Erforschung geschichtlicher Zusammenhänge ausschließt.

(3) Die philosophischen Motive der problemgeschichtlichen Auffassung der Philosophiegeschichte sind vielfältig. Unübersehbar aber ist in allen ihren Formen die Angst vor dem Relativismus. Sie geht der Geschichte einen Schritt weit entgegen, gewahrt die große Mannigfaltigkeit von Ansichten, Texten und Kontexten; sie erschrickt und biegt zum Überzeitlichen zurück. Sie präpariert den geschichtlichen Stoff zum Zweck unmittelbarer Identifizierung, nicht in historischer Distanzierung. Anders glaubt sie „Wahrheit" in der Geschichte nicht finden zu können. Aber gerade wenn wir einen philosophischen Gedanken in seiner konkreten Verwicklung analysieren, entdecken wir den Zusammenhang von Philosophien und geschichtlichen Welten und werden vor die Frage gestellt, wie unser eigenes Denken zu seiner geschichtlichen Welt steht.

(4) Die problemgeschichtliche Behandlung der Philosophiegeschichte bedenkt nicht ihre eigene Historizität. Sie achtet nicht auf den Zusammenhang, der zwischen ihrer Suche nach Kontinuitätsblöcken und den realen Diskontinuitätserfahrungen des 20. Jahrhunderts besteht. In einem Jahrhundert jäher geschichtlicher Brüche (Abschaffung der Monarchie, Zusammenbrüche bürgerlicher Vermögen, Wandel der Wertkonzepte, zwei Weltkriege und in ihrer Folge die Verlagerung der Machtzentren) hält sie den Historiker an, in der Geschichte das Ewige, das Bleibende, kurz: die Kontinuität zu ermitteln. Sie verdirbt ihm damit das Handwerk, denn dieses besteht in der exakten Ermittlung von Differenzen. Sie verdeckt ihm den sekundären, den abstrakt-konstruierten Charakter angeblich bleibender Sinnblöcke. Sie verhindert ihn, als Historiker sich in Beziehung zu setzen zu seiner Gegenwart als einer wandelbaren geschichtlichen Konstellation. Ist er Historiker der Philosophie, so verdeckt sie ihm sowohl die realgeschichtliche Funktion der Gedanken, die er erforscht, als auch die faktische Rolle seiner eigenen Forschung. Kurz: Sie trennt endgültig, was sie zu verbinden sich anschickte, Philosophie und Geschichte.

2. *Gottschalk über göttliche Vorherbestimmung*

Kehren wir von dieser Kritik der antihistorischen Tendenz in der Philosophiegeschichtsschreibung der Gegenwart zurück zum Prädestinationsstreit im 9. Jahrhundert. Ausgelöst wurde er durch *Gottschalk* († 869), den Mönch aus Sachsen. Mit ihm kommen zum ersten Mal die neukolonisierten Gebiete östlich des Rheins in einer theoretischen Diskussion zu Wort.[1] Wie man weiß, haben sie in den Folgejahrhunderten noch vielfach für belebende Unruhe gesorgt, von Meister Eckhart bis Luther; aber schon ihr Debut war nicht sehr friedlich. Gottschalk war als Kind von seinem Vater, einem sächsischen Grafen, dem Kloster Fulda als Opfer für die eigenen Sünden dargebracht (oblatus) worden. Dies war vielfach üblich. Es kennzeichnet das 12. Jahrhundert als eine weltgeschichtliche Wasserscheide, daß diese Verfügung der Eltern über ihr Kind grundsätzlich verworfen und als feste Institution abgeschafft wurde. Doch Gottschalk lebte zu Beginn des 9. Jahrhunderts, und als er nach wenigen Jahren das Recht einer eigenen Entscheidung forderte, stieß er auf den erbitterten Widerstand seines Abtes. Dieser war kein anderer als Rabanus Maurus, der im Sinne seines Lehrers Alkuin Schulen leitete und konventionelle Kompilationen für seine Mönche verfaßte. Gottschalk gab nicht auf. Er wandte sich an eine Provinzialsynode in Mainz; sie gestattete ihm 829 den Klosteraustritt. Rabanus Maurus intervenierte. Gottschalk mußte, wie es scheint, Mönch bleiben. Doch er durfte von Fulda nach Orbais überwechseln. Hier machte der selbständige Grübler eine Entdekkung: die Prädestinationslehre des späten Augustin.[2]

Wie wir sahen, hatten auch Alkuin und die anderen Verfasser der ›Libri Carolini‹ Augustin gelesen. Sie hatten mit seiner Hilfe dem karolingischen Aufschwung eine Sinndeutung verschafft. Sie hatten sich an die ethisch-praktische Seite im Denken des Bischofs von Hippo gehalten, dieses mit dem Regelsystem der boethianisch-aristotelischen Schullogik versetzt und den Geist politisch-kirchlicher Administration gegen den Überschwang formuliert, als der ihnen die byzantinische Kaiser- und Ikonentheologie erschien. Ihre Text-

[1] Godescalc d'Orbais, Œuvres théologiques et grammaticales, ed. D. C. Lambot. Louvain 1945. – Zur historischen Situierung der Debatte ist jetzt unentbehrlich: Jean Devisse, Hincmar. Archevêque de Reims. 3 Bde. Genf 1976, bes. Bd. 2, 115–279.

[2] Dazu vgl. Flasch, A 187–191.

basis war schmal; oft begnügten sie sich mit einer Auswahl von Augustinstellen, mit Exzerpten und Florilegien. Sie saßen im Zentrum der Macht, sahen weltpolitische Zusammenhänge und waren sich bewußt, daß sie mit ihrer intellektuellen und pädagogischen Arbeit eine neue Welt schufen. Als Gottschalk in Orbais seinen Augustin las, war er allein, und die geschichtliche Gesamtsituation hatte sich verschoben. Brüche wurden sichtbar, die in der Gründergeneration verdeckt geblieben waren. Die Schüler Alkuins waren in hohen Ämtern, aber sie hatten nicht mehr dessen ausgreifende Pläne. Sie hüteten Gesetz und Ordnung. Wenn sie Bücher schrieben, trugen sie das gesammelte Material fleißig zusammen, und ihr Publikum waren fast ausschließlich Mönche. Das Konzept einer Einheit der Ausbildung von Klerikern und Laien, das unter Karl vorherrschte, war aufgegeben. Aber die Texte waren jetzt zur Hand. Man konnte sie vergleichen, gar Unechtes ausscheiden. Gottschalk, dessen Entfernung zu Alkuin größer war als die eines revoltierenden Studenten zu einem Kultusminister für ganz Europa, entdeckte in ihnen einen Zündstoff, der die karolingische Einheit von Politik, Kultur und Kirchenregiment zerstören konnte: Augustin hatte gelehrt, daß die Menschen vorbestimmt sind zu ewigem Heil oder ewigem Untergang, ja daß die weit überwiegende Mehrzahl der Menschen, und seien sie auch Kleriker oder Mönche, dem ewigen Tod entgegengeht. Diesen Gedanken, der für den späten Augustin tatsächlich maßgebend war, hatten die Gelehrten um Alkuin entweder übersehen oder bis zur Redensart abgeschwächt. Er hätte ihr Werk vernichtet. Als Gottschalk ihm Geltung verschaffen wollte, wehrten sich die Alkuin-Nachfolger mit Worten und mit Gewalt. Zunächst entstellten sie Gottschalks Ansichten. Sie warfen ihm vor, er habe behauptet, Gott bestimme die Menschen zur Sünde; Gottschalk hatte mit Augustin gelehrt, Gott determiniere zu ewigem Leben oder ewigem Tod. Das Kampfwort wurde: „doppelte Prädestination" (gemina praedestinatio). Die Gegner Gottschalks hatten dagegen einzuwenden, daß Gott gut sei und gerecht, daß er den Tod des Sünders nicht wolle. Aber Gottschalk hatte nur die Lehre des späten Augustin wiederhergestellt: Der Mensch gehört nach Gottes unerforschlichem Ratschluß entweder zum Gottesstaat oder zum Teufelsvolk. Für seine Einreihung sind weder seine eigenen Taten noch Gottes Vorherwissen seiner Taten maßgebend. Gottes ewiger Wille hat immer schon entschieden. Der Ausdruck „doppelte Vorsehung" entsprach der Sache nach Augustins später Theologie, wie er sie gegen Pelagius immer härter formuliert hatte; wörtlich kam dieser Ausdruck bei Isidor von Sevilla († 636) vor, und der gelehrte Gottschalk berief sich auch auf ihn.

Es nützte ihm nichts. Was gegen ihn stand, war die Ansicht, Gott sei gut und wolle das Heil aller Menschen (was Augustin verneint hatte). Gottschalks Lehre schien die soziale Ordnung zu vernichten: Wenn die Prädestination unser ewiges Geschick unabhängig von unseren Taten festlegt, konnte dann nicht jeder tun, was er wollte? Das verbreitete Gefühl, die bestehende Ordnung sei in Gefahr, die karolingische Kulturleistung werde verspielt, wandte sich gegen den fähigsten Anhänger Augustins. Daß Christus nicht für alle Menschen gestorben sei, sondern nur für wenige Auserwählte, hemmte die Missionierungs- und Ausdehnungstendenz, die dem Reich Karls d. Gr. innewohnte. Eine Mainzer Synode hörte Gottschalk im Herbst 848 an. Deren Vorsitzender war – Rabanus Maurus, Gottschalks früherer Abt in Fulda, jetzt Erzbischof von Mainz. Gottschalk wurde verurteilt. Rabanus, dem man den Ehrentitel Praeceptor Germaniae (der Lehrer Deutschlands) gegeben hat, ließ den originellsten Denker, der auf deutschem Boden im ganzen 9. Jahrhundert zu finden war, öffentlich, vor versammelten Bischöfen, auspeitschen. Man hat zur Entlastung des Mainzer Erzbischofs gesagt, diese Härte müsse nicht persönlichem Haß entsprungen sein; sie habe dem Kirchenrecht entsprochen. Gottschalk widersprach, wie Raban fand, der „ganzen Kirche". Er hatte als entlaufener Mönch die Geißelung verdient. Danach wurde er dem Erzbischof Hinkmar von Reims, einem Bewunderer Rabans, überstellt. Im Kloster Orbais verbrachte Gottschalk sein Leben, im Gefängnis. Raban ermahnte Hinkmar, ihm jede Möglichkeit zu nehmen, Bücher zu lesen oder gar zu schreiben. Trotzdem arbeitete Gottschalk weiter. Der Streit brach in dem geistig lebhafteren Westreich erst recht aus. Hinkmar kam dabei in arge Bedrängnis. In der Kirchenprovinz Lyon gab es bessere Augustinkenner, als er war. Sie stimmten zwar nicht Gottschalk zu, aber sie hatten auch Einwände gegen Hinkmar. Dieser hatte einen Gelehrten der Hofschule Karls des Kahlen um ein Gutachten über den ganzen Streit gebeten, freilich erst nach der Verurteilung Gottschalks. Dieser Gutachter war Ire. In Irland dachte man nicht immer wie im angelsächsischen Einflußbereich, der von Beda über Winfried-Bonifatius zu Alkuin und Rabanus Maurus reichte. In Irland herrschte mehr Interesse an antiker Literatur, auch an Naturkunde. In Angelsachsen überwog seit Beda ein abgeschwächter Augustinismus mit starker Betonung der Autorität der Schrift. Wir haben also um 850 drei verschiedene intellektuelle Atmosphären: die in Mittel- und Nordfrankreich, auch in Deutschland vorherrschende, aber defensiv gewordene Alkuin-Schule, die im Süden Frankreichs (Lyon, Troyes) herrschende mit ihrer größeren Nähe zu Augustin, schließlich das irische Einflußfeld. Dieses letztere repräsentierte *Johannes*, den man nach seiner Herkunft Scottus (= Ire) oder auch präzisierend *Eriugena* († 877) nannte. Sein Prädestinationsgutachten machte die Lage nur noch verworrener. Aber es ist philosophisch das bedeutendste Dokument der gesamten Debatte. Sehen wir es näher an.[3]

3. Ein querliegendes Gutachten – Eriugena

Die These Eriugenas war einfach, radikal und klar: Er begrüßte die Verurteilung Gottschalks, denn von einer „zweifachen Prädestination" könne nicht die Rede sein; Gott sei absolut einfach. Da Gott ewig sei, sehe oder bestimme er auch nichts „vorher". Solche Wendungen seien im übertragenen Sinne zu deuten. Was Gottschalk über das Vorhersehen der Sünden und über die Vorbestimmung zur Hölle sage, sei unsinnig und häretisch. Sünde und überhaupt jedes Üble (Böse) habe kein Wesen, existiere nicht, es sei denn als bloßer Mangel (privatio), könne folglich auch nicht vorhergewußt werden. Die Vorstellung, Gott habe vielen Menschen die Hölle vorbereitet, erschien Eriugena als ein gedankenloser Anthropomorphismus. Gott ist Güte, nichts als verströmende Güte, und die wahre Strafe des Sünders vollzieht sich in ihm selbst, nicht in einer räumlich gedachten Hölle. Die Reue ist die Hölle.

So hatte dieses Gutachten nicht nur bewiesen, daß es keine *zwei* Prädestinationen gibt, sondern daß es überhaupt keine gibt. Zudem hatte es die Existenz der Hölle in Mitleidenschaft gezogen. Ein Skandal brach los; Hinkmar konnte sich dadurch retten, daß er erklärte, er kenne den Verfasser nicht und seine Staatsgeschäfte hätten es ihm nicht erlaubt, den Text zu studieren.[4] Mehrere Synoden verurteilten das Buch Eriugenas. Eine Bischofsversammlung nannte seine Philosophie „irischen Brei" und gab damit den ange-

[3] Johannes Scottus, De divina praedestinatione liber, ed. G. Madec. (Corpus Christianorum. Continuatio mediaevalis L.) Turnhout 1978.

[4] Dazu vgl. M. Cappuyns, Jean Scot Erigène. Sa vie, son œuvre, sa pensée. Louvain 1933, bes. 102–127, ferner die oben zitierten Seiten von Jean Devisse und die Einleitung von Goulven Madec zu seiner Edition.

deuteten regionalen Differenzen Ausdruck. Eriugena selbst geschah nichts; er stand unter dem Schutz des Königs. Aber sein Buch ist nur in einer einzigen Handschrift überliefert.

Dabei wandte sich der Ire keineswegs gegen Augustin. Er trieb auch nicht, wie man damals und auch im 20. Jahrhundert gegen ihn einwandte, eine um Texte unbekümmerte „dialektische“ Analyse. Richtig ist, daß er aus reinen Vernunftüberlegungen vorgehen wollte. Er wandte den auch von Alkuin anerkannten Regelkatalog der Sieben Freien Künste, also vor allem der Dialektik und Rhetorik, an: Sorgfalt der Definitionen, Aufmerksamkeit auf Kategorienverwechslungen, Unterscheidung von buchstäblicher und übertragener Rede – diese Instrumente sollten die Verwirrung beseitigen. Aber Eriugena war auch ein gelehrter Kenner der Tradition; auf dieser frühen Stufe seiner Entwicklung hieß dies: ein Kenner Augustins und des Boethius. Aber sein Augustin war ein anderer als der Gottschalks. Eriugena stützte sich auf die neuplatonisch-philosophischen Elemente der Schriften Augustins aus den Jahren 386 bis 396, um Augustins spätere Gnadenlehre und seine Prädestinationstheologie nicht nur abzuschwächen (wie Alkuin), sondern konsequent „bildlich“ (translative) zu interpretieren. Er berief sich also auf Augustin als den Schüler Plotins, vor allem auf dessen religionsphilosophische Schrift ›Über die wahre Religion‹ (De vera religione), um die Gnadenlehre zu eliminieren.[5]

Natürlich bedeutete im Jahr 850 eine Rückkehr zur eher symbolistischen Religionsphilosophie der früheren Schriften Augustins nicht nur eine antiquarische Ausgrabung; sie war eine Revolution. Sie war ein Bruch mit dem Autoritätsstandpunkt der berühmtesten Lehrer der Zeit. Sie zeigte sich frei von der Furcht vor Neuerungen, wie sie in bedrohten Gesellschaften sich breitmacht – und die karolingische Gesellschaft war bedroht; es sei nur daran erinnert, daß wenige Jahre danach die normannischen Invasionen begannen. Formal zeichnete Eriugenas Traktat sich dadurch aus, daß er seinen methodischen Standpunkt klar aussprach und durchhielt: Die Streitfrage sollte philosophisch entschieden werden. Die „Vernunft“ bekam die Oberhand über die „Autoritäten“. Inhaltlich hob Eriugena ab auf die absolute Einfachheit, Zeitlosigkeit, Güte des *einen* Gottes. Radikal zog er die Konsequenzen aus dem augustinisch-neuplatonischen Grundsatz, das Böse als solches existiere

[5] Zu Augustins De vera religione vgl. meine Analyse im Nachwort zu der lateinisch-deutschen Ausgabe. Stuttgart 1983, 215–230.

nicht, es sei nur ein Mangel am Seienden. Vor allem verknüpfte der Ire diese Gedanken mit einem Verständnis des Menschen, das sich auch aus Augustin speiste, sogar aus einer späten Schrift Augustins (›De trinitate‹), das aber doch ein Novum war: Vom Menschen darf man nicht reden wie von einem Ding. Man muß ihn denken als die lebendige Korrelation von Einsicht–Wollen–Erinnerung. Keines dieser Momente ist zufällig, keines darf weggelassen werden. Der Mensch muß folglich als Wille gedacht werden; die Freiheit ist für ihn konstitutiv. Gott kann nicht, ohne sich selbst zu widersprechen, Menschen wollen, aber ihnen die Freiheit nehmen. Der Mensch *ist* die Möglichkeit, sich von sich aus zum Guten zu bewegen. Dies hat Gottschalk nicht bedacht.

Gottschalk forderte – wie Eriugena –, es müsse konsequenter zugehen als bei Alkuin und Rabanus Maurus. Beide hatten eine hervorragende Ausbildung in Grammatik, Rhetorik und Dialektik. Sie hatten leicht konsequenter sein als Alkuin; an ihnen hing nicht eine kulturelle Welt. Sie bewegten sich in dem durch Alkuin Geschaffenen, freilich in entgegengesetzter Richtung. Aber eine bloße Schulwissenschaft betrieben auch sie nicht. Ihre Philosophie stand nicht mehr im Dienst der Abgrenzung von Aachen und Byzanz. Aber sie beeinflußte kirchenpolitische Gruppenbildungen in der kulturell regsten Region des lateinischen Westens. Sie diente der Klarstellung dessen, was die wichtigste intellektuelle Instanz des frühen Mittelalters, nämlich Augustin, eigentlich gemeint habe. Eine Unterscheidung nach Entwicklungsphasen des Kirchenvaters lag der Zeit fern. Eriugena hatte den Augustin von *vor* 396, Gottschalk den Antipelagianer Augustin in konsequente Form gebracht. Eine Unentschiedenheit und eine Spannung, die das ganze Mittelalter, Luther eingeschlossen, anhalten sollte, hatte ihren begrifflichen Ausdruck gefunden. Insofern haben Gottschalk und Eriugena ein Lebensproblem ihres Jahrhunderts behandelt. „Gottschalk ist treu seinen Überzeugungen im Gefängnis gestorben, der erste mittelalterliche Märtyrer des Augustinismus", schrieb Karl Hauck. Gottschalk identifizierte den späten Augustin mit dem Augustinismus. Daß dies unberechtigt war, hatte Eriugena bewiesen. Doch dieser warf sich nach seinem Gutachten, das so unerwünscht ausgefallen war, auf andere Aufgaben; er übersetzte die Werke des Dionysius Areopagita neu. Er vertiefte sich denkend in diese vom frühen Augustinismus abweichende Form des Neuplatonismus. Allmählich löste er sich mit Hilfe der östlichen Tradition von einigen Grundannahmen Augustins und Boethius'. In seinem großen Werk ›Die Einteilung der Wirklichkeit‹ (De divisione naturae) zog er die Summe einer neuen Weltbetrachtung. Sie konnte sich auf Dionysius berufen, der als Apostelschüler, als Bischof von Paris und als Patron der französischen Könige galt. Insofern war er schwer angreifbar. Aber störend, zumindest befremdlich blieb er für viele. Bis auch für ihn und sein über das Prädestinationsgutachten weit hinausgehendes Hauptwerk die Stunde der Verurteilung schlug: Im Jahre 1210 wurden Besitz und Lektüre seines Buches bei Todesstrafe verboten.

4. Philosophische Probleme in Macht- und Traditionsregionen – Rückblick auf die Prädestinationsdebatte

Ich komme noch einmal auf die eingangs gestellten Methodenprobleme der philosophiegeschichtlichen Forschung zurück und frage, welche theoretischen Vorteile eine Behandlung philosophiegeschichtlicher Zusammenhänge hat, die sich wie die hier skizzierte von der problemgeschichtlichen Betrachtungsweise distanziert.

Zunächst einmal: Sie schließt die problemgeschichtliche Fragestellung nicht aus, sondern ein. Hinweise auf eine analoge Problemlage sind als nachträgliche Erweiterung des historischen Horizonts nützlich; nur beweisen sie nicht die Konstanz autonomer, gar zeitloser Probleme. Sie beruhen auf faktisch nachzuweisenden Text- und Institutionszusammenhängen. Sie sind kulturell produziert, nicht die apriorische Voraussetzung kultureller Produktion.

Vor allem aber besteht in einer nicht mehr problemgeschichtlich orientierten Erforschung der Philosophiegeschichte kein Drang mehr, „von der Geschichte loszukommen“. Überall sind weitere Differenzierungen wünschenswert; oft sind sie möglich. Wissenssoziologische Fragen sind zugelassen: Verstanden karolingische Bischöfe unter „Wissen“ etwas anderes als die Mönche? Wodurch kam es zur Ausdifferenzierung eines irischen, eines angelsächsisch-westfränkischen und eines um Lyon konzentrierten Ambientes? Stimmt es, daß im angelsächsischen Einflußgebiet Isidor von Sevilla, der von der „doppelten Prädestination“ gesprochen hatte, wenig gelesen wurde? Welches Bild von Augustin hatte diese von Beda über Alkuin zu Rabanus und Hinkmar reichende Schule? Fragen der Textüberlieferung und der handschriftlichen Verbreitung bestimmter Bücher erhalten Gewicht; so scheinen pseudoaugustinische, gar pelagianisch-antiaugustinische Schriften im Bereich Alkuin–Rabanus weiter verbreitet gewesen zu sein als in Lyon.

Auch die individuelle Entwicklung der einzelnen Denker verschwindet nicht vor dem überzeitlichen „Problem“ und hilft eben dadurch, dieses klarer zu untersuchen. Man kann den Prädestinationsstreit nicht verstehen, ohne die Entwicklung des Denkens Augustins zu beachten und zu sehen, daß Gottschalk den späten, Eriugena den „frühen“ Augustin systematisierte. Auch werden die Zusammenhänge von Realgeschichte und Ideengeschichte thematisiert. Alkuins realgeschichtliche Rolle und konkrete Situation macht seine „Inkonsequenz“ begreiflich, für die ihm eine problemgeschichtlich orientierte Analyse Zensuren erteilen mußte. Rabanus–Hinkmar einerseits, Gottschalk und Eriugena andererseits treten im Zusammenhang mit der Entwicklung der karolingischen Welt in ein neues Licht: Erstarrung der Autoritäten, Angst vor Neuerungen, Abwehr des Chaos einerseits, verschärfter Sinn für Konsequenz, erweiterte Textgrundlage andererseits. Eine philosophiegeschichtliche Untersuchung dieser Art öffnet sich den Forschungen der Historiker, wie sie in unserem Fall durch Jean Devisse hervorragend vertreten sind. Auch die Ergebnisse der philologischen Erforschung des Mittelalters erhalten Interesse: Daß es von Alkuins Trinitätsbuch viele Handschriften gibt, von Eriugenas Gutachten aber nur eine – das ist ein sprechendes Faktum, das in einer problemgeschichtlich orientierten Untersuchung unerwähnt bliebe.

Überall also gewinnt die Vergangenheit durch Überwindung der Hypostasierung der Probleme an konkreten Konturen, freilich auch an unbeantworteten Fragen. Es geht geschichtlicher zu bei dieser Erforschung der Geschichte des Denkens. Dazu gehört Interesse für die Rezeption von Ideen: Die Kirche der 2. Hälfte des 9. Jahrhunderts hatte andere, auch für die Kultur wichtigere Aufgaben zu erfüllen, als sich von der Konsequenz dialektischer Argumente überzeugen zu lassen; sie rettete im Untergang der Institutionen einen Rest von Stabilität. Sie mußte Gottschalk abwehren; er bedrohte die kirchliche Organisation. Sie mußte Eriugenas Gutachten verwerfen, denn sie brauchte den späten Augustin und dessen dualistische Tendenzen. Um im 9. Jahrhundert eine Lebensmacht zu sein, brauchte sie Reliquien; sie brauchte vor allem eine Hölle. Sie verwarf Eriugena als einen Anhänger des Pelagius; in der Tat war er diesem Gegner Augustins nah, als er den späten Augustin im Sinne des frühen, antimanichäischen Augustin korrigierte, und im übrigen war der Kommentar des Pelagius den irischen Gelehrten der Karolingerzeit auch noch zugänglich. Ein vorwärtstreibendes Element in der Gottschalk-Affäre war die Tatsache, daß Hinkmar trotz der kirchenamtlichen Verurteilungen Gottschalks noch gelehrte Gutachten anforderte, die größeren Teils zugunsten Gottschalks ausfielen (so das des Lupus von Ferrières und das des Rathramnus von Corbie). Damit hatte die kirchliche Institution die wissenschaftliche Forschung als Instanz anerkannt. Daß sie ihr nicht folgen konnte, machte einen Zwiespalt sichtbar, der ihre geschichtliche Zwitterstellung markierte. Die karolingische Bildungsreform hatte innerhalb der westlichen Gesellschaft, also innerhalb der Kirche, Verfahren der Wahrheitsforschung durchgesetzt, denen die kirchliche Institution sich doch nicht beugen konnte.

IV. DING ODER ZEICHEN – BERENGAR VON TOURS GEGEN LANFRANK

1. *Die realgeschichtliche Funktion des Streits um Formeln*

Die mittelalterliche Wissenschaft gilt als „Schul-", d. h. Universitätswissenschaft. Man nannte sie denn auch „Scholastik", ein Ausdruck, der eine Reihe von Mißverständnissen mit sich führt und ohne den das vorliegende Buch ganz gut auskommt. Einer von den mehreren Nachteilen des Wortes „Scholastik" besteht darin, daß es leicht die Gesamtheit des Wissens im lateinischen Westen zu bezeichnen scheint. Aber für die Zeit vom 9. bis zum 12. Jahrhundert trifft dies nicht recht zu, auch wenn Autoren wie Alkuin, Gottschalk und Eriugena Lehrer der Grammatik, der Rhetorik und Dialektik waren. Denn, aus der Nähe betrachtet, betrieben sie nicht nur diese Wissenschaften, sondern sie stellten sie in den Dienst eines Lebensinteresses ihrer Zeit. Die korrekte Abgrenzung der Orthodoxie, die Sinndeutung der karolingischen Politik, die Auseinandersetzung mit Ostrom, die Zurückweisung der freiheits- und institutionenbedrohenden Gedanken des späten Augustin, bei gleichzeitiger Wahrung der Einsichten, die für das frühe Mittelalter unentbehrlich waren – dies alles waren keine Schul-Aufgaben; es war die Mitbegründung einer geschichtlichen Welt. Nur weil dieses Wissen konstitutiv war für die karolingische Absicht, Macht und Weisheit zu vereinigen, kam es zur Gründung von Schulen. Diese Schulen entwickelten dann freilich eine Eigendynamik, die den Untergang der karolingischen Welt überdauerte. Aber auch dann war das Wissen des Mittelalters noch nicht bloße Schulwissenschaft. Im 13. Jahrhundert sprengte es die bisherigen Organisationsformen der Kloster- und Kathedralschulen und schuf die europäische Universität. Und erst nach präzis angebbaren Prozessen der Erstarrung wurde das Universitätswissen „scholastisch". Vielfach war es auch im hohen und späten Mittelalter eine Antwort auf reale Probleme der Politik, der Moral und des persönlichen Selbstverständnisses. Oft hat es nur für uns einen abgezogen-schulmäßigen Charakter, weil eine bestimmte „geisteswissenschaftliche" Methode alle Realitätsbezüge eliminiert. Alle Autoren, von denen bislang hier die

Rede war, berührten öffentliche Interessen. Sonst wäre unbegreiflich, daß Kaiser Karl ihre Texte sich autoritativ zu eigen machte bzw. daß Könige, mächtige Erzbischöfe wie Raban und Hinkmar sie beauftragten bzw. verurteilten und daß Bischofsversammlungen sich um ihre Berechtigung stritten. Man muß sich vor Augen halten, daß Bischöfe im Mittelalter nicht nur die Interessenvertreter religiöser Vereinigungen waren, sondern daß sie vielfach die einzig stabile politische, militärische, ökonomische und kulturelle Autorität darstellten. Kirchliche Akte wie die Taufe bedeuteten nicht bloß die Aufnahme in eine Religionsgemeinschaft. Taufkirchen stehen nicht zufällig durchweg im Zentrum der mittelalterlichen Städte; die „Messe“ war nicht nur eine rituelle Handlung, sondern auch eine Gemeindeversammlung und ein ökonomischer Faktor (wie das deutsche Wort bis heute sagt). Diskussionen über Trinität und Abendmahl waren keine „innertheologischen“ „Streitigkeiten“; sie konnten Herrschaft stabilisieren, Throne ins Wanken bringen und politisch-kulturelle Regionalcharaktere ausdrücken.

Beim historischen Rückblick fällt auf, welche scheinbaren Zufälligkeiten oder „Kleinigkeiten“ zum Abgrenzungsmerkmal und zum umstrittenen Symbol eines Macht- und Kulturkreises gemacht werden können. Weltmächte des Mittelalters wie Karls Reich und Byzanz machten die Bilderverehrung zum Zankapfel. Im 11. Jahrhundert trennte sich die erstarkte Papstkirche von Ostrom und nannte als „Grund“ den Gebrauch ungesäuerten Brotes beim Abendmahl, das Fasten am Sabbat und die Priesterehe. Aufsteigende Weltmächte definieren die für Krieg und Frieden entscheidenden Demarkationslinien oft in – rückwirkend gesehen – kleinlicher und zufälliger Weise. Sie befinden scheinbar willkürlich darüber, was sie tödlich übelnehmen – z. B. die arabische Oberherrschaft über das Grab Jesu, das ohnehin allen Pilgern zugänglich war. Vom 11. bis zum 15. Jahrhundert stritten Ostrom und Westrom um eine Finesse der Trinitätslehre, die der Papst selbst um 800 noch genauso auslegte wie die Ostkirche: ob nämlich der Heilige Geist, die dritte Person der Trinität, nur von Gott Vater oder auch von Gott Sohn ausgehe (das sog. Filioque). Solche Streitpunkte waren so etwas wie die späteren Hoheitssymbole der Nationalstaaten, z. B. Fahnen. Wollte man Byzanz demütigen oder sich politisch einverleiben, wollte man eine Militäraktion gegen dieses ehrwürdige Zentrum der alten Christenheit rechtfertigen, so ließ man Bücher schreiben „gegen die Irrtümer der Griechen“. Mancher gelehrte Disput entstand im Zusammenhang mit solchen

Expansionsgelüsten und wurde später erst Objekt des Schulwissens. Im 20. Jahrhundert reichten die Verletzung eines militärischen Prestigeobjektes, die Eroberung einer unfruchtbaren Militärinsel im südlichen Eismeer und das Attentat eines jungen Terroristen als Kriegsanlaß; daneben nehmen sich die dogmatischen Differenzen als Konfliktstoff eher „vernünftig" aus.

2. *Die neue Dynamik des 11. Jahrhunderts*

Um 850 war, wie wir sahen, im lateinischen Westen wieder eine Philosophie vorhanden, die sich mit der „wahren Religion" identifizierte. Das war ein Rückgriff auf den frühen Augustin, aber mit stärkerer Betonung der Selbständigkeit der Philosophie. Diese Philosophie veränderte die Religion, indem sie sie auslegte. So sah Eriugena die Strafe für die Sünde im Innern des Sünders; so leugnete er rundum die Prädestination, wie sie der späte Augustin gedacht, wie Gottschalk sie scharf formuliert hatte und wie sie in abgeschwächter Form der kirchlichen Dogmatik unentbehrlich war. Eriugena überbot sein Prädestinationsgutachten noch durch seine Übernahme griechischer Motive, im Anschluß an Dionysius Areopagita: Er dachte, ohne daß man von Pantheismus reden sollte, die Wirklichkeit als eine. Die trocken-dinghafte Weltbetrachtung der ›Libri Carolini‹, in der die Natur und die Kunst als eine Art Übungsfeld betont ethischer Religiosität erschienen, war damit zugunsten einer Ganzheitsbetrachtung überwunden. Er dachte mit Dionysius Gott als den Unbestimmbaren. Die biblischen Bilder von Gott dem Vater, auch die Trinitätslehre, galten danach als vorläufige Formeln für den zuletzt unnennbaren Einheitsgrund der Welt. Nach dieser negativen Theologie war auch der Satz: „Gott ist die Liebe" weniger wahr als seine Verneinung – eine Erinnerung, daß auch die dogmatischen Formeln, die der Westen im Sinn der aristotelisch-boethianischen Logik immer härter schmiedete, nur begrenzte Benennungen für das Grenzenlose waren.[1] Auch diese Überlegungen waren nicht nur die einsame Spekulation eines Grüblers; der König des Westfrankenreichs selbst war es, der Eriugena mit der Übersetzung eines Haupttextes der östlichen Chri-

[1] Einen ersten Einblick in die Welt des Dionysius Areopagita geben die Texte bei Flasch, MA 139–163. Auszüge aus dem an Dionysius orientierten Hauptwerk Eriugenas ebda., 166–204.

stenheit beauftragt hatte. Auch hier handelte es sich darum, das Kulturdefizit des Westens im Blick auf Byzanz abzuarbeiten.

Aber Eriugenas Gedanken standen so fremd in der von Augustin und Boethius, von Alkuin und Rabanus geprägten Welt des 9. Jahrhunderts, daß sie zunächst wenig Aufnahme finden konnten. Bald machten die äußeren Ereignisse derartige Anstrengungen ganz unmöglich. Das bereits geteilte Reich zerfiel völlig. Randvölker wie die Normannen und die Ungarn drangen ins Herz Europas vor. Für über ein Jahrhundert waren große Entwürfe unmöglich; erst mit den Ottonen setzten ein wirtschaftlicher Aufschwung – vor allem aufgrund der sächsischen Silbervorkommen –, eine politische Konsolidierung und ein kultureller Neubeginn ein. Noch einmal schien sich die karolingische Vereinigung von Macht und Weisheit wiederherstellen zu lassen. Im Zusammenhang mit der ottonischen Hofkultur erneuerte sich das Studium des Boethius; Gerbert von Aurillac († 1003, seit 999 Papst Silvester II.) betrieb das Studium der „Freien Künste"; er lehrte Dialektik an der Schule von Reims und war Berater am Hof Ottos III.; es kam zu ersten Versuchen, den Vorsprung der arabischen Mathematik (arabische Ziffern) und Medizin zu nutzen. Seit der Jahrtausendwende konsolidierte sich die politische Situation auch in Frankreich; Gerberts Erbe lebte in einer Reihe von Kathedralschulen weiter. Eine dieser Schulen wurde von einem Gerbertschüler auch in Chartres gegründet, und aus dieser Schule gingen die beiden Männer hervor, deren Streit zwischen 1050 und 1100 Frankreich, England, Italien und Deutschland in Atem hielt: *Lanfrank* († 1089) und *Berengar von Tours* († 1088). Sie diskutierten über das Abendmahl; es war die erste überregionale Debatte, die seit dem Untergang der alten Welt Europa beschäftigte. Da es um das Abendmahl ging, sehen viele darin nur eine „theologische" Streitfrage. Aber Lanfrank wie Berengar waren Fachleute für Grammatik und Logik. Allerdings hatte Lanfrank, der zunächst selbst eine Schule der Freien Künste gegründet hatte, seit einem religiösen Bekehrungserlebnis auf die Dialektik verzichtet und war ins Kloster gegangen, und zwar nach Bec in der Normandie. Aber Berengar hatte Lanfranks Widerspruch gerade dadurch herausgefordert, daß er die Abendmahlslehre als eine vernünftige Wahrheit mit Hilfe der „Dialektik" (das heißt hier immer: der aristotelisch-boethianischen Logik) aufbauen wollte. Er erregte damit ungeheures Aufsehen. Berengar war hartnäckig. Der Streit, der Politiker und Päpste, Mönche und Laien beschäftigte, zog sich über Jahrzehnte hin. Er zeigte exemplarisch die prekäre Existenz, die der Philosophie in einer religiös geprägten Zivilisation zukam. Da die Verurteilung Berengars kirchenamtliche Lehre wurde und da Luther die Päpste lobte, daß sie Berengar mit Gewaltdrohung zum Widerruf gezwungen hatten (den er später widerrief), bestimmte die Berengardebatte das Selbstverständnis des Katholizismus und des Luthertums bis zur Gegenwart. Bevor wir auf Berengars Argumente eingehen, noch eine Bemerkung:

Zwei dunkle Jahrhunderte hat es gedauert, bis nach dem Prädestinationsgutachten des Hoflehrers Karls des Kahlen wieder Päpste und Diplomaten, Bischofsversammlungen und Schulhäupter über ein philosophisch-theologisches Problem öffentlich stritten. In der langen Zwischenzeit hatte es kaum Ketzer, aber auch kaum Philosophen gegeben, wenn wir von der dünnen Linie absehen, die den ottonischen Hof mit Reims, dann auch mit Chartres verbindet. Diese Lücke bestand objektiv, in der Geschichte selbst; sie liegt nicht in meiner Auswahl begründet. Dies zeigt, wie fragil das in der Karolingerzeit Erreichte war. Ohne den ökonomisch-politischen Aufschwung der Ottonenzeit, ohne die militärischen Erfolge Ottos d. Gr. wäre der karolingische Neuanfang verloren gewesen. Der Zusammenbruch nach 870 zeigt, wie wenig mit dem nachträglichen Beweis von Kontinuitätselementen an historischem Verständnis gewonnen ist. Brüche und Zufälle gehören mindestens ebenso zum Entwicklungsgang der europäischen Philosophie. Nur weil nach einer Katastrophenserie wie der Völkerwanderungszeit oder den nachkarolingischen Wirren wieder ein Anfang gesetzt wurde, kann man im nachhinein das Fortwirken antiker und karolingischer Motive im 11. Jahrhundert feststellen. In der Mitte des 10. Jahrhunderts war die Situation noch offen. Ein Menschenalter später stand noch nicht fest, ob der ottonische Kultureifer in Frankreich, wo keine vergleichbar mächtige Zentralinstanz vorhanden war, fortgeführt würde. Um 1070 zeigte sich, daß es im Westen gleich mehrere Zentren gab: Neben Reims und Chartres zählten jetzt Tours und Paris, Lüttich und Bec. Jetzt hatten Wissenschaft und Kunst sich vom Hof gelöst. Deshalb war der Neueinsatz des 11. Jahrhunderts stabiler; er hing nicht mehr von einzelnen Herrschern ab; er stützte sich auf mächtige Klöster. Vor allem aber fand er eine Wurzel in den aufstrebenden Städten. Die Kirche war dabei, ihre überregionale Organisation zu verstärken und sowohl dem Kaisertum wie der Bischofsaristokratie entgegenzusetzen. Sie ordnete ihre Rechtsstellung und ihre Finanzverhältnisse neu; sie veränderte ihr Selbstverständnis im Sinne einer strafferen Unterscheidung von weltlich und geistlich. Aber diese Unterscheidung sollte das entsakralisierte Herrscheramt und das Geld nur um so strenger in den Dienst der Kirche stellen. Die Rolle des Priestertums wurde neu bestimmt: Der Klerus sollte klarer vom Kirchenvolk getrennt, seine Sakramentenverwaltung als Anteil an der göttlichen Allmacht verstanden werden. Der Kirchenbau und die Sakramentenlehre entsprachen dieser Entwicklung: Die Debatte um das Abendmahl, die gleichzeitig mit der Prädestinationsaffäre ein zaghaftes Vorspiel gehabt hatte, erhielt in diesem neuen Machtzusammenhang ihre konkrete Funktion.

Insgesamt hat im 11. Jahrhundert, besonders in dessen zweiter Hälfte, die mittel- und westeuropäische Gesellschaft eine neue Dynamik entfaltet. Der Ackerbau wurde auf Grund verbesserter Anbaumethoden ertragreicher. Die Ernten wurden besser; die demographische Kurve stieg. Das Geldwesen, schon durch das Harzsilber angeregt, entwickelte sich rasch. Der Fernhandel nahm zu und veränderte den Charakter und die Größe der Städte. Deswegen gab es jetzt zahlreiche Kathedralschulen; deshalb griff man überall in Europa, wie Lanfrank ärgerlich bemerkte, nach Berengars Texten. Die westliche Gesellschaft trieb über ihre Grenzen hinaus; sie wurde aggressiv. In Spanien entriß sie dem Islam große Gebiete. In Unteritalien drangen die Normannen vor. Sie drängte nicht nur die Araber zurück; sie entriß auch, vom Papst unterstützt, Byzanz die letzten italienischen Stützpunkte. 1054 kam es zum Bruch mit Ostrom. Humbert, der Bischof von Silva Candida, betrieb als päpstlicher Legat den Konflikt mit Byzanz. In der Hagia Sophia bannte er den Patriarchen. Er wurde denn auch der Hauptgegner Berengars; Lanfrank war nur der Auslösende. Lanfranks Angriffe, bei denen seine antidialektische Bekehrung und die Konkurrenz zur berühmten Schule von Tours mitspielten, brachten Berengar vor mehrere Kirchenversammlungen. Der Lehrer aus Tours mußte abschwören; seine Lehre hat er nicht geändert. Lanfranks Gegenschrift ist erhalten; sie konnte ihn nicht überzeugen. Sie bestand aus Mißverständnissen, einigen dialektischen Kniffen und Autoritätsargumenten. Lange Jahrhunderte galt die Legende, Lanfrank habe den Ketzer nicht nur mundtot gemacht, sondern überzeugt. Bis Gotthold Ephraim Lessing in Wolfenbüttel das einzig erhaltene Exemplar von Berengars Antwort auf Lanfrank entdeckte. Lessing erkannte sofort deren außergewöhnliche Bedeutung und stellte in einem eigenen Buch ›Berengarius Turonensis‹ den Konflikt aus der Sicht Berengars richtig. Berengar hatte nicht nachgegeben. Welches waren seine Argumente?

3. Berengars Argumente

Jahrhundertelang hatten Priester in der Messe über das Brot des Abendmahls den Satz gesprochen: „Dies ist mein Leib." Sie hatten nicht das Bedürfnis, präzis zu sagen, was das heißt. Die Debatte des 9. Jahrhunderts hatte zwar den Konflikt zweier Deutungen formuliert, einer mehr symbolischen und einer mehr realistischen; aber sie war nicht scharf konturiert; sie hatte nur wenige Interessenten erreicht und war ergebnislos ausgelaufen. Jetzt, im 11. Jahrhundert, wollte man es genau wissen: Was wird aus dem Brot, wenn es der Leib Christi wird? Jetzt gab es genügend Personen, die in der Logik ausgebildet waren und hier ein Problem sahen. Dem neuen Selbstverständnis des Klerus entsprach es, die gewandelte Hostie als den physischen Leib Christi, freilich des verklärten, zu deuten; sein Bedürfnis nach Abgrenzung von der Welt zum Zwecke der Weltbeherrschung fand hier seinen genauesten Ausdruck. Hostienwunder häuften sich; man sah den Leib Jesu oder Teile dieses Leibes in dem verwandelten Brot. Daher zwang das Laterankonzil von 1059 Berengar, die Formel zu beschwören, der Leib Christi werde von der Hand des Priesters zerteilt und „von den Zähnen der Gläubigen zermahlen". Der Leib Christi sei „substantiell" anwesend. „Substantiell" war ein Ausdruck der Schullogik. Gerade die Gegner Berengars stützten sich auf dieses Wort. Sie erklärten auch, wie sie es verstanden wissen wollten: Der Leib Christi soll naturhaft, physisch anwesend sein. Er werde zerbrochen, wenn der Priester die Hostie zerteilt. „Substantiell", das hieß: dinghaft, nicht nur als Zeichen der in der Gemeinde wirksamen Liebe Christi.

Der Streit ging nicht darum, ob man einen aus der Dialektik stammenden Terminus wie „Substanz" auf den Satz „Dies ist mein Leib" anwenden dürfe. Alle Teilnehmer der Debatte waren in der Schullogik ausgebildet. Die Frage war nur, wie konsequent man in der Anwendung der Logik sein solle. Berengar forderte, die Regeln der Grammatik und der Dialektik durchgängig festzuhalten. Seine Gegner sagten, das Brot sei „der Substanz nach" der Leib Christi. Sie konnten nicht bestreiten, daß normalerweise die Erscheinungsformen (Akzidentien) des Brotes blieben. Sie mußten sagen, die Substanz des Brotes verschwinde beim Abendmahl, werde ersetzt durch die Substanz des Leibes Christi. Durch einen weiteren Machterweis der göttlichen Allmacht, die der Priester in Gang bringe, würden die substanzlos gewordenen Broteigenschaften selbständig am Dasein erhalten.

Dagegen brachte Berengar folgende Argumente vor:

(1) Das Demonstrativpronomen „dies“ bezieht sich nach aller Ansicht auf das Brot. Wenn „Brot“ das Satzsubjekt ist, muß man die Identität dieses Subjekts für die Dauer des Satzes festhalten. Man zerstört die logische Form des Satzes, wenn man die Substanz des Leibes Christi gleichzeitig zum Subjekt dieses Satzes machen will.[2]

(2) Die Gegner verwickeln sich nicht nur in den genannten logischen Widerspruch; sie lehren auch die Möglichkeit einer selbständigen Existenz der Eigenschaften. Zwar bemühen sie die göttliche Allmacht, um den Broteigenschaften den verlorenen Träger (Substanz des Brotes) zu ersetzen. Aber das Akzidens ist definiert durch seine Abhängigkeit von der zugehörigen Substanz. Folglich behaupten sie, die göttliche Allmacht sei an den Satz vom Widerspruch nicht gebunden. Andererseits bekennen sie sich nicht offen zu diesem Willkürstandpunkt. Sie benutzen den Ausdruck „Substanz“, lösen ihn aber von dem logisch zugehörenden Akzidens. Beide Ausdrücke verlören aber ihren Sinn, wenn sie nicht in notwendiger (logischer, nicht bloß faktischer) Beziehung stünden.

(3) Als denkende Wesen können wir nicht auf die Gesetze des Denkens verzichten. Man ehrt Gott nicht, wenn man den menschlichen Geist, dessen Regeln in Logik und Grammatik formuliert sind, entehrt. Der Mensch ist als denkendes Wesen das Ebenbild Gottes. Er darf sich dieser Würde nicht begeben. Der Respekt vor den Denkgesetzen hat selbst einen religiösen Sinn.

(4) Die Gegner behaupten, nach Berengar sei Christus nicht „real“ anwesend beim Abendmahl. Berengar erklärte ausdrücklich, dies sei eine Diffamierung. Nur wollte er „real“ nicht mit „physisch“ real gleichsetzen. Die geistig-moralische Gegenwart Christi war ihm eine „reale“ Gegenwart; er kritisierte den unklaren Quasi-Materialismus seiner Gegner, die zu der rohen Vorstellung geführt habe, der Leib Jesu werde von den Zähnen

[2] Der Text Berengars ist herausgegeben von W. H. Beekenkamp, Berengarii Turonensis. De sacra coena adversus Lanfrancum. Den Haag 1941. – Vgl. dazu Jean de Montclos, Lanfranc et Bérenger. La controverse eucharistique du XIe siècle. Louvain 1971 (informativ, aber mit konventionellen Bewertungen); M. Gibson, Lanfranc of Bec. Oxford 1978; K. Flasch, Lessing e la filosofia medievale, in: Giornale critico della filosofia italiana, Anno LXI (LXIII), Fasc. III, Sett.–Dic. 1982, 253–277.

der Gläubigen „zermalmt“. Die Legenden von Hostienwundern fand er lächerlich; er wollte vom Abendmahl jede Assoziation von Menschenfresserei fernhalten. Der primitive Realitätsbegriff seiner Gegner („Substanz“ als physisches, teilbares Ding) verfehle den geistig-religiösen Sinn des Abendmahls und verstoße gegen die biblischen Aussagen vom verklärten Charakter des Leibes Jesu nach der Auferstehung.

(5) Mit eindrucksvoller Gelehrsamkeit belegte Berengar aus den Kirchenvätern, vor allem aus Ambrosius und Augustin, daß sie das Abendmahl als heiliges Zeichen verstanden hätten. Dieses Argument, das breiten Raum einnahm, beweist, daß Berengar die altkirchliche Auffassung wiederzugeben wünschte. Seine Hauptargumente entstammten der Logik und Grammatik. Er wollte das Problem aus bloßer Vernunft entscheiden und entgegenstehende Texte „bildlich“ deuten, wie es Alkuin und Eriugena vor ihm getan hatten. Aber traditionsfern war er deswegen nicht. Er wußte, daß es in der alten Kirche Stimmen gegeben hatte, die Christi Gegenwart als real, aber als geistig-religiös real gedeutet hatten. Die Verwirrung war erst aufgekommen, als der Dialektikunterricht den Ausdruck „Substanz“ zum Leitfaden gemacht hatte und als Berengars Gegner, die, wie er klagte, sich die Ohren verstopften, wenn sie nur das Wort „spirituell“ hörten, diese „Substanz“ als stoffliches Ding deuteten. Lanfrank hatte ihm vorgeworfen, er halte sich allein für weise, gegen die ganze Kirche. Dies wollte Berengar durch die Kirchenvätertexte widerlegen. Berengar hatte das Bewußtsein, auf dem Boden der alten Kirche zu stehen, freilich in einer neuen, durch die Dialektik bestimmten Diskussionsphase. Von einem Substanzwandel bei gleichbleibenden Akzidentien zu sprechen, das widerspricht dem anerkannten Begriff von Wissenschaft; es ist contra artem, wie Berengar sagte.

Berengar wollte ein ethisch-moralisch vertieftes Verständnis des Abendmahls und der Kirche, und dies im Zeitpunkt ihrer zunehmenden Sakramentalisierung und Politisierung. Der Glaube sollte vernünftig sein. Das von Anselm von Canterbury her berühmte Wort von der Vernünftigkeit des Glaubens (ratio fidei) – Berengar hatte es gegen Lanfrank, Anselms Lehrer, schon gebraucht. Ein physischer Neubeginn des Leibes Christi auf dem Altar, die Verdrängung der Brotsubstanz, die Isolierung der Brotakzidentien, die Berufung auf die göttliche Allmacht, die der Kleriker herbeizwingt – dies alles widersprach nach Berengar der ratio fidei. Es war die Frage, ob man den Stadtbewohnern, die das Geldwesen jetzt jeden Tag kennenlernten, die in Laienvereinigungen ihre Rechtsverhältnisse autonom zu ordnen begannen und einen intensiven Fernhandel zu organisieren verstanden, das Christentum als Wahrheit oder als magische, freilich juristisch geordnete Teilhabe an der Willkürallmacht Gottes erklären sollte. Die Gegner Berengars kannten das Wort „Transsubstantiation" noch nicht; es wurde erst wenig später von einem Bekämpfer der Lehre Berengars geprägt, womit deutlich wird, wie tief Berengar auf die kirchliche Dogmenentwicklung eingewirkt hat. Aber Berengar sah die mit jenem Wort bezeichnete Lehre nicht als ein göttliches Mysterium an, sondern als eine selbstgeschaffene Absurdität, die aus oberflächlicher Verwendung der Dialektik und aus der Verweigerung einer ethisch-spirituellen Kirchenreform hervorging.

4. Die Berengar-Affäre als Wendepunkt

Die Berengar-Affäre war ein Wendepunkt der mittelalterlichen Geschichte, nicht nur der Ideengeschichte. Ein Papsttum mit erneuertem religiösem Sendungsbewußtsein und mit einem klaren Programm politischer Weltherrschaft zog die Entscheidung an sich; die regionalen Bischofssynoden, die sich ebenfalls mit Berengar beschäftigten, gaben nicht mehr – wie in der Prädestinationsdebatte – den Ausschlag. Da Berengar dem Haus der Anjou nahestand und da Lanfrank ein Vertrauter Wilhelms des Eroberers war – er ging dann mit ihm über den Kanal und wurde sein Erzbischof von Canterbury –, da ferner der Papst die europäischen Randmächte gegen das Reich begünstigte und die Normannen unterstützte, spielten die weltpolitischen Spannungen in die jahrzehntelange Auseinandersetzung mit hinein. Anjou war mit dem Reich durch Heirat verbunden; der Papst hatte selten einen Krieg so feierlich befürwortet wie die Invasion in England – der Erobererherzog landete mit einer Fahne des hl. Petrus in der Hand. Der Schulstreit Lanfranks mit Berengar entsprach einer europäischen Konstellation. Es war die Zeit des Streits zwischen Papst und Kaiser um die Investitur der Bischöfe. Die kirchliche Abendmahlslehre wurde jetzt im Sinne der Gegner Berengars für immer festgelegt. Diese Festlegung erfolgte mit Hilfe der Dialektik, aber mit einer autoritativ beschnittenen Dialektik. Sie akzentuierte sinnliche Präsenz, Ablösung des Sakraments von dem Glauben des einzelnen und der

Gemeinde, Allmacht Gottes, dessen Wille vollzogen wurde durch die Macht geweihter Priester. In der Kirche siegte die massive Formel Humberts, der Leib Christi werde von den Zähnen der Gläubigen zermalmt. Andererseits wäre diese dogmatische Fixierung ohne die Dialektik nie möglich gewesen. Berengars Gegner teilten mit ihm die Leidenschaft, jetzt präzis zu sagen, was beim Abendmahl geschieht. Sie zollten einer neuen Rationalität Tribut, auch wenn sie das Motiv der grundlosen Allmacht hervorkehrten. Man wollte prinzipiell und klar sprechen. Die Entwicklung der Städte und des Geldwesens, die Zentralisierung der Kirche und die Verwaltung der Staatsfinanzen, der methodische Geist selbst in der Landwirtschaft – dies alles hatte das Verhältnis von Vernunft und Gesellschaft gegenüber dem 9. Jahrhundert verschoben. Man konnte die Grammatiker und Dialektiker verurteilen; vernichten konnte man ihr Wissen nicht mehr. Dies wollte die Kirche auch nicht; sie wollte es instrumentalisieren. Sie wollte es gelten lassen, aber nur für Regionen, deren Grenzen sie bestimmte. Seit der Verurteilung Berengars wurde viel Scharfsinn aufgewendet, die offizielle Abendmahlslehre (Transsubstantiationstheorie) als widerspruchsfrei darzustellen. Man verschleierte verbal den Konflikt. Man veränderte die Vokabeln der Definition des Akzidens. Aber man konnte nicht darüber hinwegtäuschen, daß die neue Abendmahlslehre, wie Albert der Große einmal formulierte, die gesamte Philosophie gegen sich zu haben schien. Andererseits entsprach sie dem neuen Rollenbild des Klerus; sie begünstigte die Einführung des Zölibatszwangs: Wie sollten die Priesterhände, die den Leib Christi zerteilen konnten, eine Frau anfassen dürfen? Man änderte lieber die Theorie des Akzidens. Dies mochte harmlos aussehen. Aber wenn man näher zusah, hatte es katastrophale Folgen. Wenn wir glauben, Brot zu sehen, sehen wir nach kirchlicher Abendmahlslehre auf dem Altar nur die von Gottes Allmacht getragenen Broteigenschaften. Wie konnte man dann sicher sein, daß wir, wenn wir drei Wanderer sehen, nicht in Wahrheit Engel erblicken? Zerschnitt man einmal zugunsten der klerikal verwalteten göttlichen Allmacht den inneren, notwendigen Zusammenhang von Wesen und Erscheinung, von Ding und Eigenschaft, war die Skepsis nicht mehr aufzuhalten. Täuschte Gott uns nicht, wenn er uns Brot sehen ließ, wo doch nach kirchlicher Lehre kein Brot mehr war? War ein solcher Gott noch zu unterscheiden von einem bösen Dämon? Konnte man überhaupt noch Wissenschaft treiben, wenn man den äußeren Eindruck der Welt derartig herabsetzte? Es gab im Mittelalter eine

Reihe von Anläufen, dieses Problem zu lösen (Johannes Quidort von Paris, Dietrich von Freiberg, Ockham, Wyclif). Aber sie setzten sich nicht durch. Was die mittelalterliche Kirche historisch charakterisiert, das wurde sie seit der zweiten Hälfte des 11. Jahrhunderts. Noch gab es keine Inquisition; aber Rom hatte die Berengar-Affäre an sich gezogen. Die Kreuzzüge begannen erst eine Generation später; aber die Idee dazu war gereift. Die aggressive Konfrontation der Klerikerkirche mit Byzanz, mit dem Kaisertum, mit den Lokalkirchen war in vollem Gang. Ihr Konflikt mit Grammatik und Dialektik war ein Aspekt dieser Machtergreifungstendenz.

V. NARR ODER EMPIRIST – ANSELM VON CANTERBURY GEGEN GAUNILO

1. Anselms Prämissen

In den fünfziger Jahren des 11. Jahrhunderts, als der Berengarstreit seinem ersten Höhepunkt entgegentrieb, wanderte ein wissensdurstiger und lebensgieriger junger Mann durch Frankreich, um einen hervorragenden Lehrer zu finden. Voll Zorn gegen seinen Vater hatte er die Burg bei Aosta verlassen, auf der er geboren war. Schon galt Frankreich als das Land des Studiums. Dort suchte *Anselm* seinen Lehrer; er fand ihn nach einigen Irrfahrten im Kloster Bec in der Normandie. Es war Lanfrank, aus Pavia gebürtig und nach seiner Abkehr von der Welt und ihren Wissenschaften Prior in Bec. Als Lanfrank 1066 mit Wilhelm nach England ging, wurde Anselm sein Nachfolger in Bec. Nach Lanfranks Tod folgte ihm Anselm als Erzbischof von Canterbury (1093). Er verteidigte im Investiturstreit die päpstlichen Ansprüche und mußte ins Exil gehen; in Süditalien kam er mit der byzantinischen und arabischen Welt in Berührung. Kurz nach seiner Rückkehr starb er (1109). Die schriftstellerisch fruchtbarsten Jahre lagen zwischen 1070 und 1093.

Als Lanfrank-Schüler ging Anselm seltsame Wege. Hatte Lanfrank sein Wissen ganz auf die Autorität der Schrift und der Kirchenväter bauen wollen, so verschmähte Anselm Zitate; er wollte rationale Argumente. Hatte Berengar gegen Lanfrank gelehrt, begriffliche Zusammenhänge (connexiones) seien unzerstörbar und seien wahr auch für Gott, so ging es Anselm um ebensolche Gedankennotwendigkeiten. War Berengar von der Grammatik und der Dialektik hergekommen, so bestand auch Anselms Werk in der Anwendung dieser Wissenschaften. Nur beschränkte er sich nicht auf die Abendmahlslehre. Er wollte eine Gesamtansicht der Welt geben. Er schuf als erster nach Eriugena eine globale Philosophie. Doch dachte er „Welt“ und „Philosophie“ im Sinne Augustins. „Welt“ hatte für ihn nicht die empirische Breite der Antike, „Philosophie“ hatte für ihn keine scharfe Grenze zur Theologie. Doch bemühte er sich um äußerste Präzision des Gedankens. Er wollte es genau wissen, wie Berengar. Er wollte die Vernünftigkeit des Glaubens (ratio fidei) beweisen, wie Berengar. Ausdrücklich sagte er, seine Beweise seien zwar die Argumente eines Gläubigen, aber er wolle sie so führen, daß sie auch den Ungläubigen überzeugen sollten. Neuere Ausleger Anselms schwächen seine Beweisabsicht oft ab. Aber Anselm hat sich darüber mit schneidender Schärfe geäußert. Wegen seines rein rationalen Vorgehens hat er sich den Tadel Lanfranks eingehandelt. Lanfrank vermißte Autoritätsbeweise; genau auf diese hatte Anselm prinzipiell verzichtet. Er hatte an real existierende Nichtchristen, also an Juden und Araber gedacht; aber er sprach auch zu Menschen, die einen Ungläubigen in sich selbst zu überwinden hatten. Wie Berengar bezog er sich auf eine neue Rationalität. Was bislang nur geglaubt wurde, das wollte er als Vernunftnotwendigkeit erweisen, logisch nachprüfbar, in einfacher Sprache, ohne den eigenen Glauben in den Beweisgang als Prämisse aufzunehmen. Man verwechselt das zuweilen: Den Glauben als psychologisch-ethische Disposition setzte er zunächst voraus, nicht aber die inhaltliche Glaubensaussage. Diese wollte er methodisch ausklammern, um auf rein rationalem Wege zu einer auch für Nichtgläubige verbindlichen Vernunfteinsicht zu kommen, die Glaubensaussagen inhaltlich entspricht. So wollte er beweisen, daß Gott existiert, daß er gut ist und gerecht, daß der Mensch nur in ihm seine Glückseligkeit findet. Er wollte beweisen, daß Gott dreieinig ist und daß er Grund und Ziel der Welt ist. Er wollte beweisen, daß der Mensch als denkendes und liebendes Wesen das Ebenbild Gottes ist.

Daß Anselm eine strikte Beweisabsicht hatte, ist nach den Klarstellungen des bedeutenden Anselmforschers Franciscus Salesius Schmitt unbestreitbar. Dennoch hat der Leser Schwierigkeiten mit Anselms Ziel. Nicht nur, weil es kompliziert aussieht, daß Anselm den Glauben als persönliche Gesinnung gefordert, aber für den Beweisgang selbst ausgeschieden hat. Vor allem aber widerstrebt es dem nachkantischen Begriff von Wissenschaft, wenn Gottes Dasein, seine Güte und Welterschaffung, ja die Trinität strikt bewiesen werden sollen. Aber Anselms Wissensbegriff war anders; er setzte die welterschließende Kraft sprachlicher Strukturen voraus. Wenn es möglich war, viele einzelne Äpfel mit demselben Namen, eben dem des Apfels, zu benennen, so hatten diese vielen Einzeldinge eine reale Gemeinsamkeit, die der Name bezeichnete. War diese Vereinheitlichung einmal zugelassen, konnte man sie ausdehnen: Man konnte Äpfel und Birnen weiter zusammenfassen. Man konnte aufsteigen bis zu größten Verallgemeinerungen wie „gut“ und „wirklich“. Schloß sich aber die Welt zu einer obersten Einheit gewaltlos zusammen, dann war die Frage nach dem Grund der einheitlichen Strukturen der gesamten Welt unabweisbar. „Gott“ war der letzte Einheitsgrund der Welt; er war „das Gute selbst“, das die Gesamtheit gut sein ließ oder doch nach diesem Maßstab zu beurteilen gestattete. Der Ausgangspunkt von der menschlichen Sprache, wie er der frühmittelalterlichen Orientierung an Grammatik und Dialektik entsprach, hatte in einem so gedeuteten „Gott“ seinen letzten Anhalt. Der volkstümliche Begriff von Gott war ein anderer. Aber die philosophische Lehre von Gott sicherte nicht nur den Weltgehalt sprachlicher Formen, sondern erlaubte auch eine ethisch-philosophische Sublimierung religiöser Vorstellungen. Die Trinität – das war eine bildhafte Aussage über die letzte, oberste Einheit, die nicht nur als Einheit, sondern auch als Vielheit gedacht werden mußte, wenn aus ihrem Denken die Mannigfaltigkeit der Welt hervorgeht. Die kirchliche Dreieinigkeitslehre konnte so gedeutet werden, daß sie den Gedanken einer gedanklich notwendigen letzten Einheit festhielt, die dennoch nicht leer, folglich nicht abstrakt bloße Einheit wäre.

Anselm ging also deutlich weiter, als Alkuin in seinem Trinitätswerk gegangen war. Alkuin wollte den Glauben an die Trinität klar und regelrecht ausdrücken; Anselm wollte zeigen, daß jeder Mensch, der denkend die Welt beurteilt, einen letzten Einheitsmaßstab bei seiner Bewertung voraussetzt und daß in jeder sprachlichen Benennung eine realitätshaltige Identität angezielt wird, die in einer obersten Einheit begründet sei. Jeder denkende und wollende Mensch sollte auf dem Grunde seines Wollens und Wissens den in Anselms Sinn philosophisch gedachten „Gott“ auffinden können: „Gott“ nicht als Himmelskaiser und Willkürherr, sondern als letzte Voraussetzung menschlichen Liebens, Bewertens und Benennens; „Gott“ also als Grund der Vernunft, des Wollens und der Sprache. Wie bei Berengar sollten menschliche Gedanken die Anwesenheit des einheitlich-vielheitlichen Weltgrunds beweisen. Eine neue Rationalität ging hier mit einer gereinigten Fassung des christlichen Glaubens zusammen. Je strenger der rationale Beweis seine beweistechnische Unabhängigkeit bewahrte, um so vollkommener war Anselms Ziel erreicht. Nicht in Reliquienkult und Sakramentenmagie, sondern in denkender Selbsterforschung des menschlichen Weltumgangs war Anselms Religiosität begründet. Diese Religiosität trug die Prägung eines Mannes, der seine Heimat verlassen und

Frankreich durchwandert hatte, um Erkenntnis zu finden. Aber daß philosophische Theologie als „vernünftig“, gar als der Inbegriff und Garant von Vernunft angesehen wurde, erklärt sich nicht aus Anselms individuellem Charakter. Eine Reihe objektiver Faktoren wirkte in diese Richtung:

Dieses Wissen war kein rein theoretisches und gab dies auch nicht vor. Es sah den Menschen als Bewertungsinstanz an; eine solche brauchte einen obersten Maßstab, der auf Welt und Menschen anwendbar war: „das reine Gute“, das unreine Formen des Guten hierarchisch anzuordnen gestattete. Daß das Universum eine Hierarchie bildete, entsprach der spätantiken Tradition; es korrespondierte mit der kirchlichen und feudalen Weltordnung. Daß Vereinheitlichen, Bewerten, das Höhere Vorziehen „gut“ seien, war im Chaos der frühmittelalterlichen Lebenswelt unmittelbar einleuchtend; es entsprach ferner der philosophischen Tradition der Spätantike, die aus inneren Gründen in die Nähe der Religion getreten war. Bei Arabern wie Christen repräsentierte gerade die religiös getönte spätantike Philosophie die höchste Form menschlichen Wissens. Für Anselm lagen in den philosophischen Passagen Augustins und bei Boethius die Muster bereit; Dionysius Areopagita und Eriugena blieben Anselm fremd. Es war eine sehr lateinische Mentalität, die er für den allgemeinen Rationalitätsschub der zweiten Jahrhunderthälfte im Anschluß an Berengar, den Gegner seines Lehrers, formulierte, ohne die Abendmahlslehre auch nur zu erwähnen.

2. *Anselms neuer Gottesbeweis*

Der ökonomisch und militärisch erstarkte Westen trat in der zweiten Hälfte des 11. Jahrhunderts in aggressive Beziehungen zu Byzanz, zu Juden und Arabern. Er konnte es sich leisten, Vergleiche anzustellen und die Unterschiede zu thematisieren. Die Unterschiede in der Religion bedrohten das Bewußtsein, in der thesenhaft faßbaren Wahrheit zu leben. Insbesondere die Juden, die in den Städten der Christen lebten und einen kulturellen Vorsprung hatten, forderten zum Religionsdisput auf. Dazu brauchte man Argumentationen, die nicht an autoritative Bücher gebunden waren. Man muß Berengars und besonders Anselms Methode auch im Hinblick auf diese Außenbeziehungen der westlichen Christenheit sehen, immer im Zusammenhang mit der inneren Differenzierung und Rationalisierung der Christen selbst, von denen es nicht wenige gab, die einen Ketzer oder einen Ungläubigen in sich selber trugen. Man mußte über Gott, sein Dasein und seine Natur eine rationale Verständigung schaffen. Dem diente Anselms schon genannter Weg, wie er ihn in seinem ersten Hauptwerk, dem Monologion, entwickelt hat.[1] Aber ohne ihn aufzugeben, wollte Anselm unsere Gewißheit vom Dasein Gottes auf eine neue beweistechnische Basis stellen. Das Argument im Monologion, das ich oben wiedergab, setzt die Vielheit der Weltdinge, ihre einheitliche Bewertung durch den Menschen und die Hierarchie der Güter voraus. Anselm wollte einen Beweis, der solche Voraussetzungen nicht enthielt. Er grübelte lange; er selbst beschrieb die Suche als einen verzweifelten Kampf; von still-meditativer Gottesgewißheit des Benediktiners war dabei keine Spur. Sie stand nicht in Frage, aber es ging um einen korrekten Beweis von neuartiger Einfachheit. Er legte ihn nieder in seinem ›Proslogion‹.

Anselm fingierte einen Gesprächspartner, der das Dasein Gottes bestritt. Er nannte ihn einen „Narren", weil es in der Bibel heißt, nur der Tor sage in seinem Herzen: Es gibt keinen Gott. Aber Anselm behandelte diesen erdachten Atheisten nicht wie einen Geisteskranken oder wie einen Gotteslästerer. Er suchte nach einer Gemeinsamkeit mit ihm, um ihn Schritt für Schritt zu überzeugen. Anselms erste Entdeckung war nun, daß Atheisten und Theisten eine gemeinsame Definition desjenigen Wesens haben müssen, über dessen Existenz sie streiten. Nicht der Glaube ist gemeinsam, nur eine Begriffsbestimmung.

Zweite Entdeckung Anselms: Schlägt der Theist als Definition für „Gott", dessen Existenz dahingestellt sei, vor: „jenes Wesen, über das hinaus Vollkommeneres nicht gedacht werden kann", so kann der Atheist zustimmen. Wenn er seinen Atheismus formulieren will, kann er sagen: Es existiert kein Wesen, über das hinaus Vollkommeneres nicht gedacht werden kann. Dritte, bis heute umstrittene Entdeckung Anselms: Läßt sich der Atheist auf die vorgeschlagene Definition ein, muß er die Unhaltbarkeit seines Atheismus einsehen. Denn wenn er sagt, es existiere kein Wesen, über das hinaus Vollkommeneres nicht gedacht werden kann, so könnte

[1] Anselms Werke werden zitiert nach der Ausgabe von F. S. Schmitt, Anselmi opera omnia. Seckau 1938ff., nach Band und Seite. – Das Monologion übersetzte F. S. Schmitt in seiner lat.-dt. Ausgabe. Stuttgart-Bad Cannstatt 1964, das Proslogion ebda. 1962. Vgl. die Auszüge bei Flasch, MA 214–220.

dieses als nichtexistent behauptete Wesen in Gedanken verglichen werden mit einem Wesen jener Art, das auch existierte. Ein existierendes Wesen, über das hinaus nichts Vollkommeneres gedacht werden kann, wäre aber vollkommener als ein nichtexistierendes. Diese höhere Vollkommenheit schloß aber auch der Atheist in seine Definition Gottes ein. Genaugenommen: Er schloß nicht jene Vollkommenheit, sondern den gedanklichen Vorgriff auf sie ein. Wäre dieser gedankliche Vorgriff leer, könnte über ihn gedanklich hinausgegriffen werden. Dieses Hinausgreifen schloß auch der Atheist bei seiner Definition aus. Also muß er ein Wesen, über das hinaus nichts Vollkommeneres gedacht werden kann, als existierend denken. Er muß es nicht nur faktisch als existierend denken; er muß denken, daß es notwendigerweise existiert. Also ist der Atheismus nicht nur de facto unwahr. Er ist in sich ein Widerspruch, wenn man von der vereinbarten Definition ausgeht. Der Beweis ist nach Anselms ausdrücklicher Erklärung nur schlüssig, wenn man Gott in der angegebenen Weise definiert; man zerstört ihn, wenn man die Definition dahin verkürzt, Gott sei das vollkommenste Wesen. Man versteht Anselms Beweis nur, wenn man einsieht, daß er in diesem Fall nach Anselm *nicht* schlüssig ist. Daß man ein existierendes Wesen für vollkommener halten muß als ein nichtexistierendes, dies muß im Zusammenhang mit der eingangs verabredeten Definition gedacht werden.

Anselms Proslogion-Argument war ein Geniestreich der grammatisch-logischen Schulkultur des 11. Jahrhunderts. Er hat kein Vorbild. Wenn es eine Analogie dazu gab, die Anselm kennen konnte, dann war es die sprachlogische Argumentation, mit der Berengar Lanfranks Abendmahlslehre als nicht nur faktisch unwahr, sondern als absurd (widersprüchlich) erwiesen hatte. Anselms Beweis hat unzählige Diskussionen ausgelöst. Thomas von Aquino und Kant haben ihn verworfen; Duns Scotus, Nikolaus von Kues, Descartes, Leibniz, Schelling und Hegel haben ihn im Prinzip anerkannt. Der problematischste Punkt ist, ob ein bloß gedachtes Wesen, über das hinaus Vollkommeneres nicht gedacht werden kann, mit einem existierenden Wesen dieser Art denkend verglichen und als weniger vollkommen bezeichnet werden kann. Daß dieses Argument ingeniös war, daß es mit einem Minimum von Voraussetzungen auskam, daß es die Gottesgewißheit von allen zufälligen Vorkommnissen in der äußeren Welt ablöste – dies kann nicht bestritten werden. Daß es den Glauben *nicht* in die Prämissen des Beweisgangs aufnahm, liegt auf der Hand. Anselm schärfte dies noch einmal dadurch ein, daß er am Ende sagte, jetzt *wisse* er das Dasein Gottes, und er wisse es mit Hilfe dieses Beweises auch dann, wenn er es nicht glauben würde. An dieser Versicherung Anselms scheitern alle Interpretationen, die dem Argument den strikt-philosophischen Beweisanspruch absprechen. Solche erbaulichen Zurechtlegungen scheitern auch am Aufbau des Arguments selbst. Man kann es ablehnen, aber man sollte es nicht abschwächen.

3. Die Einwände Gaunilos

Es ist eine Tatsache von unschätzbarem historischem Erkenntniswert, daß Anselms Argument schon zu seinen Lebzeiten einen intelligenten Gegner fand. Der Mönch *Gaunilo,* von dem wir sonst nichts weiter wissen, schrieb eine Verteidigung des Narren. Wir besitzen Anselms Antwort auf diese Apologie des Atheisten. Der Argumentationsaustausch zwischen Gaunilo und Anselm, in höflichem, fast freundlichem Ton gehalten, belegt die innere Differenzierung der westlichen Welt in den siebziger Jahren des 11. Jahrhunderts. Er beweist, daß eine selbständige philosophische Forschung schon in dieser frühen Zeit vorhanden war. Im Vergleich zu dieser Diskussion unter Mönchen über die Vertretbarkeit des Atheismus erscheinen Luthers Debatten mit Karlstadt, mit Erasmus und mit Zwingli als gedankenarmes Gepolter. Gaunilo sagte nämlich, wenn wir es mit modernen Vokabeln wiedergeben: Man braucht kein Narr zu sein, wenn man sagt: Es gibt keinen Gott. Man muß nur Empirist sein. Gaunilo verknüpfte also das Problem der Bewertung des Proslogion-Beweises mit einer Hauptfrage der Erkenntnistheorie. Was die Eleganz von Anselms Beweis ausmacht – daß er keine Annahmen über die Erfahrungswelt macht –, schien Gaunilo dessen Schwäche: Wie sollen wir uns der Existenz irgendeines Gegenstandes versichern, ohne daß er uns sinnlich gegeben ist oder ohne daß wir von einem sinnlich Gegebenen schlußweise zu ihm gelangen?

Wir besitzen nur wenige Seiten aus der Feder Gaunilos; aber diese weisen ihn aus als einen der bedeutendsten Denker des 11. Jahrhunderts. Er stellte den sprachlich-logisch orientierten Wissenschaftsbegriff dieser Zeit vor das Problem, was man mit Worten machen könne und was nicht. Er drängte auf größere Präzision im Sprachgebrauch. Er kritisierte, Anselm habe bei der Darstellung des ersten Schrittes seines Arguments (Gott ist als das, worüber hinaus Vollkommeneres nicht gedacht werden kann, auch im Intellekt dessen, der zweifelt oder die Existenz Gottes bestreitet) nicht sorgfältig unterschieden zwischen „denken“ (cogitare) und „geistig erkennen“ (intelligere). „Denken“ könne man sich allerhand. Auch wer leugnet oder zweifelt, „denkt“ Gott, aber er „erkennt“ ihn nicht als realen Inhalt seines Intellekts. Was wir „denken“, bedarf zusätzlicher Bestätigung, um als „erkannt“ gelten zu können. Weil Anselm die Ausdrücke „denken“ und „erkennen“ nicht unterscheide, verdecke er die Notwendigkeit, den Gedankeninhalt, „das, worüber hinaus Vollkommeneres nicht gedacht werden kann“, als real zu bestätigen.

Sodann problematisierte Gaunilo Anselms Definition Gottes: Ein Wesen, über das hinaus Vollkommeneres nicht gedacht werden kann, ist uns unbekannt. Wir kennen weder die Art noch die Gattung, der es zugehört. Anselms Definition hebt Gott von allem Gegebenen als das unvergleichlich Vollkommene ab. Wie sollen wir ein derartig Unvergleichliches erkennen? Wie kommt Anselm auf seine Definition? Anselm führt uns nicht aus der Erfahrung zu ihr hin; es kann auch keine Erfahrung geben, die zum Unvergleichlichen hinführt. Anselm verläßt sich nach Gaunilo auf bloße Worte (voces). Aus ihnen allein ist reale Erkenntnis aber nicht zu gewinnen. Daher hielt Gaunilo Anselms Argument nicht für schlüssig. Er ging aber davon aus, daß Anselm einen strengen philosophischen Beweis hatte geben wollen, ein Argument, das Zweifelnde und Leugner überzeugen wollte. Anselm bestätigte ihn darin. Beide kamen nicht auf die Idee, das Proslogion-Argument entfalte nur das christliche Glaubensbewußtsein, stelle eine Art Bibelauslegung dar und intendiere nicht philosophische Stringenz. Diese theologisierende Ausflucht gehört dem 20. Jahrhundert an, nicht dem 11. Sie drückt den Vernunftverzicht des Theologen Karl Barth aus; sie widerspricht dem Vernunftvertrauen, das Anselm mit Berengar teilte. Anselm hat sich gegen Gaunilo nicht damit verteidigt, er treibe Theologie. Er hat den Beweis als allgemeingültigen Beweis verteidigt. Dann mußte er insbesondere folgenden Einwänden Gaunilos entgegnen:

Nach Anselms Prämissen sei ein Gottesbeweis überflüssig, da das Dasein Gottes vernünftigerweise nicht geleugnet werden könne. Wozu führt Anselm einen Beweis, wenn der Atheismus nicht nur faktisch unzutreffend, sondern in sich widersprüchlich ist? Indem Anselm argumentiert, verstößt er gegen seine Prämissen.

Vor allem aber: Anselms Argument fordert dazu auf, ein existierendes Wesen, über das hinaus Vollkommeneres nicht gedacht werden kann, mit einem nichtexistierenden zu vergleichen. Ein solcher Vergleich setzt aber voraus, daß jenes Wesen existiert. Anselms Argument setzt also sein Ergebnis voraus. Anselm müßte uns zuerst auf einem anderen Wege Gewißheit über die Existenz Gottes verschaffen, sonst bleibt sein Vergleich sinnlos.

Gaunilo illustrierte seinen Einwand mit dem berühmt gewordenen Vergleich mit der „verlorenen Insel": Wenn mir jemand erzählt, es gebe im Ozean eine Insel, die an Reichtum und Annehmlichkeit alle anderen Inseln übertreffe, dann kann man wohl behaupten, diese Insel existiere in meinem Verstand (in intellectu). Wenn aber jemand argumentiert, dann existiere sie auch in Wirklichkeit (in re), denn sie sei ja die vortrefflichste aller Inseln, dann würde ich annehmen, er wolle einen Witz machen. Er müßte vorher bewiesen haben, daß diese Insel als wahrhaft existierende und nicht als ein zweifelhafter Inhalt in meinem Geist existiere.

4. *Anselms Erwiderung*

Anselm, der sich von Lanfrank nicht mehr auf den alten Weg der Autoritätsbeweise zurückdrängen ließ, hielt sich auch nicht durch Gaunilos Einwände für widerlegt. Wie gesagt, er bestätigte noch einmal, daß er einen Beweis, keine bloße fromme Anmutung, keine Theologie und schon gar keine „Mystik" hatte vorbringen wollen. Er bedankte sich höflich und ging auf Gaunilos Argumente sorgfältig ein.

Zunächst sicherte er noch einmal den Ausgangspunkt des Proslogion-Beweises: Ein Wesen, über das hinaus Vollkommeneres nicht gedacht werden kann, wird tatsächlich gedacht. Jeder Gläubige denkt es, aber auch jeder Atheist, der sich auf eine Diskussion seines Atheismus einläßt. In welchem Sinne es gedacht wird, ist für dieses Stadium des Beweisgangs gleichgültig. Für den Mönch Gaunilo genügt ein Appell an seinen christlichen Glauben. Für Anselms Beweis genügt es, wenn auch nur ein einziger Mensch den Gedanken an das, worüber hinaus Vollkommeneres nicht gedacht werden kann, tatsächlich denkt. Ob er es behauptend tut (wie der Mönch Gaunilo) oder zweifelnd (wie der Atheist), spielt keine Rolle. Daß Anselm den Mönch Gaunilo an seinen Glauben erinnert, beweist also nichts gegen Anselms strikt rationale Beweisabsicht; es besagt nur, daß Anselms Beweis den auf die angegebene Weise definierten Gedankeninhalt „Gott" zum Ausgangspunkt hat, wobei es gleichgültig ist, ob dieser Inhalt geglaubt, bezweifelt oder als nicht real existierend behauptet wird. Deshalb ist auch die von Gaunilo angemahnte Unterscheidung von „Denken" und „Erkennen" in dieser Phase des Arguments überflüssig. Es genügt, wenn das Wesen, über das hinaus Vollkommeneres nicht gedacht werden kann, auf irgendeine Weise gedacht wird. Gaunilo muß zugeben, daß dies für ihn zutrifft, wie es für einen gesprächsbereiten Atheisten zuträfe.

Sodann forderte Anselm auf, beim Thema zu bleiben, nämlich bei der vereinbarten Definition. Man muß sich auf deren Inhalt konzentrieren; Anselm wollte keineswegs für alle Inhalte einen ähnlichen Übergang von der Begriffsbestimmung zur Existenzbehauptung zulassen. Deshalb gehört die Einordnung Anselms in die Tradition des Platonismus, die für das Verständnis des ›Monologion‹ nützlich ist, nicht hierher. Anselm ging davon aus, daß keineswegs alles, was im Verstand ist, auch in Wirklichkeit existiert. Er wollte zeigen, daß der vereinbarte Denkinhalt als einziger über jenen Unterschied erhaben ist. Er erläuterte die Einzigartigkeit dieses Inhalts: Es ergibt sich aus ihm selbst, daß er anfangslos und von innerer Notwendigkeit existiert, wenn er existiert. Auch wer das Dasein eines Wesens leugnet, über das hinaus Vollkommeneres nicht gedacht werden kann, leugnet ein ewiges und ein nicht zufälligerweise, sondern notwendigerweise existierendes Wesen.

Anselm stellte dann noch einmal den Gang seines Beweises klar:

Wenn – zweifelnd, behauptend oder leugnend – von jenem Wesen die Rede ist, wenn irgend jemand solche Reden versteht, dann existiert es im Verstande; existierte es aber *nur* im Verstande, könnte ein anderes Wesen dieser Art gedacht werden, das auch in Wirklichkeit existierte. Dieses existierende Wesen wäre als vollkommener zu denken. Wenn das Wesen, über das hinaus Vollkommeneres nicht gedacht werden kann, auch nur in einem einzigen Verstand existiert, existiert es folglich nicht nur im Intellekt, sondern in Wirklichkeit. Dann existiert es nicht nur de facto, sondern mit Notwendigkeit. Denn ein notwendiges Wesen muß als vollkommener gedacht werden als ein zufälliges.

Anselm betonte, sein Beweis bestehe keineswegs darin, vom höchsten Gut zu behaupten, daß ihm notwendigerweise Existenz zukomme. Dieser Hinweis wird oft übersehen. Nach Anselm kam es auf die scheinbar so umständliche Wendung an, daß über das umstrittene Wesen hinaus nichts Vollkommeneres *gedacht* werden könne. Dadurch allein, glaubte er, werde die Regel entdeckt, nach der bestimmte Prädikate Gott zuerkannt oder aberkannt werden. „Nicht-Existenz“ oder „zufällige Existenz“ fallen dann als mögliche Prädikate weg. Im Vollzug dieser Einsicht bestehe der Beweis. Der Vergleich mit der Insel sei abwegig. Anselms Vernunftvertrauen triumphierte: „Voller Zuversicht sage ich: Wenn mir jemand außer dem, ‘über das hinaus Größeres nicht gedacht werden kann’, etwas ausfindig macht, das entweder der Wirklichkeit selbst oder allein dem Denken nach existiert und auf das er die Gedankenverknüpfung dieses meines Beweisganges treffend anwenden könnte, werde ich die verschwundene Insel finden und sie ihm schenken, auf daß sie nicht mehr verschwindet.“ Notwendige Gedankenverknüpfung (connexio) – das war ein Stichwort Berengars gewesen. Was er an der Abendmahlslehre Lanfranks, Humberts und der Konzilien beweisen wollte – daß sie nicht nur faktisch unzutreffend, sondern logisch unmöglich sei –, dies wollte Anselm für die Leugnung des Daseins Gottes beweisen. Der Überzeugung vom Dasein Gottes sollte nichts Zufälliges anhaften. Sie sollte nicht von außen abhängen, nicht von Dokumenten, wundertätigen Reliquien oder bischöflichen Versammlungen. Jeder nachdenkliche Mensch, der über den Sinn des Wortes „Gott“ nachgedacht hat, sollte sie als unverlierbaren Besitz in sich selbst finden. Das philosophische Nachdenken sollte inhaltlich mit dem christlichen Glauben konvergieren. Aber diese Konvergenz konnte nach Anselm nur gezeigt werden, wenn die rationale Argumentation streng festgehalten wurde. „Gott“ sollte einer neuen Mentalität nicht dinghaft vermittelt, nicht autoritativ vorgeschrieben, sondern auf dem Grunde ihres denkenden Selbstbewußtseins argumentativ nachgewiesen werden. Das Koordinatensystem der traditionellen Weltauffassung verschob sich. Anselm zog daraus die Konsequenzen: Er entwikkelte eine neue Theorie des Christentums. Gott, Dreieinigkeit, Menschwerdung und Erlösung – diese Hauptinhalte mußten neu gefaßt, nicht nur in eine formal stringentere Abfolge gebracht werden. Was Berengar nicht gelungen war, glückte Anselm, wenigstens fürs erste: Er konnte sich in der Kirche durchsetzen; freilich schwieg er in seinen Hauptwerken über die Transsubstantiationslehre. Auf Anselms Gesamtentwurf einer neuen Theorie des Christentums kann ich hier nicht eingehen; selbst eine nähere Diskussion seines Proslogion-Beweises würde den Rahmen sprengen. Hier genüge es festzuhalten, daß Anselm die grammatisch-dialektische Methode auf den höchsten Inhalt des christlichen Denkens angewendet und eine neue Verhältnisbestimmung von Mensch und

Gott gegeben hat, daß aber die Widersprüchlichkeit oder „Torheit“ des Atheismus schon zu Lebzeiten Anselms einen philosophischen Verteidiger fand. Als Anselm 1109, von Kirchenkampf und Exil ermattet, in Canterbury starb, war selbst unter seinen frommen Mitbrüdern noch nicht ausgemacht, ob die Leugnung der Existenz Gottes eine Torheit oder nur eine andere, ebenfalls zu vertretende Philosophie war. Der Erzbischof hatte, auf die Kraft seiner Gründe vertrauend, angeordnet, daß der Text Gaunilos zusammen mit seinem ›Proslogion‹ abgeschrieben werden sollte. Eine Alternative war formuliert.

Die Seite des empirischen Wissens mußte verstärkt werden, wenn es die Auseinandersetzung des Menschen mit der Natur unterstützen sollte. Eine expandierende Gesellschaft mußte über den Vorrang der grammatisch-dialektischen Orientierung des Wissensbegriffs hinausdrängen. Medizin und Naturkunde konnten nicht vorankommen, ohne bei den Arabern in die Schule zu gehen. Schon waren Gelehrte unterwegs, um die Schätze der griechisch-arabischen Wissenschaft gegen den traditionellen Autoritätsstandpunkt und den Vorrang logisch-sprachlicher Denkkategorien geltend zu machen.[2] Doch verweilen wir noch bei der intellektuellen Situation am Ende des 11. Jahrhunderts; werfen wir noch einen Blick auf die Wirkungen des Investiturstreits.

[2] Vgl. dazu K. Flasch, Das philosophische Denken im Mittelalter. Von Augustin zu Machiavelli. Stuttgart 1986, 201–203.

VI. FREIHEIT ODER KNECHTSCHAFT FÜR POLITIK UND KULTUR – MANEGOLD VON LAUTENBACH GEGEN WOLFHELM VON KÖLN

1. Lob des mittelmäßigen Autors

Hier muß ich etwas einschieben; es wird bald klar werden, warum gerade hier. Bevor ich die Situation gegen Ende des 11. Jahrhunderts weiter beschreibe, muß ich ein Loblied anstimmen – den Preisgesang auf den mittelmäßigen Schriftsteller. Man hat beim freien Lesen wie beim Studium der Philosophie gewöhnlich eine Vorstellung davon, wer die „Klassiker“ und wer die „großen Philosophen“ seien. Man denkt, die „besten“ Autoren seien für einen selbst gerade gut genug. Wie die Liste der „Großen“ zustande gekommen ist, fragt man nicht. Im selben Augenblick, da man sich den „großen“ Überwindern der Vorurteile zugesellen will, verhält man sich konventionell. Die Kataloge der „Klassiker“ haben ihre Geschichte, und sie verbergen Interessen. Wenn man dies erkennt, schaut man sich um nach den „kleinen Autoren“. Man liest Büchners ›Woyzeck‹ neben Goethes ›Faust‹. Man entdeckt, daß die Verehrung Goethes als „Klassiker“ auch dem Zweck diente, einen Schock fernzuhalten, eben den, den sein Zeitgenosse Büchner auslöst.

Wenn Klassikerlisten mehr Nachteile als Vorzüge haben, so gilt das besonders für die Philosophie des Mittelalters. Da steht schon gar nicht fest, wer die „ganz Großen“ sind. Meist nennt man Augustin und Thomas von Aquino. Aber deren Vorrangstellung verdankt sich kirchenpolitischen, nicht primär philosophischen Motiven; Eriugena und Abailard, Anselm und Ockham könnten denselben Anspruch erheben. Dieser Wettstreit ist keineswegs entschieden; die Geschichte des mittelalterlichen Denkens wird bis heute zu sehr nach theologischen Motiven bewertet.

Vor allem aber: Der Aufblick zu den „Klassikern“ der Philosophie entspringt dem bürgerlichen Individualismus, der den einzelnen „Denker“ isoliert, der das Gewicht von Tradition und Institution unterbewertet und schon bei der Erhebung der elementaren Tatsachen vernachlässigt. Wir sahen bei Alkuin und Gottschalk, bei

Eriugena und Anselm, wie sehr sie vom Grammatik- und Dialektikunterricht geprägt waren. Es war das System der „Sieben Freien Künste“ (artes liberales), das ihren Begriff von Denken und von Wissen bestimmte. Solche Traditionen befinden über Methoden und soziale Rolle der Intellektuellen. Wir brauchen als Historiker des Denkens nicht die Illusion einiger Philosophen zu teilen, mit ihnen finge alles erst an. Im Mittelalter war diese Illusion auch selten. Lanfrank warf Berengar zwar vor, er bilde sich ein, er allein sei weise. Aber das war Polemik; Berengar selbst hatte diesen Einfall nicht.

Die maßgebenden Traditionen entstehen nicht durch einen Wettkampf der Tiefsinnigsten; sie ergeben sich aus dem komplexen Zusammenspiel von pädagogischen und sozialen Bedürfnissen, von kulturpolitischen Eingriffen und intellektuellen Vorgeschichten. „Autoren“ werden „gemacht“. Die Träger des Wissens und ihre Texte werden „eingesetzt“. So war der Benediktinerorden, der für das frühe Mittelalter so Großes geleistet hat, nicht von Anfang an der Wissenschaft zugetan; Benedikt selbst war ein Aussteiger mit abgebrochenem Jurastudium; er hielt nicht viel von Büchern. Erst die Kulturpolitik Karls teilte den Benediktinern die wissenschaftliche und pädagogische Rolle zu, die sie bis etwa zur Hälfte des 12. Jahrhunderts spielten.

Es war folglich entscheidend, wer zum Schulbuchautor avancierte. Das waren keineswegs in erster Linie die maßgeblichen Denker Augustin, Dionysius oder Eriugena, sondern Seneca und Cicero, freilich immer Boethius. Aber dann gab es die Schar mittelmäßiger Autoren, die das spätantike Wissen bequem oder auch in skurriler Form zusammengefaßt hatten und sich eines hohen Prestiges erfreuten:

Da gab es das an Wortbedeutungen entlangtastende Lexikon des Bischofs *Isidor von Sevilla* († 636) aus dem 7. Jahrhundert. Aus ihm entnahm man nicht nur eigenwillig-falsche Etymologien; man erfuhr auch etwas über antike Philosophen, über die Häresien der alten Kirche und über die Naturkunde der alten Welt.[1] Es war nicht originell, aber was bedeutet das in einem Zeitalter, in dem die Kultur ums Überleben kämpft. Sein Buch faßte viele andere zusammen. Er war, was man einen „Kompilator“ nennt, aber er war unschätzbar, da im lateinischen Mittelalter selbst „große“ Biblio-

[1] Isidor von Sevilla, Etymologiae, ed. W. M. Lindsay. Oxford 1911. Vgl. J. Fontaine, Isidor de Seville et la culture classique. Paris 1959.

theken oft nicht mehr als 200 Bände zählten. Daß man aus den Steinen, die Isidor gesammelt hatte, auch Feuer schlagen konnte, bewies Gottschalk, indem er Isidors Definition der Prädestination in den Kampf warf.

Ein anderer Sammler war *Cassiodor* († 580). Er hatte nach der Ermordung des Boethius dessen hohen Regierungsposten im Dienst des Theoderich übernommen. Angesichts einer zu Ende gehenden Welt stellte er noch einmal zusammen, was er für unentbehrlich hielt. Sein ›Lehrbuch der göttlichen und weltlichen Wissenschaften‹ (Institutiones Divinarum et Saecularium Litterarum) listete im ersten Teil die Bücher auf, die ein Theologe kennen mußte; der zweite Teil war ein Handbuch der Sieben Freien Künste.[2]

Aber es gab noch ältere, noch merkwürdigere Kompilationen des antiken Wissens. Mindestens drei von ihnen muß man nennen; sie entstanden alle um 400. Ihre Autoren waren keine Christen, oder jedenfalls schwiegen sie sich über die neue Religion aus. Da gab es das seltsame Lehrgedicht über die ›Hochzeit des Merkur mit der Philologie‹ (De nuptiis Philologiae et Mercurii) des *Martianus Capella*. Uns heute kommt diese Hochzeitsfeier befremdlich vor; im Mittelalter stürzte man sich auf das Buch. Hier traten die heidnischen Götter unbefangen auf; hier kamen die vier Haupttugenden als allegorische Figuren vor; hier erschienen die sieben artes als Brautjungfern und deklamierten ihr Wissen. Der Abschnitt über die Dialektik enthielt die spätantike Logik in einer recht trockenen Kurzfassung: Normen des richtigen Denkens und einen Abriß der Kategorienlehre.[3]

Die spätantike Kosmologie lernte man kennen aus dem Kommentar des *Calcidius* zum ›Timaios‹ Platons. Hier fand man eine „wissenschaftliche" Weltentstehungstheorie. Wollte man die christliche Schöpfungslehre philosophisch präzisieren, so fand man hier Überlegungen, wie aus Zahlen die Körper und der Gesamtbau des Universums erklärlich werden. Calcidius machte nicht nur mit Platons Kosmologie und Astronomie bekannt; er überlieferte auch Diskussionen der spätantiken Neuplatoniker mit den Aristotelikern. Da Aristoteles im Mittelalter hohes Ansehen genoß (wenn auch seine naturwissenschaftlichen Schriften vor 1200 nicht zugänglich wa-

[2] Cassiodorus, Institutiones, ed. R. A. B. Mynors. Oxford 1937, engl. Übers. v. L. W. Jones. New York 1946.

[3] Martianus Capella, De nuptiis Philologiae et Mercurii, ed. A. Dick. Leipzig 1925. Die Dialektik dort 150–210; es folgt die Rhetorik.

ren), so bedeutete der Kommentar zum platonischen ›Timaios‹ ein Ferment gelehrter Diskussionen. Seit dem 11. Jahrhundert wuchs das Interesse an diesem Werk; im 12. Jahrhundert erreichte es seinen Höhepunkt.[4]

Noch ein drittes Werk der Zeit um 400 lockte im Mittelalter das naturwissenschaftlich-philosophische Interesse. Cicero hatte ein Buch über den Staat geschrieben, in dem er die jenseitigen Belohnungen guter Staatsmänner in einem ›Traum Scipios‹ beschreibt. Diese Freuden sollten vornehmlich darin bestehen, daß man im Jenseits Einblick erhält in den wahren Bau der Weltmaschine. Politische Ethik, Unsterblichkeitsmythos und rationale Kosmologie waren so miteinander verknüpft. Ein spätantiker Autor namens *Macrobius* kommentierte nun diesen ›Traum Scipios‹ (Somnium Scipionis) in einer sehr freien Manier.[5] Er packte zusammen, was er über neuplatonische Welterklärungsmodelle erfahren konnte. Auf Ciceros Text ging er mehr am Rande ein. Ausführlich berichtete er über antike Traumtheorien – für eine religiös geprägte Zivilisation, in der Traumoffenbarungen eine in den Alltag einschneidende Rolle spielten, ein besonders wichtiges Thema. Eingehend erörterte er die Bedeutung der Zahlen beim Aufbau der Welt, berief sich dabei ebenfalls auf den platonischen *Timaios* und verstärkte so die Autorität dieses platonischen Textes. Lange verweilte er bei der besonderen Vollkommenheit der Zahl Sieben, verfolgte ihre Kraft in der Beschreibung der Harmonie der Sphären und versenkte sich in Einzelfragen der antiken Astronomie und Geographie. Mit besonderem Interesse verweilte er bei einem durch Ciceros Text vorgegebenen Thema: der Unsterblichkeit der Seelen.

[4] Die lateinische Teilübersetzung des Timaios und der Kommentar des Calcidius wurden ediert von J. H. Waszink im Corpus Platonicum Medii Aevi. Plato latinus IV. London – Leiden 1962. Engl. Teilübersetzung von J. C. van Winden, Calcidius on Matter. Leiden 1959.

[5] Macrobius, In Somnium Scipionis, ed. J. Willis. Leipzig 1963. Die neue Ausgabe von L. Scarpa, Commentariorum in Somnium Scipionis libri duo. Padua 1981, wurde mir leider zu spät zugänglich. Eine englische Übersetzung mit wertvoller Einleitung bringt W. H. Stahl, Macrobius. Commentary on the Dream of Scipio. New York 1952. Zum Einfluß des Macrobius auf das Mittelalter vgl. P. M. Schedler, Die Philosophie des Macrobius und ihr Einfluß auf die Wissenschaft des christlichen Mittelalters. Baeumkers Beiträge zur Geschichte der Philosophie des Mittelalters. XIII 1. Münster 1916.

2. *Im Labyrinth des Macrobius: Kosmologie, Seelenlehre, Zahlenspekulation*

Meine geneigte Leserin bzw. mein verehrter Leser verzeihe mir die trockene Aufzählung spätantiker Autoren der Mittelklasse. Aber er kann keine mittelalterliche Handschriftensammlung besuchen, ohne auf Namen wie Calcidius, Martianus Capella, Macrobius, Cassiodor oder Isidor zu stoßen. Aber ich wollte ihn nicht nur für den Fall, daß er den Ausstellungsraum einer alten Bibliothek besucht, mit den nötigsten Informationen ausstatten; ich wollte ihn einladen, über den Begriff von „Philosophie" nachzudenken. Was „Philosophie" heißt, steht nicht überzeitlich fest. Es hängt ab von Traditionen, Sprachregelungen und Bedürfnissen, die alles andere als klar definiert sind. In der Spätantike und im Mittelalter war die Grenzlinie unscharf. Man erörterte Probleme der philosophischen Ethik in der Rhetorik; man diskutierte ontologische Fragen in der Grammatik. Diese wiederum war eng verwoben mit der Dialektik. Die Geometrie und Arithmetik galten vielfach als Schlüssel zum Aufbau der realen Welt, gingen also mühelos über zu Fragen der Physik, der Astronomie und der Musik.

Man kann diesen Zustand des Wissens als verworren bezeichnen; er sicherte der Philosophie jedenfalls die ständige Verbindung zur Naturforschung. Die Grenze zwischen Astronomie, Mathematik und Philosophie war fließend. Ehrlich gesagt: Sie existierte überhaupt nicht, und das hatte neben vielen Nachteilen auch den Vorzug: Die Philosophie sank nicht ab zur „Geisteswissenschaft".

Um nun einen lebendigeren Eindruck von den buntgescheckten spätantiken Sammelbecken zu geben, die ich oben aufgelistet habe, wähle ich eines dieser Bücher aus. Lesen wir ein wenig im Buch des Macrobius zum ›Traum Scipios‹. Da der Verfasser sich nicht streng an eine Ordnung hielt, stelle ich eine solche auch nicht her. Folgen wir den Wissensergüssen eines spätantiken Gelehrten. Das Mittelalter hat von seinem Fleiß profitiert, auch von seinem Chaos.

Macrobius hatte, wie gesagt, die Erzählung vom Jenseitsschicksal des Scipio zu erklären. Natürlich hielt er diese Erzählung für fiktiv. Antike Philosophen hatten etwas gegen Fiktionen, auch gegen die Dichtung. Was hatten solche Erfindungen, denen Wahrheit nicht zukam, in ernsthaften Erörterungen von Problemen der Staatsführung zu suchen? Auch Augustin hatte in vereinfachender Übernahme von Platons Dichterkritik die Dichtung für unwahr erklärt. Macrobius kannte solche Einwände; auch Epikureer hatten sie erhoben. Er half sich mit einer Unterscheidung: Es gibt verschiedene Arten von Fiktionen. Dienen die „Fabeln", wie Macrobius sagt, nur zum Amüsement, sind sie unvereinbar mit der Philosophie; führen sie zur Tugend, haben sie ihren Platz in der Philosophie. Ciceros dichterische Schau des Jenseits muß der Philosoph akzeptieren; es gab keinen besseren Weg, die Belohnungen zu schildern, die ein gerechter Politiker nach seinem Tod zu erwarten hat. Nichts dient besser der öffentlichen Ordnung als die allgemeine Überzeugung, gesetzeskonformes Verhalten werde im Jenseits belohnt. Aber Macrobius verteidigte die Dichtung gegen die philosophische Dichterkritik nicht nur mit moralischen Erwägungen. Er unterschied unter den ethisch förderlichen Fabeln zwischen solchen mit fiktivem Inhalt, wie die Fabeln des Aesop, und solchen, die auf tieferer Wahrheit beruhen, wie die Götterentstehungsgedichte des Hesiod, wie die Erzählungen religiöser Riten und die Sprüche der Pythagoreer. Die letzteren Fiktionen vermitteln unter dem Schleier sinnlicher Darstellung eine tiefere Einsicht.

Macrobius entwickelte hiermit eine Philosophie des Mythos. Für einen Leser des ausgehenden 11. Jahrhunderts war das ein interessantes Thema: Wer die Berengar-Debatte verfolgt hatte, war auf den Unterschied von real und fiktiv gestoßen. Konnte man mit Hilfe des Macrobius nicht auch die bunte Bilderwelt der Bibel als Schleier der Wahrheit verstehen? Vorsicht war dabei am Platz: Macrobius hatte die mythologischen Reden vom höchsten Wesen fernhalten wollen. Über die Natur, über alles Bewegte, auch über die Götter der Volksreligion gestattete er tiefsinnige Bilderreden. Diese Dinge, zu denen gerade auch das Wissen von der Natur gehörte, waren nach seiner (platonisierenden) Ansicht nicht als Gegenstand strengen Wissens geeignet. Die oberste Gottheit, die Platon „das Gute selbst" genannt habe, dürfe in solche anschaulichen Reden nicht hineingezogen werden. Höchstens könne ein Gegenstand der täglichen Erfahrung als *Bild* dieses unsagbaren Weltgrunds dienen, z. B. die Sonne. Vom obersten Grund aller Dinge könne man nicht sagen, was er ist. An dieser Stelle gab Macrobius eine kurze Zusammenfassung derjenigen Philosophie, die er für die wahre hielt; es war die Platons in neuplatonischer Deutung: Der Grund aller Dinge ist bestimmungslos. Aber wir wissen von ihm, daß er das Gute ist. Wie der ›Timaios‹ sagt, hat er sich neidlos allen mitgeteilt. Aber da er bestimmungslos ist, muß es ein Prinzip aller Dinge geben, in dem deren Urbilder in klarer Unterscheidung vereinigt sind. Die Griechen hätten dieses Prinzip

„Geist“ (mens = νοῦς) genannt. Es enthalte die intelligible Welt; diese sei das Muster der sichtbaren Welt. Die Griechen hätten diese Muster als „Ideen“ bezeichnet. Über diese obersten Prinzipien darf nach Macrobius nicht in bildhafter Erzählung gesprochen werden, wohl aber über das, was unter ihnen steht: die Natur, die Seele, die Götter. Aus diesem Grund hätten Philosophen wie Pythagoras und Empedokles, Heraklit und Parmenides, vor allem aber Platon in seinem ›Timaios‹ ihre Natur- und Götterlehre in die Form von „Fabeln“ gekleidet.

Themenwechsel. Macrobius war dabei, einen Traum Scipios zu kommentieren, also machte er einen Exkurs über Träume (I 3). Im Anschluß an das berühmteste Traumbuch der antiken Welt, das des Artemidor, teilte er die Träume ein. Er zählte alles auf, was er erwähnt fand, von den Alpträumen bis zum Traumorakel. Er mischte Medizinisches, Psychologisches und Religionsphilosophisches und wurde eben dadurch eine Hauptquelle für die Traumtheorien des Mittelalters. Nach Macrobius gibt es rein physiologisch bedingte Träume, die aus Hunger oder Durst bzw. aus einem Übermaß an Essen und Trinken hervorgehen. Aristoteles hatte alle Träume so erklären wollen. Macrobius folgte ihm bei dieser naturalistischen Wendung nicht, sowenig wie später Albertus Magnus und Thomas von Aquino. Im Traum konnte tiefe Wahrheit liegen. Dies war eine im Mittelalter verbreitete Überzeugung. Die aristotelische Reduktion der Träume auf bloße Verdauungsreflexe fand erst wieder am Ende des 13. Jahrhunderts bei dem radikalen Aristoteliker Boethius von Dacien eine Nachfolge. Dies war eine entscheidende Wende, die wenige mitvollzogen. Nicht als hätte es vor 1300 keine Kritik an der Berufung auf Träume gegeben. Schon die ›Libri Carolini‹ hatten die Frage gestellt: Kann man das Argument eines Bischofs gelten lassen, der erzählt, sein Archidiakon sei im Traum aufgefordert worden, ein religiöses Bild zu verehren? Die ›Libri Carolini‹ ließen so etwas nicht als Beweis gelten. Aber jedermann im christlichen Mittelalter kannte den biblischen Bericht, wonach Engel dem Joseph im Traum erschienen waren, um ihn zu belehren, wohin er mit Maria und dem Kind zu gehen habe.

Macrobius hat inzwischen wieder das Thema geändert: Er erklärt die Bedeutung der Zahlen (I 5–6). Wieder sammelte er spätantike Traditionen, oft ohne seine Quellen zu nennen. Er gibt eine Anleitung, die zahlenhaften Maße der Körperwelt zum geistigen Aufstieg zur intelligiblen Welt zu nutzen: Die zahlenmäßig bestimmten Grenzen der Körperwelt sind das erste, was wir von der nichtkörperlichen Welt erfassen können. Die Zahlen sind die „Vollkommenheit“ der Dinge; sie stehen auch an ihrem Ursprung: Der Oberfläche der Körper liegen Linien zugrunde; diese gehen aus Punkten hervor. Diese finden wir zwar immer nur in Körpern vor, aber wir können sie gedanklich von ihnen ablösen. Ohne deswegen andere Arten von Ursachen aus der Körperwelt auszuschließen, müssen wir alles Dreidimensionale aus geistigen Strukturen entstanden denken: Oberflächen aus Linien, Linien aus Punkten, Punkte aus Zahlen. Den Zahlen komme weltbegründende Kraft zu. Dies zeigen nach Macrobius die Himmelsschalen (Sphären), sieben Planetenschalen und die Fixsternsphäre. Sie bilden zusammen eine „Vollkommenheit“, eine Gesamtordnung. Deswegen hätten die Pythagoreer die Zahl Acht auch „Gerechtigkeit“ genannt. Sie sei doch die erste Zahl, die „gerecht“ in zwei gleichermaßen unterzuteilende Hälften geteilt werden könne.

Kosmologie und Tugendlehre stehen nach Macrobius in innerem Zusammenhang. So sind wir nicht überrascht, eine Klassifikation der Tugenden zu finden (I 8). Das Mittelalter griff die spätantiken Einteilungen ethischen Verhaltens auf. Es war auf vielen Wegen mit spätantiken Schemata der Tugenden vertraut geworden: Ambrosius hatte die antike Ethik weitgehend übernommen; in den Rhetorikhandbüchern fand man antike Tugendtafeln. Meist waren sie auf die Vierzahl der Kardinaltugenden aufgebaut. Auch Macrobius kannte diese Einteilung. Aber er versetzte sie in eine andere Gesamtkonzeption des Menschen und des richtigen Lebens. Die alte Einteilung war auf das praktische Leben, auf das Dasein des Menschen in der Polis zugeschnitten. Die Polis hatte seitdem ihre lebentragende Rolle verloren; aber der Politiker Cicero hatte die Wichtigkeit des politischen Lebens betont. Die Philosophen der Kaiserzeit konnten die politische Tätigkeit nur als vorläufige Bewährungsprobe sehen; sie sahen den Schwerpunkt des Lebens in der Kontemplation. Macrobius hatte seinen neuplatonischen Vorlagen eine entsprechende Einteilung der Tugenden entnommen; sie schien ihm zu der jenseitigen Beglückung des Staatsmannes Scipio gut zu passen. Denn sie unterschied die Tugenden nach der stufenweisen Loslösung des Menschen von der sinnlichen Welt. Sie intendierte „Reinigung“ als Vorbereitung für die körperlose Schau des Grundes aller Dinge. „Tugenden“ waren für alle Denker der Antike nur als Weg zum Glück sinnvoll. Je bedrohter das Glück in der äußeren Welt wurde, je weniger das Vernünftige in die Welt der Politik einzubringen war, um so jenseitiger mußte das Glück

gedacht werden, zu dem die Tugenden hinführen. Eigentlich konnte nur die Betrachtung der ewigen Ordnung der Welt glücklich machen. Andererseits war der Mensch ein soziales Lebewesen, und gerade Scipio verkörperte die Vereinigung von Tugend und Politik. Also mußte man Unterscheidungen einführen, die über das alte Schema der vier Kardinaltugenden hinausgingen. So nannte Macrobius im Anschluß an Plotin oder Porphyrius folgende Stufen:
(1) Politische Tugenden;
(2) Reinigende Tugenden;
(3) Tugenden des gereinigten Geistes;
(4) Urbildliche Tugenden.
Die letzteren waren nichts anderes als die ewigen Musterbilder richtigen Lebens, die „Ideen" der Tugenden.

Auf jeder dieser vier Stufen kamen die alten Kardinaltugenden vor. Aber was in der griechischen Polis das eigentliche, das „richtige" Leben ausgemacht hatte, war nur ein Vorspiel; es war der Inhalt nur der ersten Stufe. Die Einteilung, die Macrobius vorschlug, beruhte auf dem Vorrang des kontemplativen Lebens vor dem aktiven; sie brachte die spätantike Resignation in ein ethisches Schema. Sie konnte der monastischen Wertvorstellung des lateinischen Mittelalters leicht eingefügt werden; sie hatte daher im christlichen Westen eine glänzende Zukunft vor sich. Die Ethik des Mittelalters wäre ohne sie nicht denkbar gewesen. Freilich konnte man als Macrobius-Leser die Akzente verschieden setzen. Man konnte betonen, daß auch die politischen Tugenden glückselig machen; dann gewann die politische Aktivität an ethischem Gewicht. Der Akzent konnte aber auch auf die Reinigung verschoben werden; dann ließ sich die Askese der Mönche philosophisch rechtfertigen. Für alle Fälle war Macrobius ein brauchbarer Autor.

Aber eine am Jenseits orientierte Zivilisation fand im Raritätenkabinett des Macrobius noch ganz andere Kostbarkeiten. Dort war breit beschrieben, wo die Seelen herkommen und wie sie zu ihrem Ursprung zurückkehren (I 9–14). Dies war ja das Thema von Scipios Traum. Macrobius stattete ihn mit gelehrten Informationen aus:

Die Seelen stammen vom Himmel, genauer: aus der achten Sphäre. Es ist die der Fixsterne. Von dort steigen sie herab in sterbliche Leiber. Wenn sie dort ihren himmlischen Ursprung nicht vergessen und wenn sie die Beschmutzung durch die Sinnenwelt nicht an sich heranlassen, leben sie „richtig". Dann kehren sie wieder zu ihrem angestammten Platz zurück. Heften sie sich mit ihrem Verlangen an den Leib, dann gewinnt die Körperwelt über sie Gewalt; sie werden schuldig. Nur der Tod kann sie aus dem Gefängnis befreien, das der Leib durch ihre Fehleinstellung geworden ist. Aber sie können nicht gleich zurückkehren zu ihrer himmlischen Heimat; sie müssen „gereinigt" werden durch ein erneutes Erdenleben. Je nach ihrer Verfehlung werden sie wiederverkörpert als Mensch oder Tier. Die Erzählungen von einem Strafort in der Unterwelt sind nach Macrobius symbolisch zu deuten; solche Bilder verweisen auf den irdischen Läuterungsweg der Seele. Die Seele stammt aus dem „Geist"; der „Geist" stammt aus dem obersten Weltgrund. Im Menschen liegt der Umschlagplatz der kosmischen Bewegung; hier beginnt nach dem Abstieg der Aufstieg. Macrobius versuchte zu erläutern, wie es zum Abstieg kam: Der „Geist" würde allein unmittelbar von der ersten Ursache begründet; diese strömte über vor Güte. Der Geist ist Denken, was der oberste Weltgrund nicht ist. Denkt der Geist den Weltgrund, hält er sich in maximaler Ähnlichkeit zu ihm. Denkt er aber sich selbst, entsteht die Differenz. So kommt die Vielheit in die Welt. Jetzt kann der Geist, der sich selbst denkt, die Seele setzen. Aber das Wort „Seele" ist mehrdeutig: Die menschliche „Seele" hat Anteil am Geist, ja sie *ist* der Geist und gehört deshalb zu den Sternen. Nur indem die Menschenseele „zerstreut" ist, verliert sie den göttlichen Grund aus dem Blick und sinkt herab (I 14). Die geistige Aktivität der Seele ist ihre göttliche Mitgift; die beseelende Tätigkeit der Seele gehört hingegen zum sterblichen Bereich: Aber sie formt die Körpersphäre und baut sich in dieser ihren Leib, durch den hindurch sie die Rückkehr zum „Geist" und zu den Sternen vollzieht.

Macrobius leerte das Füllhorn seiner Notizen aus, auch wenn er von der Seele sprach. So fand das Mittelalter in seinem Buch eine Sammlung von Ansichten antiker Philosophen über die Seele (I 14,19) – gerade in ihrer unkoordinierten Vielfalt reizten sie zur Fortsetzung der älteren Diskussionen.

Macrobius ging es dabei um die Seelenunsterblichkeit. Aber auch die Sternenheimat lockte seine Wißbegier. So gab er einen ausführlichen Abriß der antiken Astronomie und Kosmologie (I 14 – II 9). Er verbreitete sich über die Zahl und die Bewegung der Himmelssphären; deren musikalische Harmonie bestätigte ihm den Ursprung der Welt aus der Zahl. Er beschrieb die Lage der Erde, die er sich als Kugel im Zentrum des Universums dachte; er erklärte die Sternzeichen; er vermaß Sonne, Mond und Erde. Er kam zu dem Ergebnis, der Durchmesser der Sonne sei doppelt so groß wie der der Erde; ihr Gewicht sei das Achtfache des Erdgewichts. Im 2. Buch seines Kommentars besprach er den Zahlencharakter der musikalischen Harmonien genauer. Dann erklärte er die Zwischenrolle der Weltseele, die alle Harmonien in der sinnlichen Welt vermittelt (II 2). Hier resümierte er seine Geographie (II 5–9). Die kugelförmige Erde zählte danach vier Erdteile, die durch Ozeane und glühendheiße Zonen so sehr getrennt sind, daß jede Verbindung zwischen den Bewohnern der verschiedenen Erdteile immer unmöglich sein wird. Er versicherte, auf der uns gegenüberliegenden Zone der Erdkugel lebten in einem gemäßigten Klima Menschen, die Antipoden. Macrobius brauchte ein großes Universum, auch aus moralischen Gründen: Ein Betrachter des gesamten Weltgebäudes sollte erkennen, wie klein die Erde sich in ihm ausnimmt, wie verächtlich folglich der irdische Ruhm ist. Der Sinn des Lebens kann nur in einer höheren Bestimmung liegen – in der reinen Schau der Wahrheit der Welt.

3. Ein Disput im Klostergarten über Kosmologie und Politik

Wir sind lange herumgeirrt im Gedankenlabyrinth des Macrobius. Es ist Zeit, zurückzukehren zu unserem Ausgangspunkt, der Situation in den letzten Jahrzehnten des 11. Jahrhunderts. Der Konflikt zwischen Kaiser und Papst zerriß Westeuropa. Es war nicht nur eine Auseinandersetzung zwischen zwei Personen. Zwei auseinandergehende Weltauffassungen trafen aufeinander, Weltmächte mit differierenden Interessen und Traditionen. Die von den Ottonen erneuerte Vereinigung von Macht und Lehramt, von Kaisertum und Kirchenleitung in der Person des Herrschers zerbrach im 11. Jahrhundert. Die Welt war zu differenziert geworden. Das Reformmönchtum hatte ein neues Verständnis von Kirche und Papsttum vorbereitet; in der Berengar-Debatte hatte die sakramentalistische Kirche mit ihrem Zentralismus und Zölibatsprogramm gesiegt. Der Investiturstreit war die erste große politische Auseinandersetzung in Europa, die begleitet wurde von einer Flut politischer und theologischer Streitschriften. Es ging erstmals nicht mehr nur darum, sich machtpolitisch durchzusetzen, sondern auch darum, vor der literarischen Öffentlichkeit Europas, die in der Berengar-Diskussion erstmals in Erscheinung getreten war, theoretisch recht zu behalten. Dabei hatten die Anhänger des karolingisch-ottonischen Konzepts, also die Kaiserlichen, den schwereren

Stand. Sie konnten gewiß auf Bibelstellen verweisen, nach denen alle politische Macht von Gott eingesetzt ist. Sie konnten an die Tradition christlicher Herrscher seit der Spätantike erinnern. Sie konnten sich auf die Gewohnheit berufen – aber diese Berufung wirkte im Zeitalter der wiedererwachten Dialektik schwach. Die besten Argumente für die kirchenpolitische Konzeption des karolingisch-ottonischen Kaisertums beriefen sich auf kirchliche Rituale der Krönung. Aber die Kaiseridee hatte keine eigene, nichttheologische theoretische Grundlage. Sie konnte sich im 12. Jahrhundert eine solche verschaffen aus dem römischen Recht. In ihm war eine starke Stellung des Imperators und eine untergeordnete der Religionsdiener vorgesehen. Im 13. Jahrhundert konnte man mit Hilfe der aristotelischen Politik beweisen, daß der Mensch von Natur aus, vor jeder theologischen Zweckbestimmung also, ein politisches Wesen sei. Aber am Ende des 11. Jahrhunderts stand keine Theorie zur Verfügung, die eine autonome Sphäre der Politik gerechtfertigt hätte. Die Weltmachtpläne des Papsttums hatten auch theoretisch die stärkeren Argumente für sich. Ein deutscher Anhänger der Papstpartei, *Manegold von Lautenbach* († 1103) im Oberelsaß, verteidigte die päpstliche Absetzung des Kaisers mit einer erstaunlichen Begründung: Der Herrscher hat seine Gewalt letzten Endes vom Volk. Wer dieses Amt innehat, ist zu bestimmten Leistungen für das Volk verpflichtet. Ein König, der bei diesen Leistungen versagt, kann vom Volk abgesetzt werden. Manegold verglich den König, der sein Amt verwirkt habe, mit einem Schweinehirten, der die Schweine nicht weidet, sondern zugrunde richtet: Man jagt ihn zu Recht ohne Lohn mit Schimpf und Schande davon.[6] Manegold erneuerte auf diese Weise die Lehre von der Volkssouveränität. Die sakrale Weihe des Königtums wich einer nüchtern-zweckbetonten Bewertung der Politik. Die Entsakralisierung des traditionellen Herrschertums sollte es als Instrument erscheinen lassen, als Werkzeug in der Hand des Papstes.

Dieser originelle Mönch Manegold bekam in den aufgewühlten Jahren des Investiturstreits, also nach 1080, Besuch von einem Mönch aus Köln namens *Wolfhelm* († 1091). Die beiden Herren gerieten im Klostergarten von Lautenbach in eine erregte Unterhaltung. Sie konnten sich nicht einigen. Sie hatten zu verschiedene Auffassungen von Christentum und von Philosophie, von Kirche

[6] Manegold von Lautenbach, Liber ad Gebehardum. Monumenta Germaniae Historica. Libelli de lite I 1,300–430.

und Kaisertum. Wolfhelm hatte lebhafte philosophische Interessen; die im Reformmönchtum modisch gewordene Abkehr von der weltlichen Wissenschaft war ihm fremd geblieben. Er unterstellte die Harmonie des Wissens mit dem Glauben, und er war wißbegierig. Er war kein „Liberaler". In der Berengar-Debatte stand er auf der Seite der Majorität; ein kleiner Traktat Wolfhelms versuchte, Berengars Satz zu widerlegen: „Wenn die Mäuse die geweihte Hostie fressen, bleibt deswegen Christus in ihnen und sie in ihm." Wolfhelms Text zeigt neben dem Berengars, wie unverstanden der Grammatiklehrer von Tours auch bei einem aufgeschlossenen Zeitgenossen blieb.[7] Aber mit Manegold war Wolfhelm auch nicht einverstanden. Ihr philosophisch-theologischer Gegensatz verschärfte sich durch ihre Differenzen in der Politik: Wolfhelm war ein Kaiserlicher, verteidigte also den Gegenpapst gegen Gregor VII. Wolfhelm und Manegold stritten heftig. Wutschnaubend gingen sie auseinander. Als Wolfhelm abgereist war, hielt es Manegold nicht länger; er mußte seine Argumente zu einer Streitschrift gegen Wolfhelm ausformulieren. Er wollte dem Kölner zeigen, daß dieser in schöner rheinischer Oberflächlichkeit den Konflikt zwischen Philosophie und Christentum übersehe und daß er durch seine Unterstützung der papstfeindlichen Partei im augenblicklichen Kampf zwischen Gottesstaat und Teufelsreich auf der falschen Seite stehe. Manegold verband also diese beiden Themen; Wolfhelm beging nach seiner Ansicht den Doppelfehler, das häretische Potential der Philosophie zu übersehen und der deutschen Tradition des Caesaropapismus anzuhängen. Beide Fehler wollte Manegold in derselben Schrift widerlegen. Er begann seine Polemik mit der Erinnerung an die heftigen Diskussionen im Klostergarten: Sie hätten, nach Art der Gelehrten, mit einem Buch in der Hand, sich über dessen Sinn gestritten. Wolfhelm habe gesagt, er finde in dem Buch weniges, was ihm mißfalle; er, Manegold, habe dagegen gesetzt, er habe in ihm viel Antichristliches gefunden. Dabei nannte Manegold den Titel des so heftig umstrittenen Buches. Es war Macrobius' ›Der Traum des Scipio‹.[8]

Manegold redet, als sei Wolfhelm von Macrobius wie betrunken

[7] Wolfhelm, Epistola de sacramento eucharistiae, contra errores Berengarii, in der Vita Wolfhelmi eines Conradus. Monumenta Germ. Hist. Scriptores XII, 185–186.

[8] Manegold von Lautenbach, Liber contra Wolfelmum, ed. W. Hartmann. Monumenta Germaniae Historica. Weimar 1972, 39. Vgl. auch W. Hartmann, Manegold von Lautenbach und die Anfänge der Früh-

gewesen. Da Wolfhelm im Text nicht zu Wort kommt, kennen wir die Gründe seiner Macrobius-Begeisterung nicht. Aber Manegolds Schrift formuliert die kulturellen Spannungen jenes Jahrzehnts. Sie belegt für das 11. Jahrhundert die Erkenntnis, daß Großzügigkeit in der Beurteilung der Philosophie mit politischen Optionen zusammenging, daß die Auslegung eines Textes wie des ›Traum des Scipio‹ eine aktuelle und politische Frage war. Was hatte Manegold gegen eine wohlwollende Beurteilung des Macrobius?

Manegold verwarf nicht die Philosophie überhaupt; er wollte kein Fanatiker sein. Es gab in der radikalen Gruppe der Reformmönche schärfere Angriffe auf die Vernunft. Von ihnen setzte er sich durch die Erklärung ab, die menschliche Vernunft sei durch die Erbsünde nicht so sehr verdorben, daß sie nicht noch die Gemeinsamkeiten und Differenzen der Dinge zu erkennen vermöge.[9] Die Gemeinsamkeiten und Unterschiede der Dinge korrekt zu bestimmen – das lehrte die Dialektik. Gegen sie wollte Manegold sich nicht ganz und gar sträuben. Es waren die weitergehenden Theorien des Macrobius, die seinen Zorn herausforderten. Doch dabei geriet auch die inzwischen institutionalisierte Dialektik in Mitleidenschaft, wie wir sehen werden. Was Manegold schreckte, waren vor allem die fremdartigen Gedanken, die weder von Augustin noch von der Tradition der Alkuin-Schule gedeckt waren. Voller Verachtung wandte er sich gegen die Seelenwanderungslehre des Pythagoras: Diese Spekulation beginne so sublim, ende aber mit dem schändlichen Resultat, daß der Mensch, das Ebenbild Gottes, in einen Tierleib eingekerkert werde. Da sehe man, wohin die Philosophie führe, die in Deutschland zur Verweigerung des Gehorsams gegen den Papst verleite: Ihr werdet als Tiere enden, die Erde wird euch umschließen, die ewige Seligkeit werdet ihr nicht schauen. Mit Platon ging Manegold respektvoller um: Er habe die Urgründe der Dinge tiefer erforscht. Dies bezog sich auf den ›Timaios‹, dessen Dunkelheiten Macrobius zu erhellen versucht habe. Aber auch in dieses wertvolle Zeugnis für die Präsenz Platons im 11. Jahrhundert mischten sich Spott und Verachtung: Platon habe die Seele definiert als die Einheit des Identischen und des Verschiedenen (ex individua et dividua essentia); er habe angenommen, die Seele durchdringe alles, die Himmelskörper und die irdischen Dinge.

scholastik, in: Deutsches Archiv für Erforschung des Mittelalters 26 (1970), 47–149.

[9] Manegold von Lautenbach, a. a. O., 44.

Diese Kritik bezog sich auf die Allbelebung durch die Weltseele. Diese Theorie hatte schon im 9. Jahrhundert zur Ansicht geführt, alle Menschen hätten zusammen nur *eine* Seele. Im 12. Jahrhundert wurde die Theorie der Weltseele heftig diskutiert; vor allem in der Schule von Chartres mit ihrem Interesse an Naturforschung hatte sie Anhänger. Als im 13. Jahrhundert die arabischen Philosophen im Westen eindrangen, verstärkte sich noch die Tendenz, für alle Menschen nur *eine* Geistseele zu behaupten. Diese Gedanken hatten im Mittelalter einige Verführungskraft: Sie gestatteten, die Menschheit als Einheit zu denken; die Idee der Weltseele gab dem Studium der Natur größeres Gewicht; der Mensch war als Mikrokosmos dem Makrokosmos verwandt.

Aber Manegold verwarf diese gesamte Richtung: Eine „Weltseele" würde den Abstand zwischen Gott und Welt verwischen; der Mensch würde zu sehr zum Bestandteil der Natur. Und wenn Platons Seelenlehre auch vielleicht weniger ketzerisch sei als die Seelenwanderung des Pythagoras, so sei sie doch unklar bis zur Verächtlichkeit. Überhaupt hätten die Philosophen mit ihren verschiedenen, einander widersprechenden Seelendefinitionen ein wahres Chaos angerichtet. Wenn Platon die Seele als „selbstbewegende Kraft" definiere, so komme er der Wahrheit noch recht nahe, aber andere hätten sie als „selbstbewegende Zahl", als Entelechie, als Form des Körpers, wieder andere als Licht, als Funken des Sternenwesens, als Feuer oder Blut definiert. Kann man das Himmelreich erwarten, wenn man sich selbst als Blut definiert?

Manegold verstand den Menschen als einzelnen, der seinem allmächtigen Gott gegenübersteht, der sich im weltgeschichtlichen Ringen von Gottesstaat und Satansreich zu entscheiden hat. Er soll sich nicht durch die Neugierde für die Natur ablenken lassen von seiner Aufgabe. Die Philosophen haben den Menschen entweder vergottet oder zum Tier herabgewürdigt; die menschliche Vernunft ohne die Leitung durch den Glauben greift entweder zu hoch oder zu niedrig. Naturforschung ist unnütz; sie macht stolz. Macrobius hatte der Kosmologie ein ungebührliches Interesse gewidmet; seine Geographie war nicht nur unnütz; sie war falsch. Denn wenn die vier Kontinente so voneinander getrennt sind, wie er das behauptete, dann bildet die Menschheit kein Ganzes und das Evangelium kann nie allen Menschen verkündet werden. Es kann keine Antipoden geben, denn die Bibel sagt, das Lob Gottes dringe bis zu den „Enden der Erde".

Manegold wollte gerecht sein gegenüber den Philosophen.

Einige ihrer Theorien ließ er gelten, so vor allem die von Macrobius beschriebene Einteilung der Tugenden. Sie entsprach dem Programm der Reformmönche. Doch hätten die Philosophen kläglich versagt, wenn sie vom menschlichen Leib sprachen und seine unwiderrufliche Auflösung lehrten. Sie bestritten die Auferstehung der Toten und beschränkten damit die Allmacht des Schöpfers. Oder sei Wolfhelm nicht mit ihm der Ansicht, Gott könne alles, was er will?

So sah Manegold doch insgesamt einen Gegensatz zwischen Christentum und Philosophie, zwischen himmlischer Belehrung und der Geschwätzigkeit menschlicher Fiktionen. Er verwarf auch die Dichter: Ihre Vermischung von Schein und Sein macht sie zu Teufelsdienern. Das ging gegen die Rechtfertigung von Fabeln durch Macrobius. Manegolds Kritik am ›Traum des Scipio‹ galt nicht nur der Wahrung der Orthodoxie. Gewiß betonte er, die Prinzipienlehre der Neuplatoniker mit ihrer Unterscheidung des „Guten selbst", des „Geistes" und der „Seele" habe die Häresien bezüglich der Trinität verursacht, mit ihrer Lehre vom göttlichen Weltenkünstler, seinen idealen Mustern (den Ideen als Formen aller Dinge) und dem Stoff hätten sie das Wesen des höchsten Guten verkannt; mit ihrer Lehre vom intelligiblen Kosmos (der Welt der Ideen) hätten sie die Allmacht Gottes an vorgegebene Normen gebunden. Gott spotte der Weisheit der Philosophen; seine Dreifaltigkeit und seine Menschwerdung hätten ihre Regeln widerlegt. Indem Christus wiederauferstanden sei, habe er bewiesen, daß die Dialektiker sich irrten, wenn sie den Menschen als „sterbliches Vernunftwesen" definierten. Wolfhelm hat nicht begriffen, daß die Gedanken der Philosophen nur nichtiges Menschenwerk sind; daher hat er auch die Aufgabe der Kirche falsch verstanden.

Die zivilisatorische Entwicklung hatte gegen Ende des 11. Jahrhunderts zu einem gesteigerten, durch Macrobius genährten Interesse für die Natur geführt; gleichzeitig drängte ein wachsendes Individualitätsbewußtsein zur Neubewertung der Poesie. Wir können heute rückblickend sehen, daß beide Seiten, Dichtung und Physik, damals in Konkurrenz zur monastischen Weltauffassung traten. Im 12. Jahrhundert wurden sie unübersehbare Lebensmächte. Beide konnten versuchen, sich mit Hilfe des Macrobius ihren Platz zu verschaffen. Beide wollte Manegold mit seiner Macrobius-Kritik treffen. Besonders lebhaft verwarf er das Naturstudium: Der Weltenschöpfer hat, nach Manegold, die Menschen nicht dazu bestimmt, den Lauf der Sterne und das Zusammentreffen der Planeten zu erforschen. Er will, daß wir unseren Sinn nicht auf das Vergängliche richten. Er will uns als Arme im Geist und als Verächter der Welt. Er ruft uns, so Manegold, zu: „Kümmert euch nicht um die Krümmung der Sonnenbahn und um die Abweichung des Mondes, denen die Weltweisen schon viel zu sehr nachgegangen sind. Verharrt in eurer Unwissenheit, aber kümmert euch um das, was zu suchen und zu lieben am wichtigsten ist. Erwartet die Verheißung des Vaters, die ihr durch meinen Mund gehört habt. Verharrt ruhig, bis ihr überkleidet werdet mit der Kraft aus der Höhe. Denn wenn der Geist der Wahrheit kommt, wird er euch alle Wahrheit lehren.“ [10]

Stillhalten und auf die Ankunft des Heiligen Geistes warten – das konnte die expandierende Gesellschaft des Jahrhundertendes am wenigsten. Die rasante ökonomische, politische und intellektuelle Entwicklung der kommenden Jahrzehnte bewies, daß die nächste Zukunft nicht den scharfsichtigen Einwänden und den einschränkenden Ermahnungen des Mönchs von Lautenbach gehörte. Als Wolfhelm nach Köln zurückritt, bewegte er sich zwischen zwei Welten: Er kam aus dem Umkreis monastischer Kultur mit einem klaren weltpolitischen Programm. Er ging in ein Zentrum städtischen Lebens in wirtschaftlichem Aufschwung. Dort hatten kurz zuvor die Interessen der Fernkaufleute und ein aufstrebendes bürgerliches Selbstbewußtsein zum Waffengang mit dem bischöflichen Stadtherrn geführt. Stadtluft machte frei. Dort brauchte man Naturkenntnisse, dort schätzte man die Dichtung. Diese andere Welt konnte man intellektuell stützen, und zwar mit Hilfe eines mittelmäßigen Schriftstellers der Antike, gegen den er im Klostergarten so heftige Einwände gehört hatte: Macrobius.

[10] A. a. O., 89.

VII. TRADITIONSWISSENSCHAFT ODER NEUBEGINN – DIE TRADITIONALISTEN GEGEN ABAILARD

1. Über die geschichtliche Rolle der Polemik

Ausgearbeitete Philosophien – ich vermeide für das Mittelalter das Wort „Systeme" – sind Ganzheiten höchst komplexer Art. Man kann sie nicht in einer These oder auch in einer Reihe von Thesen zusammenfassen. Charakterisiert man sie als „nominalistisch" oder „empiristisch", reduziert man sie. Nennt man sie „platonisch" oder „aristotelisch", setzt man sich den Einwänden aus, die gegen eine mechanistische Auffassung von „Quellen" und „Einflüssen" vorgebracht worden sind. Man müßte in jedem Einzelfall zeigen, warum und in welchem präzisen Zusammenhang auf Platon oder Aristoteles zurückgegriffen wurde. Die Benutzung einer bestimmten „Quelle" kann sehr verschiedenen Funktionen dienen. Nicht selten hatte sie dekorativen oder sogar irreleitenden Charakter: Oft verbarg man im Mittelalter einen originellen Gedanken, indem man ihn einer anerkannten Autorität beilegte. Neuerungen waren in der Regel gefährlich; jeder Revolutionär versuchte zu beweisen, daß er die Stimme der Tradition zur Geltung bringe. Das war auch noch im 16. Jahrhundert so: Man stürzte Welten ein, sagte aber, man wolle nur zu den Quellen oder man stelle das Ursprüngliche wieder her. Um zu einem realen geschichtlichen Verständnis zu kommen, muß man die Funktion analysieren, die ein Zitat hatte. Diese wird durch Richtungsbezeichnungen wie „Realismus" oder „Idealismus", „Augustinismus" oder „Aristotelismus" eher verdeckt. Deswegen kann eine Einführung in die Philosophie einer Epoche nicht darin bestehen, daß man solche Etiketten mit bestimmten Personen in eine plausible Verbindung bringt.

Bei näherem Zusehen liegt die Sache noch schwieriger, und eine Einführung muß diese Schwierigkeiten aufdecken, statt sie in pädagogischem Eifer zu glätten. Denn ein Wort wie „Augustinismus" oder „Aristotelismus" ist keineswegs eindeutig. Das Werk Augustins ist die Dokumentation eines komplizierten Entwicklungsgangs. Es kam sehr darauf an, welchen Augustin man hervorheben wollte; diese Absicht war ihrerseits von der Position dessen bestimmt, der Augustin ins Spiel brachte. Man konnte Augustin sehr verschieden zitieren; man konnte dasselbe Augustin-Zitat sehr verschieden interpretieren. Ohne diese Vieldeutigkeit wäre die Kontroverse zwischen Eriugena und Gottschalk nicht möglich gewesen. Alkuin wollte wie Anselm nur die Gedanken Augustins für seine Gegenwart zum Sprechen bringen – aber wie verschieden war das Resultat. Die Tradition war oft mehrdeutig oder unentschieden, zuweilen auch widersprüchlich. Nur dadurch konnte der Prozeß der mittelalterlichen Philosophie in Gang kommen. Aber auf den Prozeßcharakter kommt es in der Geschichte an; sie ist kein Bildersaal abstrakter Grundrißzeichnungen. Sie bewegt sich, und indem sie sich bewegt, treten die Traditionsmaterialien, auf die sie sich bezieht, in ständig neues Licht: Der Augustin Manegolds war ein anderer als der Bonaventuras, und Petrarca entdeckte völlig neue Züge des Bischofs von Hippo. Gängige Richtungsbezeichnungen verdecken die Spannungen, die Potentialitäten und vor allem die Widersprüche der großen Autoren. Aristoteles war in jedem Jahrhundert ein anderer. Es kam darauf an, ob man nur seine logischen Schriften kannte, wie die Zeit vor 1200, oder ob man seine biologischen und politischen Texte las. Deren Licht wurde verschiedenfarbig gebrochen in den verschiedenen Schulen der Aristotelesdeutung. Mehrere der großen griechischen Aristoteleskommentatoren wollten Aristoteles in die Nähe Platons rücken, andere betonten die Differenzen. Als der lateinische Westen um 1200 den ganzen Aristotelestext kennenlernte, studierte man Aristoteles mit Hilfe der arabischen Kommentatoren. Aber auch diese befanden sich im Konflikt untereinander. Man stand vor einer verwirrenden Situation. Eben dies provozierte neue Lösungen. Aber man versteht diese Lösungen nur, wenn man sieht, worauf sie eine Antwort darstellten. In der Regel wollten sie eine Situation von beunruhigender Unklarheit beseitigen. Was als „unklar“, was als „beunruhigend“ angesehen wurde, hing wiederum von den eigenen theoretischen und praktischen Interessen ab; Zivilisationen können ebenso wie Einzelpersonen von erstaunlicher Gleichgültigkeit gegenüber Widersprüchen sein. Wo der Widerspruch bearbeitet wird, betreten Kulturen wie Individuen bereits einen neuen Boden.

Dies alles bedeutet für die Einführung in die Philosophie einer vergangenen Periode: Sie soll nicht die geschickte Handhabung von Ismen-Etiketten lehren, sondern das Erkennen fruchtbarer, weil mehrdeutiger Situationen. Sie muß die Spannungen zeigen, die in einer Zivilisation vorhanden waren; sie muß die theoretischen und praktischen Bedürfnisse analysieren, die zur Bearbeitung dieser Spannungen führten. Sie muß in den begrifflichen Konstruktionen die Risse des geschichtlichen Bodens aufsuchen, die durch den konzeptionellen Aufwand hatten überwunden werden sollen. Sie muß in den Ganzheiten philosophischer Konstruktionen das Ungelöste, Unausgegliche aufsuchen, weil nur so Geschichte als Bewegung sichtbar wird. Die historische Betrachtung darf sich nicht mit einem Begriffsgebilde unmittelbar identifizieren; sie bringt sonst den Fluß des Geschehens zum Erstarren. Gerade das Mittelalter hat schon viele Moderne dazu eingeladen, in seinen stabileren Strukturen, vor dem Goldgrund seiner Bilder und dem Ewigkeitsversprechen seiner Gedanken Ruhe zu suchen. Dies kann man niemandem verwehren, aber eine fruchtbare geschichtliche Analyse muß die Unausgegorenheit seiner Traditionen und die Brüche seiner Lösungsversuche zeigen. Sonst tritt das Staccato seiner realgeschichtlichen und intellektuellen Umwälzungen nicht vor unser Bewußtsein. Man begriffe nicht, wieso das Mittelalter überhaupt einmal enden mußte. Man suggeriert sonst, nur der Zufall oder der „Verfall" oder der bloße Übermut habe das Mittelalter beendet. Dies waren nur jeweils andere Vokabeln dafür, daß man das Mittelalter oder doch wenigstens seine Philosophie und Theologie zu restaurieren wünschte. Man suchte Ewigkeit in einer geschichtlichen Welt, die doch versunken ist. Aber geschichtliches Wissen kennt keine Ewigkeit. Es untersucht, wie Gruppen und einzelne sich in prekären Situationen orientieren. Es jagt nicht nach dem Überzeitlichen; es bezieht sich auf Menschen in ihrer Bedürftigkeit, Traditionsabhängigkeit und Vergänglichkeit. Es zeigt: Kathedralen und theologische Summen, die ihre Zeitlichkeit leicht vergessen machen, sind geronnene Formen geschichtlicher Bewegung. Das Zeitlose ist das Unwahre.

Um aber in ausgearbeiteten Philosophien (wie in der Eriugenas und Anselms) oder in vollendeten Kathedralen (wie in der von Chartres) die geschichtliche Dynamik nachzuweisen, detailliert und dokumentiert, also ohne die Rhetorik eines relativistischen Historismus, bedarf es eingehender Forschungen. Es bedarf jahrelanger Vorbereitungen und vieler Jahre methodisch angelegter Analysen. Für die gegenwärtige Einführung kann ein solches Ziel nur eben genannt werden. Hingegen ist es möglich, in die geforderte Betrachtungsweise einzuführen, und zwar nicht durch eine programmatische Erklärung, sondern durch Einzelanalyse von Texten, die den geschichtlichen Kontext von sich aus ansprechen. Unter diesem

Gesichtspunkt habe ich die Konzilsschrift Alkuins, die ›Libri Carolini‹, die Prädestinations- und die Abendmahl-Debatte, die Diskussion zwischen Anselm und Gaunilo, zuletzt die Polemik Manegolds ausgewählt. Diese Texte führen in offene geschichtliche Situationen; sie alle versuchen, in derartigen Situationen eine Entscheidung herbeizuführen. Sie zeigen divergierende Antriebe und Ansichten; sie machen das Komplexe und Unentschiedene wichtiger Stadien deutlich. Es sind – mit der Ausnahme des Trinitätswerks Alkuins – offen polemische Texte. Sie dokumentieren, wenn auch oft verzerrt, die Gegenseite mit; sie artikulieren auf diese Weise Spannungen, welche die weitere Entwicklung antrieben. Sie belegen, daß im Zeitpunkt dieser Polemiken die Situation noch nicht entschieden war; sie verweisen auf die Vielgestaltigkeit und Plastizität einzelner Entwicklungsstadien. Sie führen in eine Betrachtungsweise ein, die auf Bewegungen, nicht auf vorübergehend zum Stillstand gebrachte Resultate achtet.

Diese Auswahl hat den Vorteil, die Prozeßstadien konkret vorzuführen und exakt zu belegen. Sie hat den Nachteil, die komplexen Gedankenwelten großer Autoren wie Anselm oder Eriugena von der jeweils umstrittenen Seite her anzugehen. Immerhin vermeidet man dadurch eine willkürliche Modernisierung; es kommen Einwände zur Sprache, die von Zeitgenossen erhoben worden sind. Aber die Seite des großen theoretischen Gesamtentwurfs tritt dabei zurück. So konnte ich nur erwähnen, daß Eriugena in seinem Hauptwerk die Einheit der Wirklichkeit zu denken und gegen die Schulleidenschaft des Einteilens zu bewahren suchte. Eine einigermaßen begründete Analyse seines Versuchs, die östliche Denkweise, die Welt des Dionysius Areopagita, im lateinischen Westen zur Geltung zu bringen, hätte den Rahmen einer Einführung gesprengt. Dasselbe gilt für Anselms neue Philosophie des Christentums. Eine entsprechende Einschränkung gilt, wenn ich jetzt einen der bedeutendsten Denker des Mittelalters, nämlich Petrus Abailard, vorstelle. Auch zu ihm suche ich den Zugang mit Hilfe der Polemiken, die er so reichlich geführt und ausgelöst hat. Eine umfassendere Darstellung der intellektuellen Welt Eriugenas, Anselms und Abailards habe ich an anderer Stelle versucht.[1]

[1] Für Eriugena vgl. Flasch, MA 164–204, und Flasch, Das philosophische Denken im Mittelalter.

Für Anselm vgl. Flasch, MA 204–220 und in: Klassiker der Philosophie, hrsg. v. O. Höffe. Bd. 1 (München 1981), 177–197.

2. *Abailards Neuerungen in einer offenen geschichtlichen Situation*

Als Petrus *Abailard* († 1142) (diese Form des Namens dürfte eher authentisch sein als andere) um 1115 in Paris zu lehren begann und als er nach zwanzig Wanderjahren wiederum als Lehrer nach Paris zurückkehrte, schlug er eine neue Seite in der Geschichte der Philosophie und der europäischen Kultur auf. Seine wissenschaftliche Produktivität, seine außergewöhnliche Persönlichkeit, seine Liebesgeschichte mit Heloise, seine Konflikte mit den angesehensten Professoren, die Verurteilung durch zwei Konzilien, die Hexenjagd, die Bernhard von Clairvaux († 1153) gegen ihn inszenierte – dies alles sicherte ihm damals wie heute eine Aufmerksamkeit, die zu neuen Fehlurteilen verleitet. Denn wenn er viele Feinde hatte, so hatte er auch viele Bewunderer. Ein Papst hat ihn verurteilt, aber später wurde einer seiner Schüler Papst (Coelestin II.). Seine Ideen waren von großer Originalität, und mehr als irgendeinem mittelalterlichen Autor vor ihm war ihm seine Genialität auch bewußt; aber das Jahrhundert war reich an bedeutenden Denkern, in Paris und in Chartres. Abailard hat die monastische Weltbetrachtung, wie wir sie von Manegold kennen, aufs äußerste irritiert; er entwickelte eine radikal andere Auffassung von Wissenschaft; er gab der neuen Rationalität, wie sie sich im Aufschwung der Geldwirtschaft entwickelte, eine theoretische Fassung:

Er zeigte in vielen Einzelfragen, daß die Autoritäten sich widersprachen. Er lobte den Zweifel. Durch Zweifeln, sagte er, kommen wir zum Forschen, durch Forschen zur Wahrheit. Abailard gab einer dynamisch gewordenen Gesellschaft ein ihr angemessenes Verständnis von intellektueller Arbeit. Die Wahrheit war ihm nicht mehr in bestimmten Texten vorgegeben. Er entschuldigte sich nicht mehr, wie Anselm es noch getan hatte, daß er neue Bücher schrieb, wo doch die Kirchenväter alles Wesentliche tiefer erfaßt hätten. Er dachte „Wahrheit“ als etwas, was noch zu finden sei. Er lehrte theoretisch, daß jede menschliche Einsicht verbesserungsbedürftig ist; er lebte dies praktisch vor, indem er seine Texte ständig umarbeitete. Eine Fassung jagte bei ihm, wie seine Handschriften bezeugen, die andere; während seine Gegner noch die dritte Version seiner ›Theologia‹ zitierten, hatte er schon die vierte vollendet. Erst seit kurzem haben wir Ausgaben Abailards, die seine ständigen

Für Abailard vgl. Flasch, MA 220–279, und Flasch, Das philosophische Denken im Mittelalter, 211–225.

Umarbeitungen auch im Druckbild sichtbar machen.[2] Wir können ihm jetzt bei der Arbeit zusehen; wir finden ihn in rastloser Tätigkeit, denn die Wissenschaft war ihm nicht mehr das stehende Bild der göttlich vorgegebenen Ordnung, nicht mehr die meditative Aneignung der autoritativ verbürgten Auslegungen, sondern eine bewegte Ganzheit menschlicher Sätze, die durch Zweifel und Debatten ständig zu verbessern sind. Abailard brach, wie Charles Lohr gezeigt hat, mit dem klerikalen Wissenschaftskonzept; er trat entschieden heraus aus dem monastischen Traditionswissen des Frühmittelalters; er vollzog in der Theorie den Übergang von einer eher statisch-agrarischen zu einer eher revolutionär-urbanen Zivilisation, deren ständige Umwälzungen Dante beschrieben hat als das nervöse Sichherumwerfen eines Fieberkranken in seinem Bett. So bedeutungsvoll und neu dieser Schritt war, so hing Abailard doch mit seinem Jahrhundert zusammen.

Er selbst entstammte dem Landadel, und als der Onkel seiner Geliebten ihn nächtens hatte überfallen und kastrieren lassen, wurde er Mönch und arbeitete an der Reform des Mönchtums. Er wollte Philosoph sein, aber er wollte es innerhalb des Christentums sein. Er glaubte an die Möglichkeit, das Christentum für die neue Mentalität des 12. Jahrhunderts zu übersetzen: Die Situation schien noch offen. Er wollte den Begriff Gottes, der Erlösung und der Gnade nicht zerstören, sondern umformen im Sinne vertiefter Humanität und offenerer Rationalität. Der einzelne sollte wichtig sein vor Gott, mit seiner Wißbegier und mit seinem Gewissen. Abailard bestärkte und formulierte eine Bewegung, die in seiner Zeit vorhanden war. Er suchte die Überwindung magisch-archaischer Vorstellungen; er lehrte die Unüberspringbarkeit des denkenden und handelnden Subjekts. Er hatte einen neuen, polemisch zugespitzten Begriff von menschlicher Freiheit und Verantwortlichkeit. Dies entsprach einer Zeit, die das Gottesurteil mit seiner religiösen Mechanik – das Gottschalk flehentlich erbeten hatte und dem man Berengar von Tours noch hatte unterwerfen wollen – durch neue

[2] Besonders zu erwähnen sind die Ausgaben der Opera theologica durch Eligius M. Buytaert im Corpus Christianorum. Continuatio Mediaevalis, speziell der Kommentar zum Römerbrief (Turnhout 1969) und die Theologia christiana (Turnhout 1969). Ferner die Ausgabe der Ethica durch David E. Luscombe (Oxford 1971) und die von Sic et non durch Blanche B. Boyer und Richard McKeon (Chicago–London 1976). – Die Ausgabe des Dialogus durch Rudolf Thomas (Stuttgart-Bad Cannstatt 1979) gab Anlaß zu ernsthaften Einwänden.

Methoden der Rechtsfindung ersetzte und die den frühmittelalterlichen Brauch der unwiderruflichen „Darbringung“ von Kindern für das Klosterleben verwarf. Da in diesem Jahrhundert keine radikale Erneuerung möglich war ohne eine Neufassung des Christentums, warf der als Logiker berühmte Abailard seinen Scharfsinn auf diese Aufgabe; insofern war er „Theologe“. Er handelte sich die höhnischen Angriffe Bernhards ein, weil er das Wort „Theologie“ prägte – eine Neuerung, die dem traditionalistischen Wissenskonzept Bernhards zuwiderlief.

Bernhard haßte die Städte – und die Juden. Auch Abailard lobte gelegentlich die Ruhe des Landlebens, aber er konzeptualisierte den neuen Geist der Selbständigkeit und des Selbersehenwollens; mit den Juden trat er in einen philosophischen Dialog. Während Bernhard den Kreuzzug predigte, befaßte sich Abailard sachlich prüfend mit dem Islam. Als der Druck der selbsternannten Ketzerrichter gegen ihn zunahm, hat er, wie seine Autobiographie (›Historia calamitatum mearum‹) berichtet, erwogen, ins maurische Spanien zu emigrieren; er konnte dort mit größerer Toleranz rechnen. Nach seiner zweiten Verurteilung (1140) fand er, krank und vom Lehramt verjagt, Aufnahme bei dem ehrwürdigen Abt Petrus von Cluny, der beim Besuch der spanischen Besitzungen Clunys mit dem Islam konfrontiert worden war. Damals entstand in Cluny die erste lateinische Übersetzung des Korans. Dies war die Vorbedingung für eine wirkliche Kenntnis des Islam. Die Sympathie des fürstlichen Abtes von Cluny für Abailard zeigt, daß dessen Beziehung zur Intelligenz des Stadtbürgertums nicht zu direkt soziologisch zu verstehen ist. Mönchtum und feudale Herrschaft waren gegen die neuen Impulse noch nicht definitiv abgeschlossen; Abailard wirkte nicht als Instrukteur revoltierender Stadtbewohner; aber er transformierte Philosophie und Christentum in einem der sozialen Entwicklungstendenz entsprechenden Sinn. Deshalb hatte er auch auf die Wissenschaftsentwicklung der nächsten Jahrhunderte großen Einfluß. Man schwächte seine Ideen ab, aber übergehen konnte man sie nicht. Man hat zuviel behauptet, als man ihn den Schöpfer der „scholastischen Methode“ nannte. Es gab mehrere Ansätze in dieser Richtung. Aber Abailard hat sie zusammengefaßt und produktiv angewendet. Aufs ganze gesehen wurde er einer der erfolgreichsten Neuerer in der Geschichte der Philosophie.

Dabei war er schon zu Lebzeiten eine öffentliche Person. Seine Arbeit stand nicht mehr im Dienst der Mächtigen, wie bei Alkuin und Eriugena. Er war nicht mehr wie Anselm ein Akteur auf der politischen Bühne. Aber als für Pfingsten 1140 eine öffentliche Disputation zwischen ihm und Bernhard in der Kathedrale von Sens angekündigt war, eilten der König von Frankreich und seine Notabeln dorthin. Das intellektuelle Leben hatte ein Eigengewicht erhalten, wie es im 9. Jahrhundert undenkbar gewesen wäre. Nicht nur Schüler und Freunde der Protagonisten eilten nach Sens, wo der für Paris zuständige Erzbischof residierte; die Diskussion war ein öffentliches Ereignis. Chroniken, die bislang nur die Hungersnöte und die Taten der Fürsten vermerkt hatten, berichteten nun über umstrittene Philosophen. Die Kultur war ein eigenständiger Sektor geworden. Dabei kam Abailards Denken den Bedürfnissen der Stadtgesellschaft doch nur teilweise entgegen. Von Mathematik verstand er nichts. Medizin, wie sie in Chartres und Montpellier und Salerno getrieben wurde, blieb ihm fremd. Technische Probleme, wie sie ein Jahrhundert später den einfallsreichen Franziskaner Roger Bacon beschäftigen sollten, interessierten ihn nicht. Für die denkende, gar für die handwerkliche Bearbeitung der Natur bot er wenig Hilfen. Zwar nannte er den unehelichen Sohn, den er mit Heloise hatte, *Astrolabius*, nach einem astronomischen Instrument. Zwar warfen ihm seine Gegner vor, er habe Vorgänge, die sie auf den Teufel zurückführen wollten, physikalisch, d. h. toxologisch und mineralogisch, erklären wollen; aber gegenüber dem Vorrang sprachlogischer Gesichtspunkte kam die Naturforschung nicht recht in Gang. Wer sie betreiben wollte, mußte nach Chartres gehen oder gleich zu den Arabern. Was Abailard anziehend machte, war die Kühnheit seiner Diktion, die Klarheit seiner Lehre und vor allem deren Neuheit.

„Er lehrt Neues; er schreibt Neues“, rief einer seiner Gegner anklagend aus;[3] und zwar nicht über irgendwelche Nebensächlichkeiten, fuhr sein Kritiker fort, sondern über Gott, über die Dreieinigkeit, über die Gnade und die Erlösung. Also eine neue Theorie des Christentums. „Seine Bücher überqueren die Meere, übersteigen die Alpen. Und seine neuen Ansichten über den Glauben, seine neuen Dogmen verbreiten sich über Provinzen und Königreiche. Sie werden feierlich verkündet und frei vertreten (libere defenduntur), so sehr, daß man sagt, sie stünden selbst bei der römischen Kurie in Ansehen.“ Sein Kritiker sagt, er wende sich an den Bischof von Chartres und an Bernhard von Clairvaux, weil ihn die unerhört

[3] Wilhelm von St. Thierry, Epistola ad Gaufridum Carnotensem et Bernardum Abbatem. Migne PL 182, 531 B.

neuen Vokabeln in Glaubensdingen verwirrten; er bitte um Intervention der Autoritäten; die „neuen Erfindungen nie gehörter Auslegungen“ bedrohten die gesamte Gesellschaft (die res communis).[4] Sehen wir zu, welche Anklagen man gegen den Neuerer vorbrachte, für den „neu“ aufgehört hatte, gleichbedeutend zu sein mit „schlecht“.

3. *Die Einwände der Traditionalisten*

Die Aktenstücke, Gutachten und Briefe, aus denen die Anklagepunkte gegen Abailard hervorgehen, gehören zum propagandistischen Umfeld der Verurteilung von 1140.[5] Sie ziehen Abailards Theorien zu Thesen zusammen, zuletzt auf neunzehn; sie übergehen den philosophischen Hintergrund; sie sind inhaltlich von ungleichem Gewicht, und im einzelnen bleibt umstritten, wie exakt sie Abailards Lehren wiedergeben. Dennoch leisten sie für eine Einführung gute Dienste; sie belegen die umstrittensten Punkte. Sie zeigen, daß es nicht Bernhard allein war, der Abailard für einen Häretiker hielt. Sie belegen die innere Spannung der intellektuellen Situation um 1140. Es gab eine weitverbreitete Kritik an Abailards Vernunftvertrauen. Er stellte den Glauben so vernünftig dar, daß er keine Willensanstrengung forderte. Der Erzbischof von Reims ließ Bernhard amtlich dem Papst mitteilen: Dieser Abailard „glaubt, er könne die gesamte Gottheit mit der menschlichen Vernunft umfassen. Er steigt auf bis in den Himmel; er steigt ab zu den Abgründen. Nichts ist, was ihm entginge, weder in der Tiefe der Hölle noch droben in der Höhe. Der Mensch ist groß in seinen Augen.“[6] Dies war der Grundakkord: Abailard war ein „Rationalist“. Nicht,

[4] Ebda. 531 A–C.

[5] Ich beziehe mich vor allem auf folgende Texte: Wilhelm von St. Thierry. Disputatio adversus Abaelardum, Migne PL 180, 249–282; Bernhard von Clairvaux, Epistolae, bes. Nr. 187–194, Migne PL 182, 349–361; jetzt in S. Bernardi Opera, ed. J. Leclerq – H. Rochais. Bd. 8 (Paris 1977); die Capitula haeresum Petri Abaelardi in der Ausgabe der Opera theologica von E. M. Buytaert, Bd. 2, 471–479. Die Apologia Abailards, gedruckt in den Opera theologica Bd. 1, 360–368, ist leider nur Fragment. – Aus der Literatur erwähne ich der Kürze halber nur R. Klibansky, Peter Abailard and Bernard of Clairvaux, in: Medieval and Renaissance Studies 5 (1961), 1–27, und Buytaerts Einleitung zur Ausgabe der Capitula. Nützlich dort S. 469 die Tabelle der „Irrtümer“ Abailards.

[6] Bernhard, Epistola 191 PL 182, 357 B–C.

daß er sich für das Christentum nicht interessierte. Nein, er interpretierte es um, und zwar im Hinblick auf ein neues humanes Selbstwertbewußtsein.

Anstößig war seine Lehre von der Dreieinigkeit. Dieser Streitpunkt gehört nicht nur in die Geschichte der Theologie, denn Abailard wollte – wie Anselm vor ihm – die Trinität mit philosophischen Argumenten beweisen. Die Gottheit ist Macht, Weisheit und Güte. Diese „Eigenschaften" machen ihr Wesen aus, sind also keine Akzidentien. Abailard, so kritisierte Wilhelm von St. Thierry, lege zunächst ein korrektes Glaubensbekenntnis ab, in dem von drei Personen in der Gottheit die Rede sei, schwäche dann aber, bei der Auslegung der traditionellen Glaubensformeln, das Person-Sein ab. Er verstehe „Gott Vater" als Macht, „Gott Sohn" als Weisheit und den „Heiligen Geist" als Güte. Die Ausdrücke „Gott Vater, Sohn, Heiliger Geist" seien nach Abailard „uneigentlich" (improprie) gemeint; sie sollen nach ihm nur hinführen zur Umschreibung des höchsten Guten, bei dem Macht, Weisheit und Liebe zusammenfallen.[7] Damit mache Abailard aus den feststehenden Wendungen des Glaubensbekenntnisses eine Deskription der philosophisch gedachten Gottheit. Doch diese Bezeichnungen „Vater, Sohn, Heiliger Geist" seien nicht von Menschen gemacht; es seien die Namen real distinkter, ewiger Personen. Sie seien nicht erklärungsbedürftige Hilfsmittel der Erkenntnis des ersten Guten; Gott habe sie dem Menschen autoritativ verkündet, die Kirche habe sie autoritativ festgesetzt. Von all dem löse sich Abailard, dieser „neue Magister", los.

Nun hatte Abailard tatsächlich über die Namen und ihr Verhältnis zu Sachen nachgedacht. Er hatte bestritten, daß allgemeinen Namen (wie „Mensch") eine allgemeine Realität, also ein real existierendes Menschsein entspreche. Er hatte gezeigt, daß die Annahme realer Allgemeinheiten in Widersprüche führt.[8] Er war auf die Rolle der Sprache aufmerksam geworden; er hatte begriffen, daß sie von Menschen gemacht wird, daß sie die reale Welt ebenso verdecken wie erschließen kann. Sein Kritiker wollte sakrale Formeln nicht so behandelt sehen. Der Mensch sollte so groß nicht von sich denken; er sollte nicht darüber zu befinden haben, was in den Glaubensformeln „eigentlich" oder „uneigentlich" gemeint sei. Sind sie „uneigentlich" gemeint, dann klingen sie anders, als sie

[7] Wilhelm von St. Thierry, Disputatio c. 2 PL 180, 250 A–B.
[8] Text bei Flasch, MA 233–262.

gemeint sind; dann bedürfen sie eines Auslegers und treten als ein bezügliches Element in den Auslegungsvorgang ein. Dann verlieren sie den Vorrang der Menschenunabhängigkeit. Diese starre Konzeption von Absolutheit aufzulösen und durch eine andere, die auf Wechselwirkung zielte, zu ersetzen war in der Tat das Resultat der Philosophie Abailards. Ist Gott „Macht", „Weisheit" und „Liebe", dann bezieht er sich von sich her auf Menschen. Aber gerade mit dieser Trinitätsauffassung stieß Abailard auf Widerspruch; sie bedeute, monierte Wilhelm, daß Macht, Weisheit und Liebe nichts wären, es sei denn in der Beziehung auf die Welt.[9] So zerstöre Abailard die Trinität, die eine Wechselbeziehung gleicher Personen in der Gottheit sei. Der Grundfehler Abailards sei, mit neuen Worten alles unklar zu machen. Das Geheimnis (secretum) könne kein Geheimnis bleiben, wenn es mit menschlichen Beweisgründen durchsichtig gemacht werden solle.[10] Dieser Dialektiker gestalte sich eine Gottheit nach eigenem Bild und Gleichnis – „wir aber sagen nur, was uns von den Vätern überliefert wurde". Dies war der Gegensatz, um den es ging. Abailard hatte erkannt, daß die Zeiten vorbei waren, in denen man sich auf die Wiederholung des Tradierten beschränken konnte. Der Dialektikunterricht zeigte Wirkung. Es war offensichtlich, daß die Autoritäten sich widersprachen. Immer mehr Menschen wollten erklärt haben, was ein Satz genau bedeute. Man *mußte* interpretieren. Auch die Konservativen mußten das tun.

An der Trinitätskonstruktion Abailards war noch ein anstößiger Punkt. Abailard soll die Dreieinheit von Macht (Vater), Weisheit (Sohn) und Liebe (Heiliger Geist) so verstanden haben, daß das Moment der Macht das Eigentümliche des Vaters ausmache, daß es sich im Sohn dahin abschwäche, daß er die Macht habe, das Wahre und das Falsche zu beurteilen, aber keine andere. In der Liebe schließlich verschwinde das Moment der Macht gänzlich.

Auch diese Theorie Abailards dürfte von seinen Kritikern schief aufgefaßt worden sein, weil sie nicht auf die sprachlogischen Finessen achteten, aus denen sie hervorgegangen war. Aber vielleicht spielten andere Motive mit. In Abailards Gedanke steckt ein neuer Begriff von „Macht". In der Macht, die allein schlechthin „gut" genannt zu werden verdiente, bleibt das Moment „Macht" zwar immer wichtig, aber es verklärt sich zu Urteilskraft und gibt sich selbst völlig auf – als Liebe. Die höchste Macht beweist ihre Gött-

[9] Wilhelm von St. Thierry, Disputatio c. 2 PL 180, 253 A–B.
[10] Ib. c. 3 PL 180, 255 D.

lichkeit dadurch, daß sie sich zurücknimmt. Darin lag ein neues Modell politischer Theologie: Gott war nicht mehr der oberste Feudalherr, der sich gut beraten ließ und seinen Leuten wohlwollend geneigt blieb. Er war *wesentlich* Denken (Weisheit), und er war *wesentlich* Machtverzicht, da er *wesentlich* die Liebe war, die unter Menschen nicht „herrscht", wie man heute noch feudalistisch sagt, sondern *lebt.* Die alte Trinitätslehre betonte zwar mit Worten die Gleichheit der Personen. Aber der „Vater" behielt ein patriarchalisches Übergewicht. Man betete die Macht immer ein wenig ehrfürchtiger an als die Weisheit oder die Liebe. Im 12. Jahrhundert mußten die real regierenden Feudalherren sich einschränken gegenüber der auf gemeinsamer Beratung beruhenden Macht städtischer Körperschaften, und die brüderliche Liebe unter Reformmönchen neuen Typs war keine gesellschaftliche Randerscheinung mehr. Die Traditionalisten verwarfen Abailards Trinitätslehre auch, weil in ihr ein Entwurf von Politik enthalten war, der ihren Horizont überstieg. Man denke gar, ein Schüler Abailards hätte diese Trinität sich zurücknehmender Macht geschichtlich gedeutet. Er hätte unterschieden zwischen dem Reich des Vaters, in dem Macht und Autorität herrschte, und dem Reich des Sohnes, in dem Gottes Geheimnisse offenbar würden, mit einem verminderten, aber auch sublimierten Moment von Macht – der organisierten, auf sichtbaren Sakramenten und juristisch gefaßter Organisation beruhenden Kirche. Dann müßte irgendwann, vielleicht bald, das dritte Reich, das des Geistes, kommen; es wäre charakterisiert durch Liebe, durch das Zurücknehmen der Macht durch sich selbst. Solche Überlegungen standen gewiß 1140 nicht zur Diskussion. Aber Abailard hatte eine besondere Devotion für den Heiligen Geist. Das Kloster, das er für Heloise gründete, weihte er dem „Parakleten", dem Heiligen Geist als Tröster. Diese Dedikation war wegen ihrer Ungewöhnlichkeit heftig umstritten. Aber das war alles, was Abailard tat. Wichtiger war, daß es fünfzig Jahre später im fernen Kalabrien einen Abt gab, der Abailards Trinitätslehre geschichtlich auslegte und ein nahendes Reich des Geistes mit Zurückdrängung des Machtmoments ankündigte: Joachim von Fiore. Er starb 1204. Zu seinen Lebzeiten erntete er noch die Anerkennung von Päpsten, die nicht ahnten, daß dieser fromme Mönch einer sich machtpolitisch, juristisch und finanziell immer härter konstituierenden Amtskirche eine Gegenbewegung eingepflanzt hatte, die ihr außergewöhnlich zu schaffen machen würde. Auch dies war eine Fernwirkung Abailards.

Dessen Gegner sahen in ihm nicht einen Reformator im Sinne der Philosophie und der Humanität; sie mußten ihn für einen Zerstörer halten. Legte er nicht der Allmacht Gottes Fesseln an, wenn er lehrte, die Vernünftigkeit Gottes binde ihn innerlich, so daß er aus seiner Natur heraus nichts anderes tun könne, als was er von Ewigkeit her getan habe? Dies war die Angst Manegolds vor dem Gedanken an einen intelligiblen Kosmos, der die Weisheit Gottes (der „Sohn" also) wäre, an dem das menschliche Denken aber Anteil hätte, so daß es verbindlich wissen könne, was Gott möglich wäre. Auch Manegolds Verwerfung der Gleichsetzung von Weltseele und Heiligem Geist kehrte in der Auseinandersetzung um Abailard wieder.[11] Abailard hielt den Menschen für fähig, Gott zu denken. Gott denken, das hieß für ihn, Gott als dreieinig denken. Die ausströmende und alles verbindende Gegenwart des Welt-Geistes fand er im platonischen ›Timaios‹ ausgesprochen; er zitierte in diesem Zusammenhang den Macrobius. Aber damit war der Heilige Geist weltbezogen und Gegenstand rationaler Welterforschung; die Kirchenherren winkten ab.

Sie sahen in Abailards Wohlwollen gegenüber der heidnischen Philosophie eine Einebnung des spezifisch Christlichen, während es Abailard um dessen ethisch-rationale Vertiefung ging. Er wollte Platon nutzen, um das christliche Denken von selbstgeschaffenen und vermeidbaren Absurditäten zu befreien; seine Gegner nannten ihn einen „neuen Platoniker". Völlig unannehmbar schien ihnen sein neues Konzept von Gott und von Gnade. Abailard hatte gegen die herrschende spätaugustinische Gnadenlehre eingewendet:

Wenn der Mensch von sich aus nichts Gutes tun kann, wenn er sich nicht kraft seines freien Willens zur Aufnahme der Gnade ohne die Gnade bereiten kann, dann sehe ich nicht ein, warum er bestraft wird, wenn er sündigt. Wenn er aus sich nichts Gutes vermag, wenn er so geschaffen wurde, daß er zum Bösen eher geneigt ist als zum Guten, ist er dann nicht schuldlos, wenn er sündigt? Wäre ein Gott, der ihn so geschaffen hat, nicht eher zu tadeln als zu loben?

Aber, so war Abailard fortgefahren, so ist es nicht. Der Mensch kann mit seiner Vernunft, die ihm schließlich Gott gegeben hat, der Gnade sich zuwenden. Darin behandelt Gott alle Menschen gleich: Bevor ein Mensch sich der Gnade zuwendet, tut Gott nicht mehr für ihn als für den, der sich abwendet.

Und dann bringt Abailard einen Vergleich, der erstmals die früh-

[11] Ib. c. 5 PL 180, 265–266.

bürgerliche Kaufmannswelt ins Metaphysische transponiert, so wie seine Vorgänger, zumal Anselm noch, die Erfahrung feudaler Herrschaft philosophisch-theologisch konzeptualisiert hatten. Hier die Worte Abailards: Gott verhält sich zu den Menschen wie ein Kaufmann (mercator), der kostbare Edelsteine zum Verkauf anbietet; er erregt die Kauflust der Vorbeigehenden. Ähnlich legt Gott allen Menschen seine Gnade vor; die Menschen können ihr, dadurch angeregt, kraft des freien Willens anhangen. Die Vernunft, mit der sie das Gute vom Bösen unterscheiden und mit der sie sich frei dem Guten zuwenden, kann man auch „Gnade“ nennen; denn sie stammt von Gott.[12]

Schroffer konnte man das spätaugustinische Denken und seine feudalistischen Adaptionen nicht verwerfen. „Das ist ganz klar die Häresie des Pelagius“, rief Wilhelm von St. Thierry aus, und hierin hatte er recht. Dieses Beispiel zeigt, welche reale Funktion Philosophie haben kann und gerade im Mittelalter auch nachweisbar ausübte: Abailard fand eine Gesellschaft vor, in der die spätaugustinische Gnadentheologie, wenn auch in abgeschwächter Form (wie die Gottschalk-Affäre gezeigt hatte), herrschende Ansicht war. Man gehörte nicht zu dieser sozialen Welt, wenn man nicht wenigstens ihre Formeln hersagte. Auf der anderen Seite hatte diese selbe Gesellschaft ihre Dynamik seit dem 11. Jahrhundert nur entfalten können, weil einzelne etwas Neues wagten und sich zutrauten, in freien Zusammenschlüssen etwas Gutes zu bewirken. Auch diese ökonomische, soziale, politische und mentale Tendenz fand Abailard vor. Aber er sagte dieser Gesellschaft, daß ihre reale Gestalt und ihr theologisches Selbstverständnis in Widerspruch geraten waren. Er hätte sich zurückziehen und seine ungewöhnlichen Fertigkeiten in der Logik getrennt ausbilden können. Dann hätte ihn kein Konzil verurteilt. Aber ihn interessierte das Ganze seiner geschichtlichen Welt; er formulierte deren Diskrepanzen. Jetzt wußte man, daß man wählen mußte zwischen dem neuen Selbständigkeitsbewußtsein und der augustinischen Gnadenlehre. Ob der Adlige Abailard in realpolitischen Auseinandersetzungen auf seiten der Bürgerschaft oder der bischöflichen Stadtherren stand, ist nicht unwichtig, aber sekundär. Wir brauchen nicht einmal zu bedauern, wenn die Quellen darüber schweigen. Er hatte Gott mit einem Kaufmann verglichen und mit diesem Vergleich ältere Konzepte des Verhältnisses von Gott und Mensch zerstört. Dies war objektiv ein

[12] Ib. c. 6 PL 180, 267 A–B.

revolutionärer Akt, und er wurde auch als solcher angeklagt. Sublimer war sein Gedanke von der in der Gottheit sich selbst zurücknehmenden Macht. Wer geschulte Ohren hatte, konnte das Fanal hören. Und Abailards Gegner hatten geschulte Ohren. Die Berengar-Diskussion war noch nicht vergessen; sie ahnten den Mückenschwarm von Zweifeln, den Abailard mit Fragen der folgenden Art entließ: Wenn die geweihte Hostie zu Boden fällt, stürzt dann der Leib Christi zu Boden? Was geschieht, wenn Mäuse an ihm nagen? Und wo sind die Eigenschaften (Akzidentien), denen durch den Allmachtseingriff die Brotsubstanz entzogen wurde? Soll man nicht annehmen, sie hingen in der Luft?[13] Dies war Berengars Problem der Selbständigkeit von Eigenschaften. Abailard hatte dafür keine Lösung. Aber eben dies sprach er offen aus.

Noch ein letzter Anklagepunkt verdient Beachtung. Abailard hatte in seiner Ethik gelehrt, die Sünde bestehe allein im geistigen Akt der Zustimmung zum Bösen, also *nicht* in der Begierde, nicht in der Lust, nicht im Wollen. Begierde, Lust und Wollen seien insgesamt „Natur“, also gut und nicht etwa Sünde. Kein äußerer Akt fügt dem inneren Konsens zum Bösen etwas an Bosheit hinzu. Es komme, ethisch gesehen, allein auf die Gesinnung an. Eine Sünde aus Unwissenheit könne es daher nicht geben. Wer unwissend handele, sündige nicht.

Abailard hatte diese neue Ethik an einem aufreizenden Beispiel illustriert: Wenn die Henker, die Jesus ans Kreuz schlugen, dabei glaubten, sie erfüllten mit der Hinrichtung den Willen Gottes, so sündigten sie nicht nur nicht; sie waren moralisch gehalten, Jesus zu kreuzigen. Wenn Heiden oder Juden den christlichen Glauben verwerfen, weil sie glauben, dieser stamme nicht von Gott, so müssen sie, moralisch gesehen, an ihrem Glauben festhalten; sie sind nicht zu tadeln.[14]

Man kann sagen, Abailard habe den subjektiven Faktor entdeckt – in der Betrachtung der Sprache, im Konzept des Wissens, in der Philosophie der Religion und in der Ethik. Das Beispiel mit den Henkern Jesu zeigt, daß diese Entdeckung kein Spiel mit bloßen Begriffen war. Man konnte die Juden und die Gläubigen des Islam jetzt mit anderen Augen ansehen. Und was mehr ist: Man konnte jetzt sich selbst mit neuen Wertmaßstäben denken. Wie schon gesagt: Als Abailard auftrat, machte die Weltgeschichte einen Ruck.

[13] Ib. c. 9 PL 180, 280 C–D.
[14] Ib. c. 13 PL 180, 282 B–C.

VIII. FROMME SKEPSIS ODER METAPHYSIK ALS WISSENSCHAFT – AVERROES GEGEN AL-GAZALI

1. Das Mittelalter und die arabische Welt

Wenn man in Deutschland das Wort „Mittelalter" ausspricht, stellen sich bestimmte Assoziationen ein. Sie sind gewiß von Person zu Person verschieden, aber außerhalb eines kleinen Kreises von Spezialisten deuten sie doch in eine gemeinsame Richtung – der Kölner Dom, die Burgen an Rhein und Mosel, vielleicht die Staufer und Canossa. Kaum jemand wird an das Arsenal von Venedig denken, eine riesige Schiffswerft, in der um 1300 etwa 5000 Lohnarbeiter unter unvorstellbarem Gestank und Geschrei mit Holz und Pech hantierten; Dante nahm diesen Arbeitsplatz als ein Bild für die Hölle. Auch das gehört zum Mittelalter, ebenso wie die regelmäßigen Hungersnöte vor der Mitte des 11. Jahrhunderts und die niedrige Lebenserwartung, die für Männer etwa bei 28, für Frauen bei 23 Jahren lag, regionale und zeitliche Differenzen ausgenommen. Die volkstümlich gewordenen Mittelalterbilder stilisieren ins Erhabene und Sakrale. Man denkt an Kaiser und Könige, nicht an die Negersklaven in den Haushalten der reichen Leute von Bologna. Man denkt an die Sieger, nicht an die Besiegten. Man sucht Kontinuitäten und übersieht leicht die Brüche – etwa die Katastrophen der Wanderjahrhunderte, das Chaos zwischen Karl und den Ottonen, die ökonomischen und psychologischen Krisen des 14. Jahrhunderts. Man sucht das Ornamentale, immer auch noch das Romantische, man vergißt Hunger, Pest und Krieg.

Zögernd begreift man, wie anachronistisch die Beschränkung auf das Nationale ist. Viele wissen wohl, daß Frankreich seit etwa 1200 die kulturelle, künstlerische und intellektuelle Führung hatte, bald gefolgt von den mittel- und oberitalienischen Kommunen. So mögen sich bei dem Wort „Mittelalter" auch die Bilder der Kathedralen von Chartres und Reims einstellen, wohl auch die Türme von S. Gimignano, der Rathausplatz von Siena, der Dogenpalast. Aber tritt die Welt der Kommunen ebenso lebhaft in unser Bewußtsein wie die Dynastien? Das Wort „bürgerlich" klingt abfällig, mit

Recht wohl, aber dadurch verkennt man leicht die revolutionäre Kraft der Städter des 12. und 13. Jahrhunderts. Ähnlich verblaßt für uns das ferne Byzanz, auf das sich der lateinische Westen mit bewundernder Haßliebe bezog; wir sahen, wie gern Alkuin griechische Termini gebrauchte und daß Anselm seinen Werken mit Vorliebe griechische Titel gab. Für das reale Mittelalter war von großer Bedeutung die griechisch-arabisch-christliche Vermischungszone von Unteritalien und Sizilien; seit dem 12. Jahrhundert saßen die besten Ärzte Europas in Salerno. Hier las und übersetzte man Aristoteles und die Medizinhandbücher der Griechen und Araber. Und dann gab es das maurische Spanien, mit dem der Westen seit dem 11. Jahrhundert in intensivere Beziehung trat, zunächst militärisch-missionarisch, bald aber auch lernend. Gewöhnen wir uns also an, bei dem Wort „Mittelalter" auch an die kulturell und finanziell überlegenen Judengemeinden zu denken mit ihren internationalen Beziehungen, in ihrer herausfordernden Andersheit. Zum „Mittelalter" gehörte wesentlich die hohe Zivilisation von Cordoba, Sevilla und Granada. Dort bestand über ein halbes Jahrtausend hinweg eine einzigartige Kultur, bewegt von der Spannung zwischen Orthodoxie und Liberalität, mit intensiver Präsenz der Antike. Dort kannte man die griechische Wissenschaft wesentlich besser als im Westen. Es gab bessere Bibliotheken. Die Überlieferung sprach hier reicher; sie zwang zur Koordination. Die Araber, zunächst im Orient, bald auch in Spanien, entwickelten den Schatz antiken Wissens weiter. Sie ersetzten das schwerfällige Zahlensystem der Antike durch die arabischen Ziffern; sie machten neue Entdeckungen auf dem Feld der Optik, der Chemie und der Medizin. Die Astronomie, für die Schiffahrt unentbehrlich, und die Geographie, die man für die großen Handelsexpeditionen brauchte, gingen weit über das hinaus, was der Westen – unter dem Protest von Mönchen wie Manegold – dem Macrobius entnahm. Man beginnt, die Dynamik der Entwicklung des mittelalterlichen Westens zu verstehen, wenn man sieht, daß er im 11. Jahrhundert gegenüber der islamischen Welt ein unterentwickeltes Gebiet war, daß er in einer ungeheuren Anstrengung dann den arabischen Vorsprung einholte und um 1300 die Führung übernahm. Wie groß die zivilisatorische und intellektuelle Unterlegenheit des Westens noch zur Zeit der Kreuzzüge war, belegt folgender Bericht des zeitgenössischen arabischen Schriftstellers Usama ibn Munqidh: Ein fränkischer Adliger hatte seinen Onkel, einen islamischen Fürsten, gebeten, ihm einen Arzt zu schicken. Der Arzt reiste ab, kam aber überraschend schnell zurück. Was er erlebt hatte, war merkwürdig. Er war gerufen worden, um einen Ritter und seine Frau zu behandeln. Der Ritter hatte einen Abszeß am Bein. Der arabische Arzt verordnete eine Packung, um den Abszeß zum Ausbruch zu bringen. Dies gelang; der Eiter floß ab. Die Frau des Ritters litt unter „Trockenheit", was immer das gewesen sein mag. Der arabische Arzt verschrieb ihr eine strikte Diät; sie bestand vor allem aus frischem Gemüse. Doch dann wurde ein deutscher Kollege hinzugezogen. Er fragte den Ritter, ob er lieber mit einem Bein leben als mit zwei Beinen sterben wolle. Begreiflicherweise zog er das erstere vor. Der deutsche Arzt ließ ihn darauf sein Bein auf einem Holzblock ausstrecken und rief einen starken Mann, der versuchte, mit einer scharfen Axt den wunden Teil des Beins abzuschlagen. Beim ersten Beilschlag gelang es ihm nicht, den befallenen Teil des Beins abzutrennen. Beim zweiten Schlag floß das Knochenmark aus. Der Patient starb kurz darauf. Seiner Frau erging es eher noch schlechter. Der christliche Arzt erklärte, sie sei von einem Dämon besessen, man müsse ihre Haare abschneiden. Dies geschah, und man begnügte sich für eine Weile mit einer Diät aus Knoblauch und Senf. Aber die „Trockenheit" nahm zu, und der Doktor erklärte dies damit, daß der Dämon in ihren Kopf eingedrungen sei. Er machte eine kreuzförmige Kerbe in ihren Kopf, zog die Haut beiseite, legte den Schädel frei und rieb ihn mit Salz ein. Die Frau starb sofort. Der arabische Arzt fragte seine Gastgeber, ob sie ihn weiterhin brauchten. Sie verneinten, und er kehrte nach Hause zurück.[1]

Dieser arabische Bericht bedarf keines Kommentars. Es genügt der Hinweis, daß die beiden Ärzte sich nicht nur in medizinischen Methoden unterschieden. Es lagen kulturelle Welten zwischen ihnen. Seit Jahrhunderten hatte die arabische Medizin in engster Wechselwirkung mit der Philosophie gestanden, oft in Personalunion. Die größten arabischen Philosophen waren Ärzte. Von den lateinischen Autoren, die ich bislang erwähnt habe, wurden nur einem medizinische Kenntnisse nachgerühmt – Berengar. Im Westen war bis dahin die Philosophie an die Theologie geknüpft wie bei den Arabern an die Medizin. Daraus erklären sich Strukturunterschiede. Und dies macht die Faszination verständlich, die das arabische Denken seit etwa 1100 auf den Westen ausübte.

[1] Zitiert nach W. M. Watt, The Influence of Islam on Medieval Europe. Paperback edition. Edinburgh 1982, 65–66.

2. *Auch eine Funktion der mittelalterlichen Philosophie: Stützung der Religion durch Kritik der Metaphysik*

Auch das arabische Denken bildete keinen einheitlichen Block. Es bildete alle Varianten aus, die zwischen Naturforschung und philosophischer Mystik möglich sind. Meist suchte man die Harmonie des Wissens mit dem Islam nachzuweisen, aber man tat dies auf divergierenden Wegen, in größerer oder kleinerer Entfernung von der Orthodoxie. Man hatte den ganzen Reichtum der antiken Philosophie vor sich, und wenn man auch hier Konkordanz herstellen wollte, so lag doch einmal der Akzent auf einem neuplatonisch gedeuteten Aristoteles, ein andermal auf Platon. So gab es auch hier Differenzen, Abweichungen, Polemiken. Die westliche Wissenschaft hat nach 1200 einige dieser Konflikte reproduziert. Zu einigen war sie von ihrer realgeschichtlichen Situation und ihrer inneren Entwicklung her wie prädestiniert, so zu dem Gegensatz zwischen frommer Skepsis und wissenschaftlicher Metaphysik, den ich hier aus den Texten des arabischen Denkers Averroes illustrieren möchte.

Das Problem hatte sich im Westen längst gestellt:

Gaunilo war wie Anselm ein frommer Mönch. Beide waren überzeugt von der Existenz Gottes. Aber sie dachten über deren Beweisbarkeit sehr verschieden. Gaunilo forderte Erfahrungsbeweise, die Anselm, weil er deren Nachteile erfaßt hatte, hatte vermeiden wollen. So verhielt Gaunilo sich skeptisch gegenüber Anselms neuem Argument, ohne seine Position zu einer prinzipiellen Skepsis fortzuentwickeln. Manegold und Abailards Gegner Wilhelm von St. Thierry waren keine professionellen Philosophen; sie wollten das Ansehen der alten Autoritäten wieder zur Geltung bringen. Aber die Situation zwang sie, philosophisch zu argumentieren, z. B. über die Möglichkeit philosophischer Gotteslehre oder über den Wert der Argumente zugunsten der Existenz einer Weltseele. Sie wollten die Religion stützen, aber nicht durch den Aufbau einer rationalen Wissenschaft von den letzten Gründen aller Dinge (Metaphysik), sondern durch die argumentative Empfehlung einer frommen Skepsis. Sie haben weder das Problem der Metaphysik, also eines philosophischen Wissens von den obersten Einheiten (Gott, Seele, Welt), noch das des Skeptizismus prinzipiell gestellt. Dies lag außerhalb ihrer Interessen und ihrer philosophiegeschichtlichen Situation. Nicht einmal das Wort „Metaphysik" stand ihnen zur Verfügung. Wenn Abailard eine metaphysische

Untersuchung von der bloß logischen unterscheiden wollte, nannte er sie eine „physische“. Die Araber waren in einer anderen Lage: Sie besaßen die Metaphysik des Aristoteles; sie kannten deren griechische Kommentatoren. So konnten sie das Problem auf einer neuen Stufe erörtern.

Bevor wir ihnen dabei folgen, noch eine Vorbemerkung. Gewöhnlich sieht man die Funktion der Philosophie im Mittelalter einseitig darin, rationale Argumente für die Hauptinhalte des Glaubens – daß Gott existiert, daß er die Welt regiert, daß die Seele unsterblich ist – auszuarbeiten, also den Offenbarungsglauben zu stützen. Man übersieht dabei zweierlei. Einmal, daß eine solche Abstützung zugleich eine Neufassung des Glaubens war. Oft war sie eine bewußte Sublimierung der Volksreligion. Da dies bei Eriugena, bei Anselm und Abailard deutlich geworden sein dürfte, gehe ich darauf nicht weiter ein. Aber das zweite Mißverständnis der Funktion der Philosophie in einer religiös bestimmten Zivilisation bedarf der Korrektur: Nicht nur durch rationale Bestätigung des Islam oder des Christentums konnte man philosophierend seiner Religion einen Dienst erweisen. Man konnte es auch dadurch tun, daß man philosophische Ansprüche von ihrem Gebiet argumentierend fernhielt. Dabei waren produktive philosophische Neubildungen möglich: Wenn man mit rationalen Argumenten zeigen konnte, daß man von Gott, von der Welt als ganzer und von der Seele nichts wissen könne, konnte man dem Glauben Platz verschaffen. Es war noch nicht ausgemacht, ob man durch philosophische Beweise für Gott und für die Seelenunsterblichkeit die Religion fördere oder durch die Kritik solcher Beweise. Eine empiristische, eine skeptische oder eine metaphysikkritische Philosophie konnte ebenso in den Dienst der religiösen Weltdeutungen gestellt werden wie eine Metaphysik, die sich als Wissenschaft verstand. Die arabischen Philosophen haben beide Möglichkeiten entwickelt; seit dem späten 13. Jahrhundert sind ihnen die Lateiner darin gefolgt. Es ist für das Verständnis der Gesamtentwicklung unerläßlich, beide Varianten gleichermaßen zu beachten und gleichermaßen als Funktionen einer theologisch geprägten Zivilisation zu deuten. Nicht nur die Metaphysik konnte dem Islam oder dem Christentum dienen, sondern ebenso deren argumentierende Kritik. Es war schon eine merkwürdige Einseitigkeit der Neothomisten, die philosophischen Leistungen eines Zeitalters nach ihrer kirchlichen Verwertbarkeit zu beurteilen; doppelt verkürzten sie das Bild des Mittelalters, indem sie diese Verwertbarkeit nicht auch auf der Seite der eher empiristischen, eher metaphysikkritischen Philosophien anerkannten.

Die Philosophie gewinnt mehr von ihren intelligenten Gegnern als von ihren schulmäßigen Vermittlern. Ein solcher Gegner der Philosophie war *Al-Gazali*. Er starb, kurz bevor Abailard in Paris auftrat (im Jahre 1111). Die arabische Wissenschaft und Philosophie hatte schon eine Blütezeit hinter sich. Ihre größten Autoren, *Al-Farabi* († 950) und Ibn Sina, den man im Westen *Avicenna* nannte († 1037), hatten versucht, aristotelische und neuplatonische Philosophie zu verbinden. Wenn Al-Gazali die „Philosophie" angriff, meinte er den durch diese Denker geschaffenen Wissensstand; wenn er „Aristoteles" verwarf, so war es ein Aristoteles in der Deutung durch Avicenna und Al-Farabi.

Al-Gazali griff die Philosophie an, weil er die Religion verteidigen wollte. Er beschrieb die intellektuelle Situation, in die seine Polemik eingreifen sollte: Er habe eine ganze Reihe von Leuten kennengelernt, die über die islamischen Gebetsübungen und Vorschriften lachen; sie haben den Glauben ihrer Väter aufgegeben und hängen den verschiedenartigen Spekulationen nach. Sie glauben, die Wahrheit gefunden zu haben, aber sie haben nur die Tradition gewechselt. Ihre Autoritäten heißen Sokrates und Hippokrates, Platon und Aristoteles.[2] Wie selbstverständlich zählt der arabische Denker den griechischen Arzt Hippokrates zu den neuen Autoritäten. Er gesteht diesen ihre Verdienste zu: Sie haben mit ungewöhnlicher intellektueller Kraft die Grundlagen der Mathematik, der Logik, der Physik und der Metaphysik entdeckt. In ihrer hervorragenden Intelligenz haben sie kühne Versuche gemacht, verborgene Dinge mit der Kraft reinen (deduktiven) Denkens zu entdecken. Aber sie haben die Autorität religiöser Gesetze mißachtet und die positiven Inhalte der historischen Religionen für unwichtig gehalten. Und ihre islamischen Bewunderer ahmen diese ihre Schwäche, nicht ihre wissenschaftliche Größe nach. Sie meinen schon dadurch den großen Denkern nahezukommen, daß sie ihren Glauben aufgeben. Dabei verfallen sie bloßen Begriffsträumen. Al-Gazali wollte ihnen die „Inkohärenz der Philosophie" (so ist sein Buchtitel ›Tahafut‹ zu verstehen) beweisen. Die Philosophen haben sich in

[2] Al-Gazali's Tahafut Al-Falasifah (Incoherence of the Philosophers). English Translation by Sabih Ahmad Kamali. Lahore ²1963, S. 2. – Nützlich ist auch noch: Tjitze de Boer, Die Widersprüche der Philosophie nach Al-Gazzali und ihr Ausgleich durch Ibn Rosd. Straßburg 1894.

Widersprüche verwickelt, und zwar nicht in der Logik und in der Mathematik, wohl aber in der Naturwissenschaft, in der Anthropologie und in der Metaphysik. Der Streit über diese „Widersprüche" führte zu lebhaften, aber auch komplizierten Diskussionen. Den arabischen Philosophen dabei zu folgen bedeutet Filigranarbeit. Ich habe mich bemüht, meiner Leserin und meinem Leser die Übersicht zu erleichtern. Wem dieses Kapitel dennoch wie ein Gestrüpp vorkommt, mag sich trösten: Spätestens mit dem übernächsten Kapitel (das nächste handelt von Auseinandersetzungen des Westens mit arabischen Theorien) wird der Weg wieder bequemer.

Al-Gazali begann sein Werk mit dem Nachweis des Bankrotts der Metaphysik. Man hat ihn wegen dieser Reihenfolge getadelt; er hätte seine Kritik am kausalen Denken voranstellen sollen. Aber für ihn galten andere Prioritäten als für Hume. Er griff die Philosophie zunächst dort an, wo sie am deutlichsten mit dem Islam kollidierte – in ihrer Lehre von der Ewigkeit (Anfangslosigkeit) der Welt. Seine Strategie sah vor, in einem zweiten Schritt die philosophischen Ansprüche dort zu zerstören, wo sie, dem Anschein nach, den Islam stützen: Die Philosophen wollten beweisen, daß die Welt ein göttliches Prinzip braucht; aber sie haben dabei Gott die Freiheit genommen, die Welt zu erschaffen, wann und wie er wollte. Sie kollidierten dadurch mit der theologischen Überzeugung, daß Gott die Welt ohne weiteres vernichten könnte, wenn er will. Die Philosophen sprachen von Gott als dem obersten Weltgrund. Aber sie endeten damit, daß sie Gott für unbestimmbar erklärten (sog. „negative Theologie") oder daß sie sein Wesen als Denken beschrieben. Aber um die Ewigkeit ihres obersten Prinzips von allem Wandel freizuhalten, bestritten sie, daß ihre Gottheit die wandelbaren Einzeldinge unserer Welt erkenne. (Sie haben – füge ich, K. F., hinzu – bestreiten müssen, daß Gott das Leben der vielen einzelnen kenne, weil es sonst um Gottes Glückseligkeit geschehen gewesen wäre.) Die Philosophen haben nach Al-Gazali Beweise für die Unsterblichkeit der Seele vorgetragen, sind damit dem Islam aber nur oberflächlich gesehen entgegengekommen, denn sie haben der Geistseele eine Selbständigkeit zugesprochen, die eine Auferstehung des Fleisches sinnlos macht und eine Wiederverkörperung wenig wünschenswert erscheinen läßt.

Die Philosophen fördern objektiv den Unglauben, meint Al-Gazali. Also muß man die Haltlosigkeit ihrer Argumente beweisen. Dabei bediente er sich skeptischer Motive der antiken Philosophie, um die aristotelisch-platonischen Mischsysteme der Al-Farabi und Avicenna zu zerstören. Dabei kam ihm zu Hilfe, daß im islamischen Umkreis noch eine Reihe stoischer Texte zirkulierte. Die stoische Philosophie war sensualistisch, d. h., sie erklärte die menschliche Erkenntnis mit der Einwirkung der Körper auf die menschliche Seele; sie war materialistisch, d. h., für wirklich galt ihr nur, was ausgedehnt war; sie war deterministisch, d. h., bei allem Interesse an Ethik ließ sie zuletzt den Willen des Menschen bestimmt sein durch eine allesdurchwaltende, körperlich gedachte Gesamtnatur. Mit Hilfe solcher Theoreme ließ sich die eher idealistische, aber deswegen nicht erfahrungsfremde Philosophie der größten Denker des Islam (Al-Farabi und Avicenna) trefflich bekämpfen. Verfolgen wir dies etwas genauer, beginnend mit der Frage nach der Ewigkeit der Welt.

Zunächst muß man den Sinn dieser Frage präzisieren. Philosophen, die – wie Aristoteles – die Welt für ewig hielten, wollten damit nicht ihre Abhängigkeit von einem obersten Weltgrund bestreiten. Sie wollten auch nicht behaupten, in der Welt verändere sich nichts. Sie faßten, wenn sie von der Welt sprachen, das Wort „ewig" im Sinne von: anfanglos und endlos. Sie unterschieden diese Art ständiger Dauer von der Zeitüberlegenheit des göttlichen Weltgrunds. Wer die „Ewigkeit" der Welt bejahte, wollte damit sagen: Von der Entstehung der Welt bis zum gegenwärtigen Zeitpunkt ist eine unendliche Zahl von Zeiteinheiten vergangen. Der Weltentstehung ging keine Zeit voraus. Meist verbanden sie dies mit der Überzeugung, die Gesamtordnung der Welt sei unzerstörbar. Es gebe also nicht – wie Heraklit und die Stoiker gelehrt hatten – periodisch wiederkehrende Weltbrände, die alles vernichteten.

3. Die Einwände des Al-Gazali gegen die Vernunft der Philosophen: Der Wille als Weltgrund

Al-Gazali faßte bei jedem Streitpunkt zunächst die Argumente der Philosophen (also Aristoteles', Alfarabis und Avicennas) zusammen, um sie dann zu kritisieren. Für die Ansicht, die Welt sei ohne Anfang (und Ende), gab er drei Hauptargumente der Philosophen wieder:

E r s t e r B e w e i s: Es kann keine Zeit vergangen sein, bis Gott die Welt schuf. Denn dann wäre in ihm ein neuer Willensimpuls entstanden. Dies hätte eine Veränderung bedeutet. In der Ewigkeit

Gottes kann es aber keine Veränderung geben. Welches neue Motiv sollte in der Gottheit entstanden sein? Sie wählt ihrem Wesen nach das Gute, d. h., sie wählt es immer. Man könnte auch sagen, sie „wählt“ es nie. Sie steht nicht vor der Wahl, das Gute zu tun oder es zu unterlassen. Ihre Willensakte sind kein Kräuseln an ihrer Oberfläche; sie sind die ewige Natur der Gottheit. Wer lehrt, Gott habe die Welt zu einem bestimmten Zeitpunkt geschaffen, muß die Frage beantworten: Warum jetzt und nicht vorher? Sollte er vorher dazu nicht imstande gewesen sein? Fehlten ihm die Mittel oder die Zeit? Da dies alles absurd ist, muß die Schöpfung anfangslos sein.

Gazali gestand zu, daß dies ein starkes Argument sei. Seine Widerlegung fiel kompliziert aus. Dies kam auch daher, daß er das Problem der Anfangslosigkeit verknüpfte mit Fragen der Kosmologie und der Seelenlehre. Diese Verknüpfung geschah nicht willkürlich. Alle an der Debatte Beteiligten mußten sehen, wie man vom Ewigen zum Zeitlichen kam. Alle hatten die ständige Kreisbewegung der Himmelsschalen gebraucht, um den Übergang vom Ewigen zur Werdewelt abzumildern. Und was die Seelenlehre angeht, so kam sie ins Spiel, weil die Philosophen den Grundsatz hatten, alles, was real existiere, sei insgesamt endlich, bestimmt. Aber wenn sie (es geht um Avicenna) die Welt für ewig und die Menschenseelen für unsterblich hielten, müßten sie eine „Ausnahme“ machen von ihrem Grundsatz, aktual Unbestimmtes existiere nicht. Wenn die Menschheitsgeschichte schon unendlich lange dauert, müßte es nach diesen Philosophen unendlich viele unsterbliche Seelen geben. Damit widersprechen sie nach Al-Gazali ihrem Grundsatz, es könne nichts aktual Unendliches geben.

Beide Annahmen – die Sternenwelt als bleibende Ordnung, in der eine andere Physik herrscht als auf der Erde, und der Ausschluß des aktual Unbestimmten – waren für die ältere Metaphysik wesentlich. Mit der Sternenwelt hatte man eine Harmonie vor Augen, die unvergänglich und fehlerfrei schien. Das bißchen Chaos auf der Erde konnte dagegen nicht in Anschlag gebracht werden; die Welt insgesamt, eben in ihren Hauptteilen, den Sternenschalen, war in Ordnung. Das Harmoniebedürfnis hatte sich in eine anerkannte Himmelsphysik umgewandelt. Bekanntlich hatte noch Galilei seine Schwierigkeiten damit, ob es Sonnenflecken geben *könne* (nicht, ob es sie gab). Der Glaube an die Rationalität der Welt und an die Güte des Schöpfers klammerte sich bis ins 18. Jahrhundert an die himmlischen Sphären. Das ist längst bekannt. Aber worum es mir dabei geht, ist der Hinweis, daß sich im Laufe der Entwicklung einer Zivilisation Postulate in Anschauungen, in sinnliches Wahrnehmen verwandeln: Man brauchte ein Zwischenglied zwischen dem Unveränderlichen und dem Zeitlichen, weil man gedanklich diese Kluft aufgerissen hatte; man brauchte einen geordneten Himmel, um die Rationalität der Welt plausibel zu machen und den Schöpfer von der Schuld für die Leiden der Menschen freizusprechen. Die antike und die mittelalterliche Astronomie verwandelten in bewunderungswürdiger Produktivität diese Gedankenforderungen in sinnliche Anschauung. Nur verdeckten sie damit deren Postulatcharakter.

Daß alles, was existiert, inhaltlich bestimmt und in diesem Sinne endlich sein *müsse* (nicht nur faktisch sei), war die Voraussetzung des aristotelischen Vernunft- und Wissenskonzepts. Nur durch ein derartiges Postulat, glaubte Aristoteles, könne die Verunsicherung durch die Sophisten überwunden werden. Das Denken muß einen festen Ausgangspunkt haben, sonst gibt es keine Wissenschaft. Wir wollen aber Wissenschaft. Also muß es Endpunkte geben, von denen man ausgehen kann. Also muß alles, was existiert, endlich (bestimmt) sein. Der Raum muß endlich sein. Die Ursachenketten wie die Beweisketten müssen endlich sein; sonst könnte man sie nie durchschreiten. Wir kämen an kein erstes; solche Postulate konnte man für eine philosophische Theologie verwerten. Der Wille, die Vernunft abzusichern, traf zusammen mit der Tendenz des Islam (und des Christentums), sich auch kulturell zu etablieren. Daran rüttelte Al-Gazali. Er zeigte, daß ein Vernunftkonzept sich vergegenständlicht hatte. Eine relative zivilisatorische Form hatte sich zur Allgemeingültigkeit aufgespreizt. Sie mußte relativiert werden. Al-Gazali tat dies, indem er die Metaphysiker fragte: Woher wißt ihr, daß ein zeitlicher Neuanfang der Welt für einen ewigen Willen ein Widerspruch in sich ist? Ist dies das Ergebnis eines deduktiven Beweisverfahrens, dann legt dieses vor. Oder haltet ihr es für evident – dann schaut euch um: Die Welt ist voll von Menschen, für die das nicht evident ist.[3] Ihr fordert, der Raum müsse endlich sein. Aber wir können ihn uns recht gut als unendlich vorstellen; wir können einen Raum an den anderen setzen. Und wenn der Raum endlich sein muß, kann es dann nicht auch die Zeit sein?

Dies war nicht Al-Gazalis stärkstes Argument. Die gewesenen und die zukünftigen Zeiträume existieren nach Ansicht seiner Gegner (und seiner eigenen) nicht real. Sein wichtigster Einwand war

[3] A. a. O., 18–19.

denn auch ein anderer: Die Metaphysiker tun so, als wüßten sie, was ein Wille ist. Sie stellen es so dar, als habe Gott, vor die Wahl gestellt, sich für die Existenz oder die Nicht-Existenz der Welt zu entscheiden, die Existenz der Welt wollen müssen, weil dafür die besseren Argumente gesprochen hätten: Der schlechthin Gute habe das Gute tun müssen. Aber schon bei menschlichen Willensentscheidungen treffe es nicht zu, daß zwischen Vergleichbarem das je Bessere ausgewählt und gewollt werde. Was heißt überhaupt Vergleichbarkeit bei Dingen dieser Welt? Alles ist im Fluß. Alle Dinge sind jeweils anders. Die Philosophen können nicht sagen, worin die Verschiedenheit zweier Dinge besteht, die wir nicht unterscheiden können. Sie sagen, ihre je verschiedene Lage im Raum unterscheide sie. Aber auch dieses Argument läßt sich anfechten: Die Philosophen halten die Welt für eine Kugel; alle Punkte auf dieser Kugel sind gleich. Warum wählt ein Mensch, der Hunger hat, von zwei Datteln, die vor ihm liegen, die eine zuerst? Die Philosophen suchen nach Gründen, die ihn dazu motivieren: Der Hungernde werde diejenige Dattel zuerst nehmen, die am nächsten liegt oder die am schönsten aussieht. Doch damit rationalisieren sie den Willen, konstatiert Al-Gazali. Der Wille ist nach ihm ein letztes Prinzip, das näherer Erklärung spottet. Das gelte erst recht vom ewigen Willen, der den menschlichen Willen weit überrage. Er kann wollen, daß die Welt einen Anfang nehme in der Zeit, ohne daß wir ihm dafür „Motive" zuschreiben. Gottes Wille ist unerforschlich. Die Vorstellung der Philosophen, daß eine Wirkung unweigerlich eintrete, wenn ihre kausalen Bedingungen vollständig gegeben sind, läßt sich schon für die irdischen Veränderungen nicht begründen. Noch weniger gilt sie für Gott. Die Philosophen unterwerfen Gott einem Gesetz rationaler Notwendigkeit, das nichts ist als eine Chimäre. Auch ihre Hilfskonstruktion der ewig kreisenden Himmelssphären hilft ihnen nicht weiter. Sie stellt eine ungebührliche Vereinfachung der tatsächlichen Sternenbewegungen dar, und sie kann den Übergang vom Ewigen zum Zeitlichen auch nicht erklären.

4. Weitere Einwände Al-Gazalis: Das Problem der Zeit. Möglichkeit und Wirklichkeit

Die Philosophen bringen nach Al-Gazali einen zweiten Beweis für die Ewigkeit der Welt vor. Er stützt sich auf den Begriff der Zeit.

Zweiter Beweis: Der Grund geht dem Begründeten voraus, aber nicht immer der Zeit nach. Es gibt eine Priorität des Wesens und des Begründens, die keine Priorität der Zeit einschließt. Eine Wirkung, die mit ihrer Ursache gleichzeitig ist, bleibt allemal eine Wirkung. So bewegt sich der Schatten einer Person gleichzeitig mit ihren Bewegungen. Wenn wir die Hand bewegen, bewegt sich gleichzeitig der Ring an der Hand. Trotz der Gleichzeitigkeit besteht eine eindeutige Abhängigkeit von Schatten- und Ringbewegung. Gott ist vor der Welt, wie die Person vor ihrem Schatten ist. Aber dies ist ein Vorrang der Begründungsfunktion, nicht der Zeit.

Ein zeitlicher Vorrang Gottes vor der Welt ist in sich widersprüchlich. Denn dann hätte Gott zeitlich vor der Welt existiert, diese vor-weltliche Zeit wäre zu Ende gegangen, als die Weltzeit begann. Dann hätte es eine unendliche Zeit gegeben vor der Zeit.

Zeit ist nichts anderes als das Maß der Veränderung. Wo Zeit ist, muß Veränderung sein und das, was sich verändert, die Materie. Wenn die Zeit ewig ist, muß auch die Welt ewig sein.[4]

Al-Gazali griff dieses Argument an, indem er zeigte, was die Sätze „Die Zeit fing an. Sie wurde erschaffen“ bedeuten. Sie hätten allein zum Inhalt, daß Gott einmal war und die Zeit nicht war. Dann begann die Zeit, und Gott und die Zeit existierten simultan. Uns drängt sich, meint Al-Gazali, dabei zwar die Vorstellung einer Abfolge auf. Aber dabei spielt uns die Vorstellung (Phantasie) einen Streich. Der Satz „Die Zeit wurde geschaffen“ kann nur bedeuten, daß es wahr war zu sagen „Gott allein existiert“ und daß es jetzt wahr ist zu sagen „Gott und die Welt existieren“. Lösen wir uns von den Verhexungen durch die Imagination, so ist hier nur von Koexistenz oder Nicht-Koexistenz von Gott und Welt die Rede. Noch einmal kam Al-Gazali auf die Parallele von Raum und Zeit zurück: Die Phantasie kann es nicht unterlassen, sich einen Raum „über“ dem Raum vorzustellen. So malt sie auch eine Zeit vor der Zeit aus. Die Zeit ist nichts reales Drittes zwischen zwei Dingen. Sie ist schon gar nicht ein reales Band zwischen Gott und der Welt. Sie ist eine Weise unserer Vorstellung, sonst nichts.

Dies war ein folgenreicher Schritt Al-Gazalis. Um die Redeweise der Theologen zu rechtfertigen, die von einem Gott sprachen, der war, als die Welt noch nicht war, reduzierte er die Zeit auf die menschliche Vorstellungskraft. Sie ist nach ihm nichts an den Din-

[4] A. a. O., 35–36.

gen selbst. Sie existiert nur in der Seele des Betrachters. Nach Aristoteles war die Zeit zwar auch ein Maß in der Seele des Betrachters, aber ein Maß, dem ein reales Früher oder Später in der sich verändernden Natur entsprach. Augustin hatte im 11. Buch der Bekenntnisse an dieser kosmologisch orientierten Zeitauffassung gerüttelt. Er hatte überlegt, ob die Zeit nicht doch nur in der Seele existiere. Er war dabei zu keinem Resultat gekommen. Al-Gazali kam zu einem Resultat, auch wenn er dessen Tragweite nicht überschaut haben dürfte: Die Zeit war Menschenwerk. Deswegen galt für ihn das Argument nicht mehr, wo Zeit sei, müsse auch Materie und realer Prozeß sein. Ein wichtiger Schritt in Richtung auf die Subjektivierung des Zeitbegriffs war getan; er fand, wie man weiß, in Kant seinen Abschluß.

Al-Gazali erörterte noch ein drittes Argument der Philosophen zugunsten der Ewigkeit der Welt.

Dritter Beweis: Gott konnte nur schaffen, was möglich war. Die Möglichkeit dessen, was zu erschaffen war, konnte nicht selbst entstanden sein. Denn sonst müßte man auch für dieses Entstehen eine vorgegebene Möglichkeit annehmen und käme so ins Unendliche. Aber daß keine unendlichen Reihen angenommen werden dürfen, ist ein wesentlicher Grundsatz aller Philosophie. Die Möglichkeit der Welt muß also ewig sein. Wenn aber die Möglichkeit, dann auch die Wirklichkeit. Denn die Möglichkeit existiert nicht unabhängig; sie braucht einen realen Anhalt, einen Träger. Es genügt nicht, Gottes Allmacht zum realen Boden der Möglichkeit zu machen, denn dann erklärt man überhaupt nichts mehr. Man bekäme dann die Auskunft: Gott kann, weil er kann. Man braucht einen realen, außergöttlichen Grund der Möglichkeit. Dies ist die Materie, ihre Veränderung, die Zeit, kurz: die Natur.[5]

Die Erwiderung Al-Gazalis: „Möglichkeit" ist eine bloße Gedankenbestimmung, ebenso wie „Notwendigkeit" und „Unmöglichkeit". Kann unser Intellekt die Nicht-Existenz einer Sache nicht annehmen, nennt er sie „notwendig". Kann er die Nicht-Existenz denken, nennt er sie „möglich". Die Möglichkeit der Welt erfordert also kein reales Substrat. Sonst könnte man auch für die Unmöglichkeit ein Substrat fordern. Al-Gazali verwarf die Neigung der Philosophen, aus Begriffsnotwendigkeiten reale Dinge herauszuklauben. Er machte auf das Problem aufmerksam, daß sie Gedanken und Wirklichkeit nicht korrekt unterschieden. Um die

[5] A. a. O., 47–48.

Ansprüche der Vernunft gegenüber der Theologie zu beschneiden, wollte er den subjektiven Charakter ihrer Zurechtlegungen zeigen. So wurde ihm die Zeit zu einem Werk unserer Vorstellungskraft. So machte er die Modalbegriffe (Wirklichkeit, Möglichkeit, Notwendigkeit) zu bloßen Gedankendingen. Und dabei blieb er nicht stehen. Er griff das Instrument an, mit dem alle bisherige Physik und alle Metaphysik gebaut worden war, den Schluß von der Wirkung auf die Ursache. Wir können nach Al-Gazali nicht sagen, was es heißt, B sei *aus* A entstanden. Wir sehen nur, daß B *nach* A auftritt. Wir sehen die zeitliche Abfolge, nicht das Band ursächlicher Verknüpfung. Wir haben öfter gesehen, daß B nach A auftritt. Wir haben uns daran gewöhnt. Nur diese Gewohnheit, kein Wissen ist es, was uns erlaubt zu sagen, A sei die Ursache von B. Es gibt kein A, aus dessen Existenz die Existenz von B folgte. Es gibt keine notwendige Verknüpfung. Es gibt unverbundene Dinge; ihre Veränderungen sind unbegreiflich. Deswegen sind die Einwände der Philosophen gegen Wunder hinfällig; sie unterstellen die Einsicht in eine notwendige, in eine „natürliche“ Verbindung von A mit B. Sie sehen, daß trockenes Stroh in der Regel brennt, wenn man Feuer heranträgt; sie behaupten grundlos, d. h. nur kraft der Gewohnheit, daß das Stroh brennt, *weil* man das Feuer heranbrachte.[6]

Gibt es kein Wissen von kausalen Verknüpfungen, sind Gottesbeweise unmöglich. Al-Gazali hat sie eingehend kritisiert, nicht nur mit dem Hinweis, daß sie einen Kausalschluß zur Grundlage haben. Sie erbringen nach ihm ohnehin nicht das erwünschte Resultat. Sie beruhen auf dem Verbot, eine unendliche Reihe von Ursachen anzunehmen. Aber warum soll man das nicht dürfen? So wie wir uns den Raum unendlich vorstellen, so können wir uns auch unendliche Reihen ausdenken. Es gibt keinen rationalen Grund, die Ursachenreihe abzuschließen. Dies war nur eine Bedingung dafür, daß Aristoteles sein System aufrechterhalten konnte. Aber selbst wenn man ihm einen Schritt entgegenkommt und eine erste Ursache setzt, so wüßten wir von ihr nur, daß sie die erste wäre, nicht daß sie eine höhere Wesenheit hätte. Sie dient nur dazu, die Reihe abzuschließen. Wenn man sagt, die Reihe der Ursachen sei ohne eine erste Ursache unbegreiflich, so ist eine erste Ursache, die nicht selbst bewirkt wäre, ebenso unbegreiflich. Konsequenter wäre es, die Existenz eines Schöpfers zu bestreiten. Denn entweder sagen sie, Gott existiere, aber was er sei, könne man nicht wissen

[6] A. a. O., 185.

(negative Theologie), oder sie füllen diese Lücke dadurch aus, daß sie sagen, Gott sei Denken. Aber „Denken" ist nach ihnen Denken des Allgemeinen, des Notwendigen und damit des Ewigen. Das einzelne, also unser reales Leben als Individuen, kann nach Aristoteles nicht Gegenstand des Wissens sein. Warum nicht? Das würde zu einer realen Unendlichkeit führen. Also heißt Wissen soviel wie: die allgemeinen Strukturen der Dinge wissen. Dann denkt der Gott der Philosophen sich selbst. So entgeht er dem Schicksal, vom Veränderlichen berührt zu werden. Aber dann weiß Gott nichts von unserem tatsächlichen Leben. Dann ist er wie ein Werkmeister, der nicht weiß, was er gemacht hat. Die Philosophen haben Zwischenwesen konstruiert, die das ewige Wissen wenigstens indirekt mit der veränderlichen Welt vermitteln. Die Annahme einer obersten Intelligenz (des Geistes) und der Weltseele – wir kennen diese neuplatonischen Mittelwesen aus Macrobius – soll den Abstand mildern. Aber Al-Gazali empörte sich: Dann wäre dieser Gott wie ein Mensch, der einen Stein von einem Berg herunterwirft und der auch weiß, was er tut, der aber nicht weiß, welchen Schaden sein Stein unten anrichtet.

5. *Averroes: Die Kritik der Metaphysikkritik*

Der Kritiker Al-Gazali fand einen Kritiker. Es war *Averroes* († 1198), der Philosoph aus Cordoba. Er schrieb gegen die ›Zerstörung der Philosophie‹ des Al-Gazali eine ›Zerstörung der Zerstörung‹. Wollte Al-Gazali die Inkohärenz der Philosophie beweisen, so Averroes die Inkohärenz der Inkohärenz. Durch rationale Kritik der skeptischen Metaphysikkritik wollte er Metaphysik als Wissenschaft neu sichern.

Averroes hatte gute Gründe, diese Auseinandersetzung zu suchen. Er war der bedeutendste Aristoteleserklärer des gesamten Mittelalters; er konnte und wollte die Intentionen des Philosophen klarstellen. Dabei gab sich Gelegenheit, die Verbindung des Neuplatonismus mit dem Aristotelismus zu kritisieren, wie sie Al-Farabi und Avicenna vorgenommen hatten. Durch Klarstellung der Intention des Aristoteles konnte eine Harmonisierung der auseinandergehenden Ansichten erreicht werden, auch mit den Theologen. Ihnen gegenüber war Vorsicht am Platz; sie blickten mit Mißtrauen auf den Arzt Averroes und seinen Abstand vom Islam. Averroes glaubte an die Vereinbarkeit von Philosophie und Islam;

er wollte die Bedingungen erklären, unter denen der Widerstreit entstanden war, den Al-Gazali ausgesprochen hatte. Der Gegensatz zwischen Islam und Philosophie war vermeidbar. Die Kritik des Al-Gazali traf nur einige Philosophen zu Recht, nicht die gesamte Philosophie. Aber einige Fragen mußten für den Aristoteliker Averroes heikel werden:

War es nur ein Mißverständnis, wenn Al-Gazali diese Metaphysik als die Selbstbehauptung eines in sich zufälligen Vernunftkonzeptes attackiert hatte? Und wie dachte Averroes selbst über die Ewigkeit der Welt? Konnte ein Aristoteliker sie abstreiten? Würde er imstande sein, den Kausalschluß und die Gottesbeweise neu zu rechtfertigen? Bequem war es, die Kritik des Al-Gazali auf Avicenna zu beziehen und sich von diesem zu distanzieren. Aber die Religionsdiener in Cordoba wollten mehr sehen: Würde Averroes die Beweise für die Unsterblichkeit der Seele erneuern? Wie dachte er über die Auferstehung der Toten, die den Philosophen ein Widersinn oder höchstens ein Bild für die Erhebung aus dem Grab der Unwissenheit war? Man weiß, daß die Gottesfürchtigen zuletzt siegten. Sie zwangen den politisch bedrängten Kalifen, seinen Schützling aufzugeben. Averroes wurde aus der Stadt verbannt. Man zeigt heute noch in Cordoba die Stelle, wo der Ketzer allen Moscheebesuchern zur Verspottung ausgestellt worden sein soll, bevor er die Stadt verlassen mußte. Den größten Schaden hatte davon die islamische Welt; sie verlor seitdem den Kontakt mit dem wissenschaftlichen Fortschritt. Daß die frühneuzeitliche Welt in Italien und Frankreich, in Spanien und England entstand und von dort die Welt prägte, entschied sich damals. Die Konfliktpartei siegte. Doch sehen wir zu, wie Averroes den Konflikt vermeiden und den Bankrott des Bankrotts der Vernunft zu beweisen suchte.[7]

Obwohl Averroes Al-Gazalis Wiedergabe der philosophischen Argumente für die Ewigkeit der Welt im einzelnen kritisierte, stimmte er deren Endergebnis zu: Die Welt muß ewig sein, und dieses Ergebnis der Philosophie ist mit dem Koran vereinbar; es wider-

[7] Vgl. M. Horten, Die Hauptlehren des Averroes nach seiner Schrift: Die Widerlegung des Gazali. Aus dem arabischen Originale übersetzt und erläutert. Bonn 1913. Ich benutze die englische Übersetzung von S. van den Bergh, Averroes' Tahafut al-Tahafut (The Incoherence of the Incoherence). 2 Bde. London 1969, deren Einleitung ich viel verdanke ebenso wie den Studien von R. Arnaldez, La pensée religieuse d'Averroès, in: Studia islamica 7 (1957), 8 (1957) und 10 (1959), und dessen Artikel "Ibn Rushd" in der Encyclopedia of Islam. Bd. 3. Leiden–London 1971, 909–920.

spricht nur den halbphilosophischen, oft nur rhetorischen Ausführungen der Theologen. Averroes wollte also unterschieden sehen zwischen den Aussagen des Koran und dessen Deutung durch die Theologen, die oft durch halbherzige und die Philosophen mißverstehende Anwendung der Philosophie auf die Offenbarung zustande gekommen sei.

In den Augen des Averroes erreichen Al-Gazalis Widerlegungen der Lehre von der Ewigkeit der Welt nicht den Charakter eines philosophischen Beweises. So bleibe es dabei, daß dem ewigen Wesen Gottes eine ewige Wirkung entspreche. Alles, was Al-Gazali dagegen vorbringe, entspringe einem unphilosophischen Anthropomorphismus. Gott ist reine Aktualität; in ihm kann es keine Veränderung, also auch kein neues Willensmotiv geben; Al-Gazali fasse das Wollen Gottes als eine Art seelischer Fähigkeit auf, zwischen zwei Gegensätzen auszuwählen. In diesem Sinne kann das völlig aktuale Sein der Gottheit keinen Willen haben. Nicht als sei sein Wirken von naturhafter Notwendigkeit; es steht jenseits von Natur und Wille. Wo ewiger Wille ist, gibt es keinen Unterschied zwischen Willen und Tat, gibt es kein Wählen zwischen Möglichkeiten. Ein Wollen, das sein Ziel oder seinen Inhalt noch nicht erreicht hat, hört mit dessen Realisierung auf: In diesem Sinne ist der Wille Gottes kein Wille. Al-Gazali verwechsele das Wollen Gottes mit reiner Willkür; wenn es nach ihm ginge, stünde am Anfang der Welt eine Entscheidung, die er vom Zufall nicht unterscheiden könne.

In der Philosophie geht es nach Averroes um Kontingenzbeseitigung. Dächte man den Ursprung des Universums so zufallsabhängig, wie Al-Gazali das tat, so wäre es um Weltordnung, Rationalität und Wissenschaft geschehen. Darum gehe es auch bei dem Grundsatz, daß es aktual Existierendes nicht in unendlicher Anzahl geben könne. Gewiß kann es im ewig dauernden Naturprozeß unendlich viele Individuen geben, aber sie folgen einander in der Zeit; sie wechseln sich ab in der Formung des Weltstoffs. Das Wesentliche an ihnen ist ihre allgemeine Natur, und diese bildet einen wohldefinierten Teil eines endlichen Gesamtsystems. Averroes beseitigte die Vielheit und Zufälligkeit, die Al-Gazali gegen das einordnende Denken aufgewertet hatte, durch die aristotelische Unterscheidung von „wesentlich“ und „unwesentlich“. Das Wesentliche ist begrenzt und bleibend und macht den eigentlichen Inhalt der Philosophie aus; man kann es definieren. In diesem Abdrängen der Mannigfaltigkeit spricht sich der Selbstbehauptungswille eines

Vernunftskonzepts aus, das die Störelemente des konkreten Lebens als das Akzidentelle ausklammert; in dieser Hinsicht konnte Averroes nur die aristotelischen Festsetzungen gegen Al-Gazali wiederholen, nicht neu begründen.

Deshalb versteht es sich, daß Averroes daran festhielt, die Himmelskörper seien Wesen anderer Art als die irdischen Körper. Diese in der Entwicklung der Naturwissenschaft retardierende Lehre brauchte er, um in der sichtbaren Welt ein Bleibendes vorweisen zu können, hatte er doch „Rationalität" konsequent auf das Ewige abgestellt. Der denkende Aufstieg zum Weltgrund geschieht nicht über die Vielzahl der Einzeldinge, sondern über den ewigen Kreislauf der Himmelsschalen. Gott „bewegt" diese Schalen, von denen alles Werden und Vergehen abhängt, aber er bewegt sie nicht etwa, indem er ihnen einen Anstoß gibt; er gibt keine Anstöße; er bleibt unbewegt. Die Himmelsschalen drehen sich, um durch ewige Wiederkehr der ruhenden Ewigkeit Gottes so ähnlich wie möglich zu sein; sie haben je einen geistigen Beweger, eine „Intelligenz", die für die mathematische Regelhaftigkeit und damit die Zufallsfreiheit ihrer Bewegung die Ursache ist. Gott „bewegt", indem er das Ziel aller Bewegung ist. Er ist Vorbild. Der Weltlauf ahmt ihn nach; Gott greift nicht ein; er will nicht dies oder das. Dagegen hatte Al-Gazali begreiflicherweise protestiert: Wenn ein Mensch in ständiger Bewegung um die Stadt rennen würde, müßten wir eher sagen, er sei verrückt, als er ahme die ruhende Gottheit nach. Wenn es darum ginge, wäre es vernünftiger, er bliebe einfach sitzen. Averroes verteidigte dagegen seine Weltkonstruktion mit dem Hinweis auf ihre erhabene Zweckmäßigkeit; sie sei es, die „Natur" erst ermögliche, während Al-Gazali die „Natur" und die Wissenschaft von ihr dem Zufall ausliefere und dadurch zerstöre. Er verwechsle Phantasie mit Wissen: Den Raum können wir uns als unendlich *vorstellen*, denken müssen wir ihn als endlich. Der Raum ist ein existierendes Ganzes; seine Teile existieren simultan. Weil er aktual ist, muß er endlich sein. Die Zeitpunkte hingegen sind nicht aktual gegeben, folglich gebietet das Denken, die Zeit als von unendlicher Dauer zu fassen.

Die so „moderne" Zeittheorie des Al-Gazali hielt Averroes für eine Absurdität. Richtig sei, daß wir die Zeit in Gedanken vom ewigen Weltgrund fernhalten müssen; insofern sei seiner Widerlegung des zweiten Arguments für die Ewigkeit der Welt zuzustimmen. Es hat nach Averroes keinen Sinn zu sagen: Es hat eine Zeit gegeben, in der die Welt noch nicht war. Aber die Begründung muß anders lauten als bei Al-Gazali: Nicht weil die Zeit eine bloß menschlich-subjektive Vorstellung ist, sondern weil sie das objektive Maß von Naturprozessen darstellt, ist die Gottheit zeitlos zu denken. Al-Gazalis Zeitauffassung zerstöre den Naturbegriff; in der Tat hatte Al-Gazali die Naturvorgänge in isolierte Ereignisse aufgelöst; er war an der Konstanz der Naturgesetze nicht interessiert; er hatte gewollt, daß Wunder möglich sind.

In einem anderen Punkt gab Averroes dem Metaphysikkritiker recht, in der Verwerfung des Grundsatzes, daß aus dem göttlichen Einen nur ein Eines hervorgehen könne. Dieser Grundsatz sei neuplatonisch, nicht aristotelisch; Avicenna habe diese Philosophien vermischt. Der Gott des Averroes war nicht wie der des Avicenna das reine Eine. Er war nicht Wille wie bei Al-Gazali; er war wie bei Aristoteles Denken. Als Denken enthält er den Grund der Vielheit – einer stets überschaubaren, endlichen Vielheit – in sich.

Von außergewöhnlicher Bedeutung ist die Kritik des Averroes an Al-Gazalis Widerlegung des dritten Arguments der Philosophen für die Ewigkeit der Welt. Es ging dabei um Grundbegriffe wie Wirklichkeit, Möglichkeit und Notwendigkeit. Al-Gazali hatte sie wie andere Allgemeinbegriffe (z. B. „Mensch") behandelt und für subjektiven Ursprungs erklärt. Darauf entgegnete Averroes: Zwar gebe es einen Sinn, von Allgemeinbegriffen zu sagen, sie seien nur im Verstande. Als Begriffe existieren sie tatsächlich nur im Denken, aber sie enthalten nur das Allgemeine, das der Möglichkeit nach in den realen Dingen liegt. Wissen ist das Haben solcher Allgemeinbegriffe. Wären sie nicht Ausdruck einer allgemeinen Natur, gäbe es keine objektive Wissenschaft. Nur wenn es allgemeine (notwendige und ewige) Wesensstrukturen gibt, können wir Wissen vom bloßen Vorstellen unterscheiden.

Diese Diskussion war eine arabische Variante des Universalienstreits, der den lateinischen Westen seit dem Ausgang des 11. Jahrhunderts beschäftigte und in dem Abailard eher dem Nominalismus zugeneigt hatte. Averroes war in dieser Frage „Realist"; die Wesenheiten mußten real existieren, sonst wäre sein strenger Wissensbegriff zerstört.

Doch wir müssen zu dem Problem von Wirklichkeit, Möglichkeit und Notwendigkeit zurückkommen, das Al-Gazali etwas sorglos mit dem der Allgemeinbegriffe zusammengestellt hatte. Dabei bitte ich meine Leserin und meinen Leser um etwas Geduld. Averroes verwickelte sich in diesem Zusammenhang in schwierige Fragen, und wir müssen ihm ein wenig dabei folgen, denn seine Diskussion bestimmte den Problemstand des lateinischen Westens für fast drei Jahrhunderte.

Man kann diese Stärke des arabischen Einflusses tadeln. Kein Geringerer als Petrarca hat es getan. Nach ihm war es die Schuld der Araber, besonders des Averroes, daß die Philosophen des Westens so verderbtes Latein schrieben und statt konkreter, z. B. politischer Lebensfragen über abstrakte Begriffe disputierten. Aber diese Polemik gehört ins 14. Jahrhundert; Petrarca genoß es, die Philosophen seiner Zeit mit den Ungläubigen in eine Reihe zu stellen. Wir müssen Averroes aus *seinem* Zusammenhang zu verstehen suchen. Bislang war klar, worauf er hinauswollte: Sicherung der Rationalität der Welt. Dazu mußte der Ursprung der Welt vom Zufall freibleiben. Dann konnte man Naturwissenschaft treiben. Der Arzt Averroes wollte weiterhin unterscheiden zwischen einem zufälligen Zwischenfall im Leben eines Kranken und einem Symptom seiner Krankheit. Wenn ein Magenkranker die Treppe herunterfiel, war es nützlich, diesen Unterschied festzuhalten. Al-Gazali hatte Symptome und Zufallsereignisse auf dieselbe Stufe gestellt und damit alles verwirrt. Gegen ihn mußten die Grundlagen geklärt werden, vor allem die der Metaphysik. Darum ging es Averroes bei der Beurteilung der Kritik, die Al-Gazali am dritten Argument der Philosophen geübt hatte. Wie dieser verwarf er die Position der Philosophen (d. h. Avicennas), die geschlossen hatten: Die Möglichkeit ist ewig, folglich muß auch ein real Mögliches ewig sein. Wenn ein real Mögliches, dann auch ein Wirkliches.

Irgend etwas war falsch an diesem Argument. Averroes wollte den Fehler aufzeigen, indem er untersuchte, was der Ausdruck „ein notwendiges Wesen“ bedeutete. Dazu mußte er eine Vorfrage klären, die ins Zentrum der aristotelischen Metaphysik führte: Was heißt es, wenn wir von etwas sagen, daß es „ist“? Der Ausdruck hat nach Averroes zwei Bedeutungen. Zunächst einmal verweist er auf Substanzen mit ihren Eigenschaften. Die Eigenschaften, betonte Averroes, existieren nur in Substanzen. Die Substanz existiert in sich selbst, die Eigenschaft nur in der Substanz. Diese averroistische Betonung der Unselbständigkeit der Eigenschaften sollte den lateinischen Westen bald erneut vor das Problem stellen, wie die gegen Berengar geschaffene Abendmahlslehre denkbar sei; Eigenschaften wie die des Brotes konnten nur im Brot selbst real existieren, las man bei Averroes, gut aristotelisch. „Ist“ verweist also auf eine Substanz. Auch das Wort „seiend“ hat diese Bedeutung. Aber wir gebrauchen das Hilfswort „sein“ auch anders, nämlich nur zur

Verknüpfung von Subjekt und Prädikat. Man kann vom Wolf im Märchen sagen, daß er satt „ist“. Dieses „ist“ behauptet nicht, daß der Wolf existiert; es hat eine rein logische Funktion. Al-Gazali hat das nicht genau untersucht und deswegen von all diesen Bestimmungen (Wirklichkeit, Möglichkeit) behauptet, sie seien bloße Gedankengebilde.

Eine metaphysische Untersuchung muß – so Averroes – ausgehen von der ersten Bedeutung des Wortes „ist“. Metaphysik ist Wissen von den Substanzen und von dem, was ihnen zukommt. Die zweite Art der Verwendung des Wortes „ist“ muß auf der ersten aufbauen, wenn solche Sätze wahr sein sollen. „Wahr“ sind Sätze nur, wenn dem, was in der Seele ist, etwas außerhalb der Seele entspricht. In letzter Instanz muß es eine Substanz sein.

Man kann diese Substanz auch „Wesen“, „Washeit“ (lateinisch: quiditas) nennen. Aber bei der Verwendung dieses Wortes ist Vorsicht am Platz. Man kann „Wesen“ auch so gebrauchen, daß damit nur die Bedeutung eines Namens erklärt ist. Man kann sagen, *was* ein Märchenprinz ist. Aber dieses Wassein regelt nur den Gebrauch eines Wortes. Man kann mit seiner Hilfe nicht reale Existenz behaupten. Deswegen ist die eigentliche Bedeutung von „Wesen“ auf die Substanz bezogen. Wenn man schon weiß, daß eine Substanz existiert, kann man sagen, dieses „Wesen“ existiere.

Diese Worterklärung erhielt ihr Salz durch die Polemik gegen Avicenna. Er hatte das Wort „Wesen“ anders verwendet. Er hatte davon geredet, das Wesen erhalte seine Existenz. Er trennte Wesen und Dasein. Er stellte sich „Wesen“ als eine abstrakte Struktur, eine Art Bauanleitung, vor, die zusätzlich auch das Dasein erhalten könne. Bevor sie das Dasein erhalte, sei sie „möglich“. Mit Dasein augestattet, sei es „wirklich“. Averroes widersprach dieser Verselbständigung des Möglichen und des „Wesens“: Dasein sei keine Eigenschaft, die zu etwas hinzukommen könne. Ein Wesen in der eigentlichen Bedeutung des Wortes existiert, sonst ist es ein Nichts. Ein Nichts kann auch nichts zusätzlich erhalten. Avicenna hatte so geredet, weil er „Wesen“ als eine Art Plan verstand, der noch zu verwirklichen ist. Avicenna verspielte dadurch den Begriff des real Möglichen. Er entschied sich nicht, ob er von einem bloßen Gedankenwesen sprach, das die Existenz nicht erhalten kann, weil es real nichts ist, oder von einer Substanz, die das Dasein nicht zu erhalten braucht, weil sie schon existiert. Eine Substanz steht in realen kausalen Zusammenhängen; sie ist nicht nur möglich, sondern wirklich, dank ihrer Ursachen. Ursachen sind definiert als das, was etwas real Mögliches zu etwas Wirklichem macht. Die Welt ist die Gesamtheit der Substanzen und der Ursachen; sie zerfällt nicht in ein gedanklich Mögliches, dem dann noch Existenz verliehen würde. Die Unterscheidung von Wesen und Dasein ist eine rein gedankliche; Avicenna hat sie für eine reale Unterscheidung genommen. Er hat damit den Begriff der realen Möglichkeit verdorben; dieser bezieht sich in Wahrheit darauf, daß etwas zu etwas werden kann; er bezieht sich auf reale Naturprozesse, nicht auf Gedankenbilder. Die Natur ist ohne den Begriff realer Möglichkeit nicht zu denken. Nur weil etwas real möglich ist und weil es Ursachen gibt, die diese Realmöglichkeiten realisieren, gibt es Veränderung. Dies gilt selbst für die ewigen Sterne; sie haben die reale Möglichkeit, an einem anderen Ort zu sein. Deswegen können sie sich bewegen.

Das dritte Argument für die Ewigkeit der Welt leidet an der Unklarheit des Begriffs des Möglichen. In der Form, die es bei Avicenna hatte und die Al-Gazali angriff, kann es auch Averroes nicht retten. Nach Averroes hat Avicenna die Metaphysik verdorben, weil er an die Stelle der aristotelischen Bestimmungen des Möglichen und des Wirklichen das Begriffspaar Möglichkeit und Notwendigkeit gesetzt hat, ohne den Sinn von „Möglichkeit“ zu klären.

Daß Averroes die Kritik Al-Gazalis am Kausalbegriff verwarf, mußte man erwarten. Al-Gazali hat der Natur jede Regelmäßigkeit genommen; er hat ihre Wißbarkeit damit vernichtet. Wenn er den Philosophen vorwerfe, sie bestimmten das Wesen Gottes nicht inhaltlich, so bedenke er nicht, daß sie Gott als reine Aktualität und damit als stofflos, folglich als reines Denken bestimmt hatten. Wenn Al-Gazali jene Philosophen kritisiere, die Gott nur das Allgemeine denken lassen, habe er recht. Nur im menschlichen Denken sei die Unterscheidung von Allgemeinem und Einzelnem angebracht; sie auf Gott zu übertragen wäre Anthropomorphismus. Der Gott der richtig Philosophierenden sei transzendent und reines Denken; er sei der Grund der Welt. Das seien die Attribute, die auch der Koran ihm zuspreche. So stehe die Philosophie in durchgängiger Harmonie mit der Offenbarung, die zur ethisch-politischen Führung der Volksmassen unerläßlich sei. Sie rede in Bildern, weil sie die einfachen Leute zu einer moralischen Lebensführung bewegen müsse. Ihre Notwendigkeit ergebe sich auch daraus, daß die Unsterblichkeit der Seele nur für den Intellekt mit Gewißheit bewiesen werden könne; in solch schwierigen Fragen sei die Religion als Ergänzung sinnvoll.

Damit schien die Harmonie zwischen Wissen und Glauben, zwischen Natur und Vernunft wiederhergestellt. Aber die tiefsinnigen Zweifel des Al-Gazali waren mehr zurückgedrängt als widerlegt. Es war zu erwarten, daß sie wieder aufbrechen würden.

IX. INDIVIDUELLE UNSTERBLICHKEIT ODER RÜCKKEHR ZUM WELTGEIST – ALBERT DER GROSSE GEGEN AVERROES

1. Die geschichtliche Welt des 13. Jahrhunderts

Mit der Verurteilung des Averroes endete die wissenschaftliche Kultur der arabischen Welt; der Sieg der philosophiefeindlichen Theologen war endgültig, und die arabischen Länder schieden aus der Geschichte der Philosophie aus. Warum hatte die Verurteilung Abailards nicht dieselben Folgen? Zunächst einmal: Es gab jetzt im Westen schon mehrere Zentren philosophischer Forschung; die mit Berengar begonnene Bewegung war durch die Verurteilung eines einzelnen nicht mehr zu brechen. Neben Paris gab es Chartres; ein junger Schriftsteller mit philosophischen Ambitionen, der bei Abailard gehört hatte, konnte als Sekretär des englischen Königs eine Stelle finden, um als Bischof nach Chartres zurückzukehren. In Paris gab es eine Vielzahl von Personen und Richtungen; in der Schule des Stifts von St. Viktor hatte man mit dem unruhigen Abailard nie sympathisiert. Aus aller Welt kamen Wißbegierige nach Paris; das Entstehen der Universität hing längst nicht mehr vom Lebensweg eines einzelnen ab. Vor allem aber: Die westliche Gesellschaft setzte im 12. und 13. Jahrhundert ihren Aufschwung fort. Die Bevölkerungszahl nahm zu, die Städte wuchsen. Der Fernhandel expandierte und brachte bald nicht mehr nur Luxuswaren und Waffen an die Höfe, sondern Gegenstände täglichen Gebrauchs in die Städte. Die landwirtschaftlich genutzte Fläche vergrößerte sich; Rodungen lichteten die bis dahin alles überziehenden Wälder. Neue Städte entstanden; Kaufleute und Handwerker organisierten sich und bewiesen, daß politische Herrschaft in ihren Händen gut aufgehoben war; die Überzeugung, daß politische Macht an adlige Herkunft und kirchliche Weihe gebunden sei, geriet in die Defensive. Der geographische Horizont weitete sich durch die Kreuzzüge, aber vor allem durch Internationalisierung des Handels und durch weitausgreifende Handels- und Missionsexpeditionen (Marco Polo). Die Militäraktionen in Spanien kamen voran; im Laufe des 13. Jahrhunderts fielen Cordoba und Sevilla. In Sizilien entstand zu Beginn des 13. Jahrhunderts ein „modern“ organisierter Staat, der wenig Rücksicht auf feudale Lokalherrschaften nahm; ein vorurteilsloser Herrscher, Friedrich II., betrieb eine „laikale“ Kulturpolitik, die bewußt auf die Assimilation der griechischen und arabischen Wissenschaft zielte. Er regte Übersetzungen an und kümmerte sich um die Verbreitung der übersetzten Texte; Bologna vermittelte zwischen Süd- und Westeuropa.

Auch aus inneren Gründen konnte das Feuer nicht mehr ausgetreten werden, das Berengar und Anselm, Abailard und die Chartrenser entfacht hatten: Die Gegner der Neuerer waren selbst viel zu sehr von der Dialektik geprägt. Sie konnten und wollten nicht den philosophiefreundlichen Texten Augustins widersprechen; Boethius und Dionysius Areopagita bekamen im 12. Jahrhundert zunehmendes Gewicht. Das Interesse für neue griechische, bald auch arabische Texte war erwacht; bis in die letzten Jahre des 13. Jahrhunderts bekam es ständig neue Nahrung; die kirchlichen Führungsschichten erkannten, daß sie die Macht nicht behalten konnten, ohne den wissenschaftlichen Fortschritt, der mit Hilfe jener Texte erreicht werden konnte, in ihren Dienst zu stellen. Man darf nicht das für spätere Zeiten richtige Bild einer defensiven Hierarchie in das 12. und 13. Jahrhundert projizieren. Man wollte die Universitäten und die neuen Wissenschaften in die Hand nehmen; man scheute dabei auch vor Gewalt nicht zurück; aber man wollte integrieren, nicht vernichten. Es gab zu viele Menschen, auch in der Kirche, die neue Probleme sahen. Der Reichtum der Städte hatte das Problem der Armut produziert. Das frühe Christentum war eine Bewegung der Unterschichten gewesen – aber die Erinnerung daran war überdeckt durch Reichtum und juristische Fixierung, durch jahrhundertelange Umdeutung und durch glanzvolle Zeremonien, die man gern dem byzantinischen Kaiserhof abschaute, aber sie wurde neu erweckt. Die Zahl der Zweifler nahm zu. Sie hatten kontrastierende, oft direkt entgegengesetzte Motive. Im 12. Jahrhundert hatte sich eine Lebensfreude entwickelt, die dem Asketismus des frühen Mittelalters entgegenstand; es war die Zeit der Troubadoure und der Vaganten. Jetzt konnte man den Ausruf hören: Laßt uns hier gut leben, was geht uns das Jenseits an! Man hat von einer „Renaissance des 12. Jahrhunderts“ gesprochen. Es ist leicht, die Einwände gegen eine solche Rückdatierung geschichtlicher Welten zu sammeln. Aber tatsächlich hatte das 12. Jahrhundert ein erhöhtes Interesse für die Natur und den einzelnen entwickelt; an Höfen und in Städten war es zu einer Verfeinerung der Lebensformen gekommen; das Leben war leichter geworden; der Hunger und der Tod waren jetzt weniger selbstverständlich.

Andererseits gab es die Armut. Sie zeigte sich jetzt in den Städten; sie stand in heftigem Kontrast zum neuen Reichtum. Dies schärfte den Blick und das Gewissen. Anselm von Canterbury war noch, im Geist des frühmittelalterlichen Mönchtums, überzeugt gewesen, das Privateigentum verstoße gegen das vernunftgemäße Sittengesetz und gegen das Christentum. Im 12. Jahrhundert fand eine intensive Denkarbeit statt, um das Privateigentum zu legitimieren. Das römische Recht leistete dabei wertvolle Dienste. Die Anerkennung von Privatbesitz wurde Bestandteil der kirchlichen Normalauffassung des Lebens. Aber zugleich verstärkte sich der Protest, auch im Namen des Evangeliums. Die mit Macht und Reichtum ausgestattete Kirche war nicht mehr selbstverständlich; die Zahl der Ketzer und der Ketzerverbrennungen nahm zu. 1231 kam es zur Einrichtung der Inquisition. Bald riefen die Päpste zum Kreuzzug auf gegen südfranzösische Gemeinden, die von einer armen Kirche träumten. Im 12. und 13. Jahrhundert erreichte das Papsttum den Höhepunkt seiner politischen und finanziellen Macht; es war seinem Plan einer effektiven Beherrschung der Welt so nahe wie nie. Aber eben jetzt wuchsen die Zweifel, und zwar nicht nur auf seiten der „Epikureer", wie man damals diejenigen nannte, die das Jenseits auf sich beruhen lassen wollten, sondern auch bei denen, die leben wollten wie die Apostel, nämlich einfach und arm. Man erlebte, wie die Kirche solche Reformbewegungen teils abschwächend integrierte, teils blutig unterdrückte. Damit fielen Schatten auf die Sphäre der Macht; man fragte sich, ob die sichtbare Welt überhaupt die Welt Gottes sei. Die Lehre von zwei gegensätzlichen Weltprinzipien (Manichäismus, Dualismus) verbreitete sich.

Das Katharertum wurde zur Hauptform der Häresie; unser Wort „Ketzer" kommt von „Katharer". Damit erwuchsen der Kirche politische, schließlich sogar militärische Probleme; gleichzeitig stellten sich intellektuelle Fragen: Konnte man beweisen, daß sinnliche und sittlich-religiöse Welt einen einheitlichen Ursprung hatten? Konnte man nicht mit Hilfe der neuen Texte der Griechen und Araber eine Einheitsdeutung der Welt vorlegen und den Dualismus widerlegen? Die franziskanische Armutsbewegung drückte die Bedürfnisse der neuen Armen in den Städten aus. Die Bevölkerung suchte neue Formen der Religiosität. Die Bettelorden (Franziskaner und Dominikaner, Augustiner und Karmeliten) waren die kirchlich domestizierte Ausformung dieser neuen Stadtmentalität; sie waren wegen ihrer Ortsungebundenheit und wegen ihres Abstands zu den mit der Feudalaristokratie eng verbundenen Bischöfen ein effizientes Instrument des Papsttums zur Kontrolle der Christenheit. Das Papsttum schmiedete sie – gegen heftige Widerstände – in diesem Sinne zu einer Waffe um. Als sich um die Mitte des 13. Jahrhunderts einer dieser Orden, die Predigerbrüder des Dominikus, intensiv den neuen Wissenschaften zuwandte und den geistigen Kampf mit Arabern und Griechen aufnahm, ergriffen die Päpste eine weltgeschichtliche Chance: Die Einordnung der Armutsbewegung und die Integration des neuen, griechisch-arabischen Wissens schien möglich. Zu Beginn des 13. Jahrhunderts hatten die Päpste noch die Befassung mit Aristoteles (immer zusammenzudenken mit dem medizinisch-philosophischen Material der griechisch-arabischen Welt) verboten; er schien die augustinisch geprägte Weltauffassung zu zerstören. Seit der Jahrhundertmitte entschieden sich die Päpste für eine offensive Ideenpolitik. Sie geboten nun die Beschäftigung mit Aristoteles. Er sollte „gereinigt" werden. Ein „historischer Kompromiß" schien zu gelingen. Dazu war eine ungeheure intellektuelle Anstrengung nötig. Sie verband sich mit dem Dominikanerorden und mit zwei Personen, mit Albert von Köln und Thomas von Aquino.

2. Der Streit um den Intellekt. Aristoteles. Averroes

Polemiken grenzen ab. Polemiken markieren daher den geschichtlichen Stand einer Entwicklung. Gleichzeitig verdecken sie die Realität; sie verselbständigen und sie verschieben sich. Sie werden kompliziert und ufern aus, verkommen zum Prestigestreit von einzelnen, von Gruppen, von Zivilisationen. Sie werden zum Ritual, das die Zugehörigkeit zu einer Schule anzeigt.

Alles dies gilt für die Polemik gegen Averroes, wie sie der Westen seit etwa 1255 geführt hat. Der Höhepunkt der Auseinandersetzung lag zwischen 1265 und 1280, aber die Schlacht zog sich hin in die folgenden Jahrhunderte. Doch mit wissenschaftlichen Polemiken geht es ähnlich wie mit dem Wortstreit einzelner: Kommt man erst später hinzu, versteht man fast nichts mehr. Man muß die Ausgangssituation rekonstruieren. So suche ich auch die Auseinandersetzung des Westens mit Averroes an ihrem Anfang auf, bei *Albert von Köln* († 1280).

Es ging um die Einheit des Intellekts. Diese Frage scheint heute weit weg zu liegen. Aber der Streit hatte ein reales Problem zum Inhalt, das sich auch heute stellt: Wenn wir uns unterhalten und verstehen, meinen wir dann *dasselbe?* Wenn ein Mathematiklehrer unterrichtet, wissen dann am Ende die Unterrichteten *dieselbe* Mathematik wie der Lehrer?

Offenbar besteht ein Interesse daran, die Identität der Denkinhalte zu sichern. Der Lehrer möchte erreichen, daß sein Wissen in den Köpfen der Schüler ankommt. Wer ein Buch liest, möchte am Ende wissen, was der Autor gedacht hat. Wenn wir uns im Alltag unterhalten, soll der Partner am Ende wissen, was wir ihm haben sagen wollen. Unser Gefühl, zu verstehen und verstanden zu werden, möchten wir nicht als bloße Täuschung ansehen. Wir möchten, daß ein identischer Gedanke die verschiedenen Menschen verbindet. Aber wie können wir das sichern? Wir sehen nicht ins Innere. Wir wissen nicht, wie der andere es meint, wenn er sagt, er habe verstanden.

Man wird annehmen, im Mittelalter habe man von Gott erwartet, daß er die Selbigkeit von Wissen garantierte. Für das frühe Mittelalter stimmt das. Wenn man damals überhaupt eine derartige Frage stellte, galt die Auskunft Augustins aus dessen Buch ›Über den Lehrer‹: Wir Menschen schwanken ständig. In der Vielfalt unserer somatischen und psychischen Prozesse braucht es einen überweltlichen Garanten dafür, daß Wissen vermittelt wird. Gott, das „ewige Wort", ist in jedem Denkenden gegenwärtig, um uns bei der Gelegenheit menschlicher Worte innen zu belehren, zu „erleuchten". Während die Natur und die menschlichen Seelen in ständigem Wechsel sind, sichert das ewige Denken Gottes ein festes Reich reiner Bedeutungen, an denen menschliches Sprechen und Denken gelegentlich Anteil erhält.

Aber im 13. Jahrhundert genügte diese Auskunft nicht mehr. Dies ist ein wichtiges Symptom des geschichtlichen Wandels. Das Bewußtsein menschlicher Selbständigkeit hatte zugenommen. Die Antworten Augustins befriedigten nicht mehr. Selbst wenn einzelne Denker zu ihnen zurückkehrten, so bedurften sie einer neuen Begründung. Konnte nicht der Mensch selbst die Selbigkeit seines Wissens sichern? Wenn er sich durch Denken vom Tier unterschied, dann lag es doch nahe, die Aufgabe des Denkens in der Herstellung und Fixierung allgemeiner Inhalte zu sehen. In einer solchen Konzeption lag zwar eine Korrektur Augustins, aber sie mußte nicht gegen die Religion ausschlagen. War es nicht Gottes würdiger, statt ständig erleuchtend zu intervenieren, den Menschen als sein Ebenbild mit einer selbständigen Durchleuchtungskraft auszustatten, eben mit dem Intellekt? Darin lag die Möglichkeit, eine erhabenere Konzeption von Gott zu entwickeln und eine dem Stadtbürgertum gemäßere Form des Christentums zu konzipieren. Jetzt war ein Gott denkbar, der im höchsten Maße freigebig war, der selbständige Tätigkeit wollte, der den Menschen die Natur zur Beherrschung gab und die Wissenschaft nicht mehr als eine Art Offenbarung, sondern als menschliche Aktivität wollte. In dieser Situation öffnete sich der Westen dem Gesamtwerk des Aristoteles. Aristoteles hatte gezeigt, wie allgemeine Bedeutungen (Universalien) entstehen. Er hatte die Aktivitäten der menschlichen Seele eingehend erforscht, vom Sehen und Riechen bis hin zum Denken. In seinem Buch ›Über die Seele‹ war der Mensch als Naturwesen und als Ursprung seiner Begriffe beschrieben. Averroes hatte zu diesem Buch den für die gesamte Folgezeit maßgeblichen Kommentar geschrieben. Dieses Werk ließ Kaiser Friedrich II. an seinem sizilianischen Hof zwischen 1227 und 1230 ins Lateinische übersetzen. 1231 schenkte er den lateinischen Averroes der Universität Bologna. Damit begann eine weitausholende Diskussion und eine neue Phase der westlichen Wissenschaft. Der erste Autor, bei dem ein intensiver Einfluß des Averroes nachweisbar ist, war Albert von Köln.[1]

Averroes hatte einen schwierigen Text zu erklären. Im dritten Buch der Schrift ›Über die Seele‹ untersuchte Aristoteles die Seele, die denkt und will, also die geistige Funktion der Seele. Aber so hatte Aristoteles sich nicht ausgedrückt; er hatte vom „Geist" gesprochen (nus) – wir kennen diesen Begriff aus der neuplatonischen Prinzipienreihe, von der Macrobius berichtete. Aristoteles hatte ihn den „Geist der Seele" genannt: „das, womit die Seele denkt und erkennt". Aber während er prinzipiell die Seele als Gestalt eines gegliederten Leibes definiert hatte, war er sich nicht schlüssig, ob dies auch für den „Geist der Seele" zutreffe. Er gab dem „Geist" mehr Unabhängigkeit. Fast göttliche Prädikate schrieb der Naturforscher Aristoteles dem „Geist" zu. Als habe er die antiplatonische

[1] Vgl. Albert, Summa de creaturis, etwa 1240–41. Dazu R. De Vaux, La première entrée d'Averroès chez les latins, in: Revue des sciences philosophiques et théologiques 22 (1933).

Polemik vergessen, nannte er ihn den „Ort der Formen (= Ideen)“ und sagte von ihm:

„Vor dem Denken ist er nichts von den real existierenden Dingen. Es ist vernünftig, von ihm anzunehmen, er sei nicht mit dem Leib vermischt.“

Der Geist ist keines der Körperdinge, um sie alle erfassen zu können. Wäre er vermengt mit einem der Elemente, so könnte er dieses Element (z. B. das Harte) nicht begrifflich erfassen. Damit er alles denken könne, muß er von allem losgelöst sein. Er ist „unvermischt“. Er muß frei sein von direkter Außeneinwirkung („leidenslos“); er hat keine feste, eingeschränkte Natur.[2]

Das klingt, als sei Denken kein Naturphänomen. Es soll die Gesamtheit aller Dinge erfassen. Es gibt nichts, was ihm prinzipiell entginge. Dazu muß es aber anders sein als alle Naturdinge; es hat keine „Natur“; es steht außerhalb von Werden und Vergehen.

Und doch, hatte Aristoteles weiter gesagt, gibt es in ihm einen Unterschied, der sich in der gesamten Natur findet, den zwischen Werden-Können und Machen. In moderner Diktion: Denken ist kein Ding, aber es weist in sich den Unterschied auf zwischen Rezeptivität (zu allem werden zu können) und Aktivität (alles erkennbar machen zu können). In der lateinischen Terminologie: Das Denken ist sowohl „möglicher Intellekt“ wie „tätiger Intellekt“. Der tätige Intellekt wirkt nach Aristoteles wie das Licht: Wie die Sonne die Farben beleuchtet, damit das Auge sie wahrnehmen kann, so beleuchtet der tätige Intellekt unsere sinnlichen Vorstellungsbilder, damit der mögliche Intellekt in ihnen die allgemeinen Strukturen (Formen, Ideen) erfasse. Vom tätigen Intellekt sagte Aristoteles:

„Dieser Geist ist getrennt (ontologisch selbständig) und leidenslos (den Naturprozessen entzogen) und unvermischt (frei von Ausdehnung); er ist seinem Wesen nach (nicht zufällig, sondern immer) Tätigkeit. Immer aber steht das Tätige im Rang höher als das Passive, der Ursprung höher als der Stoff. Das verwirklichte (aktuale) Wissen ist aber dasselbe wie die Sachen (seine Objekte). In einigen Einzelwesen kommt das Mögliche zeitlich vorher, nicht aber schlechthin, denn er denkt nicht einmal und ein andermal nicht (er denkt immer). Dieses allein ist abgetrennt (ontologisch unabhängig), und dies allein ist das Unsterbliche und Ewige.“[3]

[2] Aristoteles, De anima III 4, 429 a 10–29.

[3] Ib. III 5, 430 a 10–23. Die Verdeutlichungen in den Klammern stammen von mir.

Diese Passage des Aristoteles enthält bis heute eine Reihe von Rätseln. Sowohl Einzelheiten bleiben umstritten als auch die Vereinbarkeit dieser Aussagen mit den antiplatonischen Teilen der aristotelischen Schriften. Klar ist, daß nach Aristoteles die geistige Erkenntnis das Allgemeine, Bleibende, ja Ewige erfaßt und dabei identisch ist mit dem Wesen der Dinge. Diese Konzeption des Wissens teilte auch Averroes. Aber auch für ihn blieb zu entscheiden, was der „mögliche Intellekt" sei, wenn er keine „Natur" haben und „unvermischt" sein sollte. Er lehnte es ab, den „möglichen Intellekt" als eine augenblickliche Disposition unseres Organismus und unserer Einbildungskraft anzusehen. Dann wäre er etwas Körperliches, was Aristoteles ausdrücklich bestritten hat. Der „mögliche Intellekt" ist selbst geistig, unvermischt. Aber dann ist er zwar ewig und allgemein, zeigt aber keine individuellen Unterschiede. Dann wird begreiflich, daß er das Allgemeine und Bleibende erfaßt; er kann uneingeschränkt aufnehmen, was der tätige Intellekt ihm an Inhalten einprägt – aber er ist *einer* für alle Menschen.[4] Averroes sah die Probleme, die ihm daraus erwuchsen: Wenn ich etwas erkenne, erkennst nicht auch du deswegen etwas. Wenn ich eine Einsicht vergesse, vergißt deswegen nicht auch du sie. Wissen mußte als Vorgang in Individuen begreiflich gemacht werden. Wenn Wissen darin bestünde, daß der zeitlose tätige Intellekt den ebenfalls zeitlosen möglichen Intellekt informiert, verlöre die geistige Erkenntnis den Charakter eines in der Zeit verlaufenden Prozesses. Averroes hatte größere Schwierigkeiten, das Zeitliche als das Ewige im menschlichen Wissen zu denken. Das war eine Folge des aristotelischen Wissensbegriffs. Aber wenn Averroes das Allgemeine im Wissen so sehr hervorhob, daß er individuelles Wissen kaum denken konnte, so hat er sich doch darum bemüht. Fest stand ihm aus Aristoteles: Der mögliche Intellekt ist kein Einzelnes, kein aliquid hoc. Doch hatte Aristoteles auch gezeigt, daß wir nichts geistig erkennen können ohne die Schemata unserer Vorstellungskraft. Im Zusammenspiel von zeitlichen Prozessen der Bildung der Vorstellungsschemata, von tätiger Herausarbeitung allgemeiner Strukturen und von Rezeption dieser allgemeinen Strukturen im „möglichen Intellekt" sah Averroes den eigentlichen Vorgang der intellektuellen Erkenntnis des Menschen. Dieses Zusammenspiel setzte Naturorganismen und die Schaffung zeit- und

[4] Averroes, Commentarium magnum in Aristotelis De anima libros, ed. F. Stuart Crawford. Cambridge, Mass. 1953.

raumbezogener Vorstellungsbilder voraus; es war also ein individueller Prozeß. Aber für die Unsterblichkeit denkender Wesen folgte daraus, daß sie ewig waren, soweit sie in reinem Denken die individuelle Naturbasis hinter sich ließen. Sie traten in dem Maße, als sie das Beschränkte und Individuelle abstreiften, ein in das ewige Licht, von dem sie in gebrochener und individualisierter Form zehrten, solange sie das Ewige im farbigen Abglanz sinnlicher Bilder schauten. Individualität galt als Schranke, die ein denkendes Wesen zurückläßt, sofern es denkt. Hatte nicht Aristoteles selbst gesagt, allein der tätige Intellekt sei „unsterblich"? Der „mögliche" Intellekt war bei näherer Betrachtung nichts anderes als die Rezeptivität des Intellekts, der in die sinnliche Organisation eines erkennenden Menschen eintrat. Dann war der Tod zwar nicht das Ende des Denkens, wohl aber des Menschen. Die individuelle Unsterblichkeit war aber ein Hauptdogma in Islam und Christentum; jenseitige Belohnungen und Bestrafungen verloren ihren Sinn, wenn die individuelle Person sich im allgemeinen Menschengeist auflöste. Daher die Gefährlichkeit des Averroismus für religiöse Zivilisationen, in denen die Schrecken des Jenseits vom Klerus sowohl erzeugt wie administrativ, finanziell und politisch „geregelt" wurden.

3. Die „scholastische" Form

In den Jahren 1256/57 hielt sich der gewählte Vertreter der deutschen Dominikaner an der römischen Kurie auf. Er kam in einer den ganzen Orden und die Gesamtkirche betreffenden Angelegenheit: Sollte den Mitgliedern der Bettelorden gestattet werden, Lehrstühle an der Universität Paris einzunehmen? Es gab Gründe aus dem Ursprung der Armutsbewegung, ihnen dies zu versagen: Eine Professur in Paris war ein höchst angesehenes Amt; es war mit Prestige, Macht und Geld verbunden. Doch die Professoren aus dem Weltklerus hatten andere Motive, die franziskanischen und dominikanischen Gelehrten von der Universität fortzuwünschen; sie hatten eine heftige Polemik entfesselt und zeitweilig die Zustimmung des Papstes gewonnen. Aber der Prior der deutschen Dominikanerprovinz setzte sich an der Kurie durch: Das Zusammenspiel von päpstlichem Zentralismus und nichtortsgebundenen Bettelmönchen war installiert.

Doch der Deutsche begnügte sich in Anagni – dorthin war die Kurie aus dem nahen Rom ausgewichen – nicht mit diesem diplomatischen Erfolg, der auf Kosten der Professoren des Weltklerus ging und die lokalen Bischöfe weiter entmachtete. Er entwickelte ein kulturpolitisches Programm und führte seine Anwendung vor. Albert von Köln hielt am päpstlichen Hof eine akademische Disputation ab. Einziges Thema: Ob das, was nach der Trennung der menschlichen Seele vom Leib übrigbleibt, ein einziges Geistwesen ist oder ob individuelle Unterschiede bleiben. Wir kennen dieses Problem schon; es ergab sich aus der Seelenlehre des Aristoteles und seines arabischen Kommentators. Es ging darum, ob die für den Westen neue Philosophie, an deren westlicher Assimilation Albert seit eineinhalb Jahrzehnten gearbeitet hatte, die Idee einer individuellen Unsterblichkeit zerstörte. Albert wollte der Kurie zeigen, daß sie das nicht tat. Mehr noch: Er wollte nachweisen, daß es in der konsequenten Anlage dieser Philosophie lag, den Geist als individuellen Geist zu konzipieren. Er wußte, daß Averroes, den er als den besten Aristotelesausleger anerkannte, das Gegenteil gelehrt hatte. Er mußte zeigen, daß dies eine periphere Aberration, nicht die Quintessenz der aristotelisch-arabischen Philosophie war. Der Papst bat den Kölner, die Disputation schriftlich auszuarbeiten und allen zugänglich zu machen. So entstand, wenige Jahre nach dem Kurienaufenthalt, Alberts Schrift ›Über die Einheit des Intellekts‹ (De unitate intellectus contra Averroistas).[5]

Einleitend überraschte Albert durch einige methodische Erklärungen. Er wolle sich streng ans Thema halten: Ob das, was von einer Seele übrigbleibe, dasselbe sei (idem), was von einer anderen Seele bleibe. Dabei wolle er „völlig außer acht lassen, was unsere Religionsvorschrift (lex nostra) sage"; er wolle nur zulassen, was durch rationale Schlußfolgerung beweisbar sei.[6] Dies ergab sich aus der gestellten Aufgabe. Aber es war doch nicht selbstverständlich. Anselm hatte sich ähnlich ausgedrückt. Abailard dagegen hatte deswegen Schwierigkeiten bekommen. Aber Albert würdigte die Parteilinie Manegolds hier nur eines kurzen, abfertigenden Blicks: Man muß in der Philosophie zu Hause sein, um hier mitreden zu können. Fast der ganze Haufen derer, die heute im Westen über die Seele reden, sprechen nicht in wissenschaftlicher Weise von ihr; sie halten sich an die bloße Phantasie. Bei Averroes war der Unterschied zwischen Vorstellen und Denken prägnant entwickelt.

[5] Jetzt in Band 17, Teil 1, der Kölner Ausgabe der Opera omnia, hrsg. v. A. Hufnagel. Münster 1975.

[6] Ib. p. 1, Zeile 12–14.

Albert nutzte ihn, um die Inferiorität der Wissenschaft des Westens darzulegen. Wer sich die Seele wie ein zusammengesetztes Ding vorstelle, könne leicht von individueller Fortdauer reden. Aber diese Vorstellungen – gemeint war der gesamte Komplex halbaugustinischer Schulweisheiten – seien keine Wissenschaft von der Seele: „Die Philosophen“ – gemeint waren Aristoteles und Averroes – reden anders von der Seele. Man muß bei ihnen erst einmal in die Schule gehen.[7]

Ferner stellte Albert einleitend den Gesamtzusammenhang der Frage dar: Die Natur zeigt allgemeine Strukturen (Formen); das Wissen bezieht sich auf solche allgemeinen Wesensgestalten. Die Natur muß einen rational nachweisbaren geistigen Ursprung haben. „Die Philosophen“ haben ihn analysiert: Intelligenzen (reine Geister) bewegen die Sternschalen; von diesen hängen die Natur ab und unser Wissen. Die Zahl dieser Intelligenzen muß astronomisch ermittelt werden, nach der Zahl der Himmelsschalen. Der unterste Sternengeist prägt die Naturformen auf der Erde und erleuchtet das menschliche Denken; er ist der „tätige Intellekt“. Erst auf dem Hintergrund dieses Weltentwurfs, der zugleich kosmologisch und erkenntnistheoretisch ist, zeigt sich die Schwierigkeit des aufgeworfenen Problems: Alles Naturwerden zeigt allgemeine Formen, der Vorrang des Denkens besteht in der Erfassung des Allgemeinen: Wie kann der Mensch auf Grund des Denkens unsterblich, und zwar als Individuum, sein? Diese Schwierigkeit ergibt sich nicht aus den zufälligen Aufstellungen eines einzelnen arabischen Gelehrten; sie ergibt sich aus dem Programm einer rationalen Weltauffassung und ihrem Vorrang des Allgemeinen. Was der Mensch durch Denken erreichen soll, ist das Allgemeine. Jeder einzelne soll es erreichen: Bedeutet das nicht, daß das, was endgültig bleibt, allein dieses allgemein-menschliche Wissen ist? Albert verglich das Wissen mit dem Licht: Wenn die Körper verschwinden, in denen es sich zum farbigen Abglanz bricht, bleibt dann nicht das eine, unzerteilte Licht?

Albert hatte vor, diese Gedanken zu korrigieren. Aber er wollte es nicht von außen tun. Und er wollte seinen Zeitgenossen nicht das Umlernen ersparen. Er wollte dem Papst und seinem Gefolge zeigen, daß man das neue Wissen nicht durch forsches Aburteilen loswerden könne. Daher betonte er ständig, die aristotelisch-arabische Position habe sachliches Gewicht.

[7] Ib. p. 3, Zeile 37–74.

Albert trug das Problem in schulgemäßer, „scholastischer“ Form vor. Nach einer Einleitung nannte er die Gründe, die für das Verlöschen der Individualität bei Fortdauer des allgemeinen Menschengeistes sprachen. Es waren nicht weniger als dreißig Argumente. Dann stellte er die Gegengründe zusammen; es waren sechsunddreißig. Dann entwickelte er kurz seine eigene Lösung des Problems, um mit einer sorgfältigen Widerlegung der zuerst genannten 30 Argumente zu schließen.
Im Schema sah das so aus:

Einleitung
Dreißig Argumente gegen individuelle Fortdauer
Sechsunddreißig Argumente für individuelle Fortdauer
Eigene Lösung
Erwiderung auf die 30 Argumente gegen individuelle Fortdauer.

Diese Gliederung verdient Beachtung. Sie zeigt die Normalform, in der man vom 13. bis ins 16. Jahrhundert wissenschaftliche Probleme darstellte; Abailards Gegenüberstellungen widersprechender Autoritäten und seine Forderung nach rationaler Auflösung solcher Konflikte waren damit zu einer stehenden Form geronnen. Albert zeigte ihre Vorzüge: Er ging sorgfältig auf Ansichten und Einwände ein; er wälzte ein ungeheures Material um; er achtete bei Argument und Gegenargument auf subtil-knappe Präsentation, ohne freilich seiner Neigung, in die Breite zu gehen, völlig Herr zu werden. Die Vorzüge der „scholastischen“ Form springen in die Augen, wenn man frühere Dispute mit dem Alberts vergleicht. Wie formlos hatte Manegold gegen Wolfhelm gewettert, wie wenig hatte sich Wilhelm von St. Thierry um exakte Wiedergabe des Zusammenhangs der Ansichten Abailards bemüht. Albert wollte sachlich bleiben, und die akademische Form, die er wählte, kam dem entgegen. Hier herrschte nicht die anti-averroistische Verurteilungswut der 70er Jahre. Averroes hatte noch keine Anhänger im Westen wie wenige Jahrzehnte später. Und die scholastische Form war noch nicht erstarrt und noch nicht zu einem didaktischen Spielchen verkommen. Was Albert den machtgewohnten Herren der Kurie vorführte, war das Exempel einer neuen philosophischen Kultur, die sich den Reichtum des antiken und arabischen Erbes aneignen und die vorstellungsgebundene Selbstgewißheit der augustinisch eingefärbten Rhetorik der Lateiner überwinden sollte. Die Stunde schien günstig: Der Herr dieser Welt, der zudem die Schlüssel zum Himmelreich besaß, hörte auf den deutschen Vertreter der Bettelmönche, der davon ausging, die durch Aristoteles und die Araber geschaffene Problemsituation sei nicht mehr rückgängig zu machen und nur durch streng-rationale Beweisführung zu korrigieren.

4. Scheitern am Problem von Individualität und Personalität

Die Schrift Alberts ist reich an Motiven; ich kann sie hier nicht zusammenfassen. Ich skizziere nur seine eigene Lösung und sein Verhältnis zu Averroes.

Averroes hatte menschliches Wissen verstanden als das streng methodisch erzeugte Aufblitzen des Lichts des Allgemeinen und Ewigen in einem irdisch-bewegten Prozeß. Albert hatte keinen anderen Begriff des Wissens als Averroes; er hatte auch keinen Begriff von der menschlichen Person, von dem er geglaubt hätte, er sei gegen Averroes von Gewicht. Von Person ist, wenn ich nicht irre, in Alberts Text nirgends die Rede, immer nur vom Individuum. Dieser terminologische Mangel hat sachliche Folgen, denn Individualität war definiert durch Stofflichkeit; „Wissen“ und „Geist“ waren für Aristoteles, Averroes und Albert stofffrei, unvermischt, körperlos. Es ist auch nicht wahr, was man immer wieder liest, Thomas und Albert hätten gegen die Geistlehre des Averroes die „Einheit des Menschen“ verteidigt. Dies gilt zumindest nicht für Albert; für ihn war, wie er ausdrücklich versicherte, der Mensch allein der Geist.[8] Wir dürfen nicht das theoretische Bedürfnis des 20. Jahrhunderts einer einheitlichen Anthropologie dem 13. Jahrhundert ansinnen. Aber wenn der Geist den eigentlichen Menschen darstellte, wenn die Individualität vom Körper abhing, behielt dann nicht Averroes recht? Albert glaubte, der Verlegenheit zu entkommen. Er lehrte, in unserer Seele gebe es einen intellektuellen „Teil“; er sei ein „Vermögen“, das aus der Seele erfließe. Die Seele (wieder sagt er nicht: der Mensch!) sei die „Substanz“: Sie habe einige „getrennte“, d. h. stofffreie, ontologisch unabhängige „Vermögen“ (potentiae). Diese seien körperunabhängige „Kräfte“. Dies ist eine dualistische Konstruktion, die dem Denken nicht einmal ein „Organ“ zuordnet. Wo Albert einmal von einem Organ des Intellekts spricht, nennt er mit

[8] Vgl. bes. De unitate intellectus p. 13 Zeile 14 mit dem Hinweis auf Aristoteles, Nikomachische Ethik X 7, 1178 a 6–7. Dort in der Anmerkung des Herausgebers auch Parallelstellen bei Albert.

Aristoteles die Hand, nicht etwa das Gehirn. Die körperfreien Kräfte der Seele ergeben sich aus ihrer Ähnlichkeit zum göttlichen Weltgrund. *Sofern* sie nicht Ähnlichkeit des göttlichen Geistes ist, ist sie „Seele" im Sinne der körperbezogenen aristotelischen Definition: Akt des Körpers, der tätig ist im Körper und in der Natur. Wenn Albert diese Definition anerkennt, hätte er sie auf alle Tätigkeiten der Seele anwenden müssen. Dem glaubte er entgehen zu können durch die Unterscheidung zwischen der Seele als Ähnlichkeit Gottes und der Seele als Seele (d. h. als Gestalt des Körpers, „Gestalt" im Sinne von Wesensform). Eigentlich hätte er folgern müssen, die Seele *als* Seele könne nicht unsterblich sein. Dann hätte Averroes recht behalten. Aber Albert fuhr fort: Aus der Seele, sofern sie aus der göttlichen Geistnatur fließt, resultiert der „tätige Intellekt" als ihr Vermögen; sofern sie Substanz ist, die das Sein des Körpers umgrenzt und hält, fließt aus ihr der „mögliche" Intellekt. Albert gewann diese Begriffe also nicht mehr wie Aristoteles aus der Analyse des menschlichen Erkenntnisvorgangs, sondern als Instanzen in einer Lichtkaskade, die aus dem göttlichen Urlicht strömt – keine christliche, sondern eine neuplatonisch-arabische Umformung, die Averroes im Namen des Aristoteles bei Avicenna kritisiert hatte. Albert sprach im Sinne des Avicenna, wenn er zusammenfaßte:

„Jede intellektuelle Natur ist in sich betrachtet nur eine Möglichkeit, wie alles Begründete in sich betrachtet nur der Möglichkeit nach ist. Aber sofern es aus der ersten Ursache ist, existiert es in Wirklichkeit und empfängt die Notwendigkeit reinen Seins."

Das war die Verselbständigung des Begriffs der Möglichkeit, die Averroes mit Al-Gazali gerügt hatte. Für Aristoteles war der tätige Intellekt „in sich betrachtet" keine pure Möglichkeit, sondern seinem Wesen nach Aktualität und Aktivität. Dennoch glaubte Albert, nur die Intention des Aristoteles wiederzugeben, indem er sie in eine dualistisch-spiritualistische Perspektive versetzte. Albert vergaß fast im Hauptteil seines Textes das anstehende Problem und pries die Kraft des Intellekts, der in allem, was er betrachtet, seine eigene Tätigkeit entdeckt, der sich selbst erreicht, indem er von seinen Inhalten auf sich selbst zurückgeht und so seine Kraft und Schönheit bewundert, von der aus er aufsteigt zur Kraft und Schönheit des göttlichen Geistes, dem er sich als der Wurzel seiner Unsterblichkeit und seines Glücks verbindet.[9]

[9] Albert, De unitate intellectus. Tertia pars, 21–23.

Dies hätte Averroes ganz ähnlich sagen können. Der Konflikt bezog sich nur auf die Individualität des Intellekts. Aus der Tätigkeit des Intellekts konnte Albert sie nicht begründen, da er den Wissensbegriff des Averroes übernahm. Aber aus allgemein-ontologischen Überlegungen versuchte er zu beweisen, der Intellekt sei vereinzelt: Der Intellekt ist das Wesen des Menschen; die Menschen existieren individuell, also ist auch der wesensbegründende Intellekt individuell. Albert aktualisierte die aristotelische Polemik gegen die Ideenlehre: Was nützen abgetrennte ewige Wesenheiten zur Erklärung der irdischen Welt? Wenn der Intellekt überhaupt *im* Menschen ist, ist er im individuellen Menschen; wenn er nicht im individuellen Menschen ist, trägt er zur Erkenntnis des Menschen nichts bei. Dies hätte Averroes zugestanden; er hatte sich aber Gedanken gemacht, *wie* der Intellekt im Menschen ist und den Intellekt als Verallgemeinerungstätigkeit im Menschen verstanden, als Prinzip aktiver Universalisierung, das eben deshalb nicht die Schranken der Individualität in sich haben kann. In der Zurückweisung des Averroes ging Albert gelegentlich so weit, die Körperabhängigkeit des Intellekts, den er doch zuerst als „getrennt" eingeführt hatte, zu forcieren. Danach ist der Intellekt „fundiert" (so Alberts Ausdruck: fundatur) im sinnlichen Lebewesen und wird nie von ihm getrennt (nec umquam separatur ab ipso).[10] Dann wäre es mit der Unsterblichkeit aus. Man sieht, wie Alberts Gedanken hin und her geworfen wurden. Er konnte dann auch betonen, der Intellekt habe ein Organ, nämlich die Hand.[11] Zweifellos bewegte er sich auf aristotelischem Boden, wenn er die allgemeine Seelendefinition (als Entelechie des gegliederten Körpers) in Erinnerung rief. Aber Averroes hatte gezeigt, daß Aristoteles ausdrücklich erklärt hatte, er wisse nicht, ob diese Definition den „Geist" einschließe. Wie im Intellekt die Individualität zu Hause ist, das hat Albert nicht zeigen können, weil er mit Averroes den Akzent legte auf die Identität des Gewußten, weil er mit Averroes die Schwierigkeiten scheute, die sich in der Tat ergeben, wenn ich nicht weiß, ob dein Gedanke identisch ist mit meinem. Eindeutigkeit der Bedeutungen, Notwendigkeit und Allgemeinheit als Charakteristika des Wissens, Ort- und Zeitlosigkeit des Intellekts, Desinteresse an der Einheit des Menschen, mangelnde Unterscheidung von Person und Individuum, Reduktion der Individualität auf das Stoffliche – dies

[10] Ib. 16 Zeile 23–25.
[11] Ib. 18 Zeile 11.

alles verhinderte Albert, seine philosophische Intention gegen Averroes tatsächlich einzulösen. Er war Averroes viel zu nahe, um sich einleuchtend abzusetzen. Er wußte, wieviel er ihm verdankte: „Wir aber weichen nur in wenigen Dingen von Averroes ab", schrieb er im gleichzeitig entstandenen ›Kommentar zum Buch des Aristoteles über die Seele‹.[12] Er folgte Aristoteles und Averroes in der Annahme, die Sphärenschalen seien „beseelt", d. h., sie hätten eine getrennte Intelligenz, die ihre Bewegungen leite. Über die Verbindung des menschlichen Intellekts mit Gott denke er genauso wie Averroes.[13] Dies galt gewiß nicht in allen Lehrpunkten. In einigen blieb Albert Aristoteles näher als Averroes, in anderen ging er mit Avicenna von der aristotelischen Philosophie weg und harmonisierte diese Abweichung mit dem Denken des Averroes. Diese neoplatonisierende Richtung hatte 1256/57 das Übergewicht; die Körperabhängigkeit des Geistes hatte in der Schrift ›Über die Einheit des Intellekts‹ eher polemischen Wert; sie sicherte die kirchlich administrierte Seelenunsterblichkeit. Zu Ende gedacht hatte Albert sie nicht. Er faßte die Seele, wie wir sahen, als selbständige Substanz. Er dachte sie nicht durchgängig als Gestaltungsprinzip des Leibes; als wesentlich körperbezogene Form hätte sie schwerlich „getrennte" Vermögen haben können wie den Intellekt. Albert konzipierte die Seele nach dem Modell des Intellekts bei Averroes. Nur bestand er auf ihrer Individualität. Wenn sein kirchen- und kulturpolitisches Konzept eines „historischen Kompromisses" nicht ohne Erfolg blieb, so blieben philosophisch doch viele Fragen offen. Das Problem der Einheit des Intellekts war durch Albert nicht gelöst. Dies beweist nicht zuletzt die Tatsache, daß es zum dauernden Thema der folgenden Jahrzehnte wurde. Alle konnten sich auf Albert berufen – Thomas von Aquino ebenso wie die lateinischen Averroisten. Alberts Konflikt mit Averroes hat die Diskussion nicht abgeschlossen, sondern für den lateinischen Westen eröffnet. Legte man mit Albert den Nachdruck auf das Fernhalten theologischer Interventionen vom Gang philosophischer Forschung, war man bei Siger von Brabant († 1284). Betonte man mit Albert den Körperbezug der Seele, war man bei Thomas von Aquino. Suchte man die Individualität im Denken selbst, nicht

[12] Albert, De anima, lib. 3, tr. 3, c. 11. Opera omnia VII 1, 221 Zeile 9.

[13] Ib. 221 Zeile 70: convenimus cum Averroe in toto. Vgl. lib. 3, tr. 2, c. 18, 225, 21: Et placet multum hoc dictum Averrois.

durch äußerliche Hinzufügung, sondern durch eine konsequentere Intellekttheorie, war man bei Dietrich von Freiberg († ~ 1320) und Meister Eckhart († ~ 1327). All diese Schüler haben mit dem Meister gebrochen. Alle kamen von ihm her. In diesem Sinne war Albert von Köln groß.

X. GOTTESSTAAT ODER FRIEDEN AUF ERDEN – DIE REHABILITIERUNG DER POLITISCHEN PHILOSOPHIE IM KAMPF GEGEN DIE PÄPSTLICHE WELTHERRSCHAFT

1. Die Ambivalenz des Aristotelismus

Hat der Eintritt des Aristotelismus im lateinischen Westen den wissenschaftlichen und philosophischen Fortschritt gehemmt oder gefördert? Die Antwort auf diese Frage fällt nicht leicht. Zu viele Materialien sind noch unbekannt, zu viele Wertmaßstäbe sind bereits im Spiel. Die Kritik des Al-Gazali an Avicenna und die Analyse des Averroismus haben bereits die Grenzen dieses Denkens angezeigt. Die Forderung, das Wißbare müsse das Reale sein (im Intellekt seien Denkakt und Sachen identisch), die Bevorzugung des Endlichen vor dem Unendlichen verbot der individuellen Erfahrung, philosophisch zu Wort zu kommen. Die Anerkennung der Individuen als eines Ortes der Wahrheit hätte eine Öffnung des Denkens für das Unendliche zur Folge gehabt; lieber sicherte man ein beschränktes Konzept von Vernunft und kehrte zu einem Denken zurück, das sein Ziel in der Einordnung von Einzelwesen in die begrenzte Anzahl von Arten und Gattungen hat. Die aristotelische Kosmologie beanspruchte Realgeltung für diese Selbstbeschränkung des Denkens: Die Welt mußte endlich, die unendliche Vielfalt der Individualitäten und der Geschichte mußte ausgeschlossen werden. Geschichte konnte keine Wissenschaft werden unter aristotelischen Bedingungen. Averroes forderte, die Welt müsse ewig sein, die menschliche Gattung müsse zeitlos existieren. Albert erinnerte weitsichtig an die Möglichkeit, die Menschheit könnte mit einem Schlag ausgerottet werden – ein Ereignis, das die auf regelmäßige Wiederkehr des Gleichen abzielende aristotelische Konzeption von Wissenschaft umgestürzt hätte und das sie folglich als undenkbar ausschloß. Das Verhältnis von sinnlicher Anschauung und Vernunft sollte nach aristotelisierender Ansicht harmonisch sein; aber bei Averroes und Albert war diese Harmonie postuliert, nicht durchgeführt. Die Sinnlichkeit spielte eher eine symbolische als eine reale Rolle. Die Ethik, die sich aus dem Spiritualismus gerade auch der aristotelischen Anthropologie ergab, nach der der Mensch im Grunde nur „Geist" sein sollte, war dualistisch. Die Einheit des Menschen war in diesem Rahmen nicht denkbar, noch weniger seine Dependenz von Sprache und geschichtlichen Kontexten. Diese Philosophie tat sich viel auf ihre Rationalität zugute. Aber diese Rationalität beruhte auf dem Ausschluß einer Unsumme wirklicher Erfahrungen. Sie stellte das Schema von „wesentlich" und „unwesentlich" zur Verfügung, mit dessen Hilfe man dem Leben des einzelnen jede theoretische Bedeutung absprechen konnte. Diese Verstandesansicht der Welt beruhte auf Ausschluß des Mannigfaltigen und Zufälligen; sie provozierte rohe Reaktionen, die sie aufs erste nur zu bestätigen schienen – wie die Metaphysikkritik des Al-Gazali – und die doch Defizite formulierten, die ihr anhafteten.

Doch andererseits gab es seit der Aristotelesrezeption einen Standard der Argumentation, den man nicht mehr unterschreiten konnte, ohne aus der Gemeinschaft der Forschenden ausgeschlossen zu werden. Jetzt sah man den Unterschied zwischen bloßer Vorstellung und strengem Denken. Vor allem waren jetzt weite Felder der Erfahrung als wissenswert anerkannt, so die Ökonomie und die Ethik. Die philosophischen Diskussionen weiteten sich aus; Grundbegriffe des Denkens wie „möglich" und „wirklich", „Substanz", „Wesen" und „Dasein" wurden jetzt kontrovers diskutiert; man trieb wieder Ontologie. Der Ursprung des Wissens war jetzt wieder ein philosophisches Thema. Nicht mehr schnitt der Hinweis auf Gottes Erleuchtung die Erörterung des Rechtsgrundes einzelner Thesen ab. Man hatte jetzt wieder eine ausgearbeitete Ethik, die über die Adaption stoischer Tugendkataloge und die Kodifizierung monastischen Verhaltens weit hinausführte.

Vor allem aber: Man hatte mit Hilfe des Aristoteles eine Wissenschaft von der Politik. Die soziale Organisation der Menschheit, die Verfassung der Staaten wurden jetzt immanent philosophisch diskutiert; sie waren kein Anhang mehr zu theologischen Thesen. Die Staaten waren nicht mehr nur Zuchtmeister Gottes für eine erbsündige Menschheit, die jede Art von Demütigung durch den Ungehorsam Adams verdient hatte. Das soziale Leben und der Staat waren jetzt zu analysieren als Ausdruck der menschlichen Sozialnatur. Die theokratische Deutung der politischen Macht verlor an Boden. Der klerikalistische Anspruch, die Kirche stehe über dem Staat, wie die Seele über dem Leib stehe, war nun schwerer zu verfechten. Die Idee des Gottesstaates, die Augustin nur gelegentlich und zögernd mit politischen Organismen in Verbindung gebracht hatte und die man seit dem 11. Jahrhundert aus einer spirituellen Liebesgemeinschaft zu einem machtpolitischen Programm der Papstkirche umgedeutet hatte, blieb nicht länger das Leitmotiv der politischen Theorie.

Die Differenzierung der Lebenssphären, wie sie einer sich entwickelnden Zivilisation entsprach, kam nun auch einer zunehmenden Autonomie des politischen Denkens zugute. Man konnte beginnen, „Abschied vom Gottesstaat" (Ruedi Imbach) zu nehmen. Die Aristotelesrezeption ermöglichte eine Säkularisierung und Naturalisierung der Natur, der Gesellschaft und der Politik, welche die neuzeitliche Welt allererst ermöglichte. Bevor ich diesen komplizierten Prozeß an einer signifikanten Stelle belege, noch eine vorläufige Bemerkung:

Auch die abstrakten Begriffe der Metaphysik haben politische Implikationen. Oft liegen ihnen ethisch-politische Werttafeln verborgen zugrunde. So konnte sich bei Albert kein Begriff individuellen Denkens entfalten, weil Natur- und Wissensbegriff vom Vorrang des Allgemeinen ausgingen und das Individuum nicht als Wert anerkannten, bevor sie es der Unterordnung unter ein irdisch-himmlisches Verwaltungssystem preisgaben. Andererseits hatte auch die Lehre vom Vorrang des Allgemeinen eine ethisch-politische Seite: Nicht das Private, nicht die Selbstbehauptung, sondern das Verströmen des Guten war der Inbegriff göttlich-menschlichen Lebens. Mit dem Göttlichen trat man in Verbindung durch das Überschreiten der Schranken der Individualität; so speiste sich die Identifikation des Denkens mit dem Erfassen des Allgemeinen aus verborgenen ethisch-politischen Bewertungen. Andererseits entwertete die Gleichsetzung des „eigentlichen Menschen" mit einer „getrennt" existierenden Substanz die alltäglichen Erfahrungen sozialer Wechselwirkung. Das Ethos der Nächstenliebe war unter diesen Bedingungen nicht theoretisch einzuholen; es mußte als unirdisch oder „übernatürlich" separat vom gewöhnlichen Lauf der Welt konzipiert werden. Dem entsprach die Aufteilung der Lebenslehre in eine Ethik des monastisch gedachten christlichen Lebens und das Sündenbewußtsein des Kaufmanns, des Soldaten und des Politikers. Kurzum: Nicht nur die explizit politische Theorie war politisch. Die Frage, ob die Identifikation des Hl. Geistes mit der Weltseele erlaubt sei, beschäftigte weltliche und geistliche Potentaten, ebenso die Abendmahlslehre und die Averroismusdebatte. Das Interesse Friedrichs II. an Averroes kam nicht von ungefähr: All diese „theoretischen“ Probleme wurden in ihrer praktischen Relevanz erkannt. Rabanus Maurus gegen Gottschalk, Eriugena als Gutachter im Dienst Hinkmars, Manegolds Polemik gegen die Selbständigkeit von Reich und weltlicher Kultur, die Abwehr des Averroes durch islamische Religionslehrer, die Anwesenheit des französischen Königs bei der in Sens geplanten Debatte Abailards mit Bernhard – dies sind alles Symptome dafür, daß man nicht der Meinung war, es gehe bei Theorien um folgenlose Begriffsspiele.

2. Die aristotelische Politiktheorie und ihre papalistische Instrumentalisierung bei Thomas von Aquino

Man konnte die Philosophie des Aristoteles auf sehr verschiedene Weisen nutzen für die politische Theorie. Seit der zweiten Hälfte des 13. Jahrhunderts gab es Streit um die Deutung und Einordnung der aristotelischen Politik.[1] Es entwickelten sich verschiedene Typen der Interpretation, die miteinander in Konflikt gerieten. Wieder wähle ich eine Diskussion aus, die markant und belegt ist, nämlich die philosophische Kritik, die Dante und Marsilius von Padua an den Verteidigern der Idee der päpstlichen Weltherrschaft geübt haben. Diese papalistische Theorie gab es in mehreren Varianten. Die gemäßigtere vertrat Thomas von Aquino († 1274), schärfer war Aegidius Romanus, am weitesten ging der Papst Bonifaz VIII. in einem feierlichen Lehrdokument, der Bulle ›Unam sanctam‹ (1302). Ich beschränke mich hier auf Thomas.

Welchen Gewinn die politische Theorie aus den neuerschlossenen Schriften des Aristoteles ziehen konnte, zeigen die Anfangskapitel der Schrift des Thomas ›Über die Fürstenherrschaft‹ (De regimine principum),[2] geschrieben 1260. Thomas wollte dort begründen, was die Aufgabe eines Königs ist und warum die Menschen

[1] Vgl. M. Grabmann, Studien über den Einfluß der aristotelischen Philosophie auf die mittelalterlichen Theorien über das Verhältnis von Kirche und Staat. München 1934, jetzt auch in: M. Grabmann, Gesammelte Akademieabhandlungen, Bd. 1 (Paderborn 1979), 809–906. – An dieser Stelle möchte ich Ruedi Imbach (Fribourg) danken für zahlreiche Anregungen zur politischen Theorie des Mittelalters sowie für die Überlassung seines ungedruckten Aufsatzes: Abschied vom Gottesstaat. Die Wiederentdeckung der politischen Philosophie im Mittelalter.

[2] Ich zitiere nach der Ausgabe von Joseph Mathis. Turin–Rom ^{2}1948.

überhaupt einer politischen Leitung bedürfen: Jedem Menschen ist von Natur aus das Licht der Vernunft eingegeben, kraft derer er seine Handlungen auf ein Ziel hinlenken kann. Lebte der Mensch außerhalb der Gesellschaft, bedürfte er keiner politischen Führung. Jeder wäre dann sein eigener König unter der Leitung Gottes als des höchsten Königs. Jeder würde sich selbst mit seiner Vernunft zu seinem Ziel führen.

Ähnlich klingende Überlegungen hatte es im frühen Mittelalter auch unter dem Einfluß Augustins gegeben. Augustin hatte die Herrschaft von Menschen über Menschen prinzipiell verworfen, aber dann doch mit der Erbsündenlehre gerechtfertigt. Wie die Menschen nach dem Sündenfall sind, bedürfen sie des Staates als Zuchtrute. Luther wird zu dieser Position – unter veränderten Gesamtbedingungen – zurückkehren. Thomas dachte anders. Er fuhr in seiner Argumentation fort, nun liege es aber *in der Natur* des Menschen, ein soziales und politisches Lebewesen zu sein. Mehr als jedes andere Lebewesen lebe der Mensch in Gruppen. – Der Staat, den Augustin mit Hilfe der Erbsünde entschuldigt hatte, ergibt sich nach Thomas aus der Natur des Menschen, und diese Natur des Menschen forderte eine fast biologische Betrachtung. Dies war auch aristotelisch, ebenso wie die Erklärung, der Mensch sei eigentlich nur „Geist". Thomas hielt sich hier zunächst an die empirische Einstellung: Das soziale Leben sei für den Menschen eine Naturnotwendigkeit, und zwar in dem Sinne, daß der Mensch aus seiner biologischen Situation heraus die Gesellschaft brauche. Den anderen Lebewesen gab die Natur (Thomas redet von ihr, als sei sie eine Art Gottheit) Nahrung und Kleidung, Waffen oder die Möglichkeit zu fliehen. Dem Menschen fehlt dies alles; er ist ein „Mängelwesen", wie Arnold Gehlen sagte. Aber, fuhr Thomas fort, anstelle aller Naturausstattung habe der Mensch seine Vernunft bekommen; er kann sich mit Hilfe seiner Hände all das herstellen, was er braucht. Aber als einzelner ist er dazu nicht hinreichend imstande. Ein einzelner Mensch kann sich nicht ausreichend selbst versorgen. Deswegen sei es dem Menschen „natürlich", in Gesellschaft zu leben.

Ferner fehle dem Menschen die Instinktsicherheit der Tiere. Diese wissen instinktiv, was ihnen schadet oder nützt. So hält das Schaf von Natur aus den Wolf für seinen Feind. Eine Reihe von Tieren kenne ihre Nahrung, manche sogar die heilende Kraft von Kräutern. Der Mensch hat von dem, was ihm nutzt, nur eine sehr allgemeine Vorstellung, so, als solle er von allgemeinen Regeln zu

Einzeldingen vorstoßen. Aber dies kann er nicht in der Isolation. Deswegen muß er in Gesellschaft leben, damit einer dem anderen helfe. Die Arbeitsteilung ist biologisch notwendig. Daher brauche der Mensch auch die Sprache. Durch sie kann ein Mensch dem anderen seine Gedanken mitteilen, und zwar „gänzlich". Die Tiere können ihren Innenzustand nur mit allgemeinen Gesten und Stimmen ausdrücken; so bellt ein Hund aus Zorn. Der Mensch ist daher das kommunikativste Wesen, mehr als die Herdentiere, die Ameise oder die Biene. Da es dem Menschen derart natürlich sei, in Gesellschaft zu leben, bedürfe er auch der politischen Führung.

Soweit die Argumentation des Thomas. Ich habe sie stellenweise wörtlich wiedergegeben, um seine biologisch-anthropologische Grundlegung der Politik anschaulich werden zu lassen. Der Staat war ihm keine göttliche Strafanstalt für Erbsünder; er war ihm „Natur". Dieser Wandel zeigt noch einmal, wie einschneidend die intellektuelle Entwicklung seit dem Ende des 11. Jahrhunderts das Selbstverständnis der Menschen und die Deutung der Institutionen verändert hat. Manegold hatte die Selbständigkeit der politischen wie der wissenschaftlichen Tätigkeit verworfen; jetzt war das nicht mehr so leicht möglich. Aristoteles und sein Begriff der „Natur", oft vermischt mit stoischen Anklängen einer Vergöttlichung der „Natur", hatten nun für Wissenschaft und Politik einen vortheologischen und vor-kirchlichen Freiraum geschaffen. Doch war offen, wie dieser zu deuten war. Liest man die ersten Seiten des politischen Traktats des Thomas, könnte man meinen, Politik habe ihr Ziel in sich, als Ausdruck der zielstrebig angelegten Natur des Menschen. Aber insgesamt dachte Thomas so nicht. Er beließ der Politik eine gewisse Selbständigkeit, aber diese Selbständigkeit wurde der päpstlichen Oberherrschaft strikt untergeordnet. Begründung: Die Politik verwirklicht die irdische Glückseligkeit des Menschen, aber diese ist nur ein vorläufiges Ziel; sie ist hingeordnet auf die jenseitige Glückseligkeit. Sie verhält sich zu dieser wie ein Mittel zum Zweck. Was zunächst als Ziel anerkannt wurde, wird zuletzt bloßes Mittel. Dies gilt für die Philosophie im Verhältnis zur Theologie; es gilt ebenso für die Verhältnisbestimmung von Staat und Kirche. Der Papst als der Sachwalter der jenseitigen Glückseligkeit soll auch die politischen Handlungen der Könige beurteilen. Und Thomas dachte dabei nicht an eine bloß moralische Beurteilung, sondern an politische Oberhoheit: Dem König sollen alle untertan sein, die die Mittel zu irdischer Glückseligkeit bereitstellen; der König soll dem Priesteramt untertan sein, welches das Leben auf sein letztes Ziel hinlenkt.[3]

Die politische Philosophie des Thomas enthält widerstrebende Motive. Einerseits würdigte er unbefangen, quasi-biologisch, den Sonderstatus des Menschen als „Mängelwesen“ und verzichtete auf eine theologische Abwertung der politischen Sphäre (wie der Philosophie). Die politische Organisation der Menschen hatte nach ihm in sich einen Sinn; sie ermöglichte „Glückseligkeit“ – nach Thomas wie Aristoteles das Ziel aller ethischen Handlungen. Damit trug er der Differenzierung der Lebenssphären Rechnung, die sich geschichtlich ausgebildet hatte. Er berücksichtigte den Entwicklungsstand auch insofern, als er nicht mehr vom Imperium sprach; er dachte an die politische Organisation in der Gestalt von Königtümern und Städten, aber alle als Untertanen des päpstlichen Weltherrschers. Mit der papalistischen Instrumentalisierung aller weltlichen Politik sprach er nicht den Status quo aus, sondern er formulierte ein theologisch-politisches Programm. Er stellte seine politische Philosophie in den Dienst päpstlicher Universalmonarchie. Hatte er den Staat zuvor – gegen den politischen Augustinismus – als menschliche Lebensform mit ethischem Charakter gesehen, war dieser zuletzt doch nur ein Mittel zum jenseitigen Zweck. Die Könige sollen Politik machen mit dem Ziel, daß die Menschen in den Himmel kommen; sie sollen gebieten, was dahin führt; sie sollen untersagen, was davon abhält.[4] Wie sie das machen sollen, sagt ihnen der Klerus. Wenn sie dabei versagen, entscheidet der Papst, was mit ihnen geschieht. Im Endergebnis setzte sich die Vorstellung durch, die wir bei Manegold kennenlernten. Nur blieb das Gesamtbild bei Thomas zwiespältig. Es zeigte die Merkmale eines „historischen Kompromisses“.

3. Dantes Theorie der Weltmonarchie

Anders ist das Bild bei Dante († 1321). Seine politische Theorie, wie er sie in seinem Buch ›Über die Monarchie‹ (De monarchia) entwickelt, war antipapalistisch und antithomistisch. Auch die ›Göttliche Komödie‹ enthielt eine Deutung der politischen Welt; sie war ein Schrei nach radikaler Reform. Aber ihre politische

[3] Thomas von Aquino, De regimine principum I 15, ed. cit. 18.
[4] Ib. 19.

Theorie ist kompliziert; ich beschränke mich hier auf das Buch ›Über die Monarchie‹, entstanden um 1316.

Dante wählte schon seinen Ausgangspunkt anders als Thomas; er wollte ein universales Kaisertum philosophisch als notwendig beweisen. Er betonte dabei die streng syllogistische Form. Er erklärte deshalb, welches sein Prinzip sei, von dem alle Einzelaussagen abhängen:

Das politische Wissen dient nicht der Spekulation, sondern der Handlung. Handlungen werden vom Ziel bestimmt. Das Prinzip aller politischen Aussagen ist daher die Erkenntnis des allgemeinen Ziels des Menschengeschlechts. Nur von dieser oder jener Stadt zu sprechen sei Torheit. Was ist also das Ziel, im Hinblick auf das Gott die Menschheit mit Hilfe der Natur hervorgebracht hat? Gott und die Natur produzieren die Dinge im Hinblick auf deren Tätigkeiten; in der Natur ist nichts „müßig". Wir müssen also die für den Menschen charakteristische Handlung finden, um das Ziel der Gattung zu entdecken. Es muß eine Tätigkeit sein, zu der der einzelne nicht allein fähig ist und die auch keine Familie, keine Stadt und kein Königreich allein erreichen kann. Diese Tätigkeit muß ein Äußerstes sein, was in der Macht der Menschen liegt; es muß für sie artspezifisch sein. Das bloße Dasein kann es nicht sein; dies teilt der Mensch mit den Elementen. Auch das Leben kann es nicht sein; dies haben auch die Tiere. Es muß die Erkenntnis sein, die der Mensch hat durch den „möglichen Intellekt" und die keinem Wesen über ihm oder unter ihm zukommt. So ergibt sich: Das Äußerste, was in der Macht der Menschheit liegt, ist die Kraft des Intellekts. Dessen Möglichkeiten kann kein einzelner und kann kein Volk allein verwirklichen. Um dessen Reichtum voll zu aktualisieren, bedarf es der Gesamtheit aller Menschen, „und dieser Einsicht stimmt auch Averroes in seinem Kommentar ›Über die Seele‹ zu".[5] Der erste Autor, auf den Dante sich berief, war also Averroes. Dessen Lehre vom „möglichen Intellekt" wollte Dante aber ausdrücklich auch auf das menschliche Handeln und Machen bezogen wissen. Die volle, gattungshafte Entfaltung des Menschengeistes, einschließlich seiner Praxis und seiner Technik bzw. Kunst, war also nach Averroes–Dante das Ziel der Menschheit. Dieses Ziel kann die Menschheit aber nur erreichen, fuhr Dante fort, wenn sie in Frieden lebt. Deswegen ist ein universaler Frieden der oberste Wert. Nur im Frieden entwickelt die Menschheit die Fülle ihrer

[5] Dante, Monarchia I 3, 9, ed. Pier Giorgio Ricci. Mailand 1965, 142.

Möglichkeiten. Universaler Friede *soll* sein – dies sei, so Dante, das oberste Prinzip der Politik. Alles, was er in seinem Buche sage, müsse an diesem Prinzip gemessen werden. Aus diesem Prinzip leitete er ab, eine universale Monarchie sei mit philosophischer Strenge als notwendig zu erweisen.

Dante ersetzte die quasi-biologische Begründung der Politik, die Thomas gegeben hatte, durch eine umfassende Kultur- und Friedensphilosophie, die vom Sinn der menschlichen Gattung ausgeht. Denn wenn er sich auch mit Averroes eher intellektualistisch ausdrückte, so beschränkte er den „Intellekt" nicht auf reine Theorie, sondern schloß die technische, künstlerische und handlungsbezogene Produktivität ein. Das gesamte Konzept ist auf Lebenssteigerung, nicht auf Lebensfristung angelegt. Die Menschheit soll entfalten, was an Reichtum in ihr liegt. Dazu sind alle nötig, dazu ist Frieden die Grundbedingung.

Aber relativiert sich nicht auch bei Dante diese einheitliche Sinnbestimmung der Menschheit durch seinen Glauben an ein Leben im Jenseits? Gerade auch in dieser Hinsicht wich Dante von Thomas ab. Er sprach von zwei Zielen der Menschheit. Einmal ist es die Herstellung des Glücks in diesem Leben, eines Glücks, das in der Verwirklichung des spezifisch Menschlichen besteht. Zweitens ist es die Glückseligkeit des ewigen Lebens, die im Genuß des Anblicks Gottes besteht und die wir aus eigenen Kräften nicht erreichen. Zu diesen beiden Seligkeiten führen je eigene Wege. Zur ersten kommen wir mit Hilfe der Texte der Philosophen, wenn wir nach den ethischen und intellektuellen Regeln handeln, die sie enthalten. Zur zweiten kommen wir durch die Offenbarung, wenn wir nach ihr handeln – in Glaube, Hoffnung und Liebe. Das erste Ziel wird uns durch die Vernunft gezeigt und von den Philosophen erklärt. Das zweite Ziel offenbart uns der Heilige Geist in Christus und den Aposteln. Doch die menschliche Gier ist so groß, daß sie beide Ziele verfehlen würde, zügelte sie nicht jeweils eine Autorität, die geistliche Autorität des Papstes, der die Menschen zum ewigen Leben führt, und die politische Autorität des Kaisers, der, von der Philosophie geleitet, die Menschen zur irdischen Glückseligkeit führt.[6] Die Hauptsorge des Kaisers muß dem Frieden gelten. Da dieser der einzige und oberste politische Wert ist, bezieht der Kaiser seine Autorität unmittelbar aus dem Sinn der göttlichen Weltregierung; er hängt nicht vom Papst ab. Im Gegenteil sind die

[6] Ib. III 15, 7–11 Ricci 273–274.

weltpolitischen Anmaßungen des Papsttums die Hauptursache der Kriege. Der Kaiser untersteht nicht dem Papst; der Papst hat eine moralische und spirituelle Autorität, die von einer reichen und mächtigen Kirche verspielt wird.

Dante dachte also das Verhältnis von Staat und Kirche sowie von Philosophie und Glaube prinzipiell anders als Thomas. Die beiden Ziele der Menschheit bestehen nach ihm nebeneinander; sie verdrängen sich nicht. Keines der beiden Ziele wird zum Mittel herabgesetzt. Die Theologie hat nicht mehr den übrigen Wissenschaften zu befehlen, wie Thomas gemeint hatte. Der Papst hat keine politische Autorität: Er darf keine haben, um als spirituelle Autorität erhalten zu bleiben. Die politische Sphäre erhielt bei Dante erstmals wieder intellektuelle, ethische und kulturelle Dignität, und zwar durch seine an Averroes orientierte Lehre vom Reichtum des menschlichen Gesamtgeistes und durch seine Friedensidee, die neutestamentliche Motive in franziskanischer Deutung mitenthielt. Die Anmaßung des Papsttums, den Gottesstaat als päpstliche Weltherrschaft aufrichten zu wollen, verhindert die Menschheit an ihrer Entfaltung. Zwischen Philosophie und unabhängigem Kaisertum sah Dante die naturgegebene Beziehung, gegen die Manegold schon polemisiert hatte. Beide fochten um ihre Autonomie, auch zugunsten eines von Machtpolitik und Geldgier befreiten Christentums. Nur wenn die Kirche ihr politisches Gottesstaatprojekt aufgibt, kann es in Italien geben, was es vor allem braucht: Frieden.

4. Marsilius von Padua: Verteidiger des Friedens

Dante hat im Detail heftig gegen die Papalisten polemisiert; doch diese Argumente gehören nicht hierher. Eine spirituelle Unterordnung des Kaisers unter den Vater der Christenheit wollte Dante nicht ausschließen; aber sie sollte die Autonomie des politischen Ethos nicht antasten. Die Art, wie Dante das Reich und die Philosophie dem ersten Menschheitsziel zuordnete, widersprach dem Subordinationsschema des Thomas von Aquino. Wolfhelm hätte Manegold schwerlich zu antworten vermocht; um 1080 waren die guten Argumente eher im Besitz der Päpstlichen. Dante konnte sich gegen Thomas und die Papalisten behaupten, weil Aristoteles–Averroes einer um Emanzipation ringenden Politik und einer auf Autonomie drängenden Philosophie zu Hilfe gekommen waren. Der Arzt *Marsilius von Padua* († 1342/43) sah, wenige Jahre später, den Gegensatz von Frieden und päpstlicher Weltmachtpolitik noch schärfer. Der Zusammenhang einer Befreiung der Politik von kirchlicher Bevormundung und der Selbständigkeit der Philosophie war bei ihm noch klarer, die Nähe zum Averroismus deutlicher.[7]

Der lateinische Westen hatte bei Averroes gelernt, theologische Interventionen von philosophischen Theorien fernzuhalten; auch Albert hatte, wie wir sahen, prinzipiell dieses Programm. Diese theoretische Position hatte praktisch-politische Konsequenzen. Marsilius hat sie in seiner Schrift ›Verteidiger des Friedens‹ (Defensor pacis) gezogen. Wie Dante sah er in den Oberherrschaftsideen der Päpste den größten Feind des Friedens. Aber er unterschied sich auch von Dante. Seiner medizinischen Interessenrichtung folgend, betonte er stärker die biologischen Zwänge zum sozialen Zusammenleben, Motive, die auch Thomas interessiert hatten. Vor allem aber war die politische Philosophie des Marsilius nicht mehr auf den Kaiser zugeschnitten. Wenige Jahre hatten genügt, um Dantes Erwartung eines Friedenskaisers zunichte zu machen. Der Arzt aus Padua, der in Paris die Entstehung eines „modernen" Staates hatte beobachten können, dachte an Städte Oberitaliens, wenn er politische Wissenschaft trieb. Er griff Überzeugungen der in ihrer Freiheit bedrohten Kommunen auf, wenn er lehrte, die Gesetze müßten vom Volk ausgehen. Die Volkssouveränität war jetzt kein Instrument der Kirchenpolitik mehr; sie war auch nicht nur ein Rückgriff auf altrömische Vorstellungen; sie war die einzige reale Kraft, die dem päpstlichen Machtstreben entgegenzusetzen war, wenn der Kaiser geschwächt wurde; außerdem entsprach sie der Freiheitstradition der Kommunen. Marsilius war mehr als Dante an den verschiedenen Formen der Gesellschaftung (Familie, Dorf, Stadt, Königreich) interessiert; er betrachtete den Frieden als Hauptinhalt der politischen Theorie, wie Dante, interpretierte ihn aber eher als die Gesundheit eines politischen Organismus, während Dante sich auf die Intellekttheorie gestützt hatte.

Marsilius führte „alle staatliche Gebundenheit auf freiwillige Selbstbindung des Individuums zurück", wie Otto von Gierke formuliert hat. Es ist verständlich, daß man auf der Suche nach den Vätern der demokratischen Staatsidee den Verteidiger des Friedens

[7] Marsilius von Padua, Defensor pacis, ed. Richard Scholz. Hannover 1933. Über ihn vgl. C. Vasoli, Marsilio da Padova, in: Storia della cultura veneta. Il Trecento. Vicenza 1976, 207–237. Dort auch Nuancierungen zum Begriff des „politischen Averroismus" des Marsilius.

zitiert hat. Nicht zu Unrecht, wenn nach Marsilius die Gesetze vom Volk ausgehen. Aber es war leicht, aus dem Text Einschränkungen aufzuführen: Der Herrscher, der die Gewalt vom Volk hat, unterliegt nicht mehr einer demokratischen Kontrolle. Je schärfer Marsilius den politischen Gottesstaatgedanken der Päpste zurückwies, um so mehr mußte er sich nach einer politischen Kraft umsehen, die der römischen Kirchenmacht gewachsen war. Im Laufe seines Buches stellte er die kaiserliche Autorität zunehmend heraus. Mancher Kritiker fand dies inkohärent. Aber man muß sich die Schwierigkeit vorstellen, vor der Marsilius stand. Er ging aus von der aristotelischen Staatsauffassung: Der Staat als „vollkommene Gemeinschaft", d. h. der Staat als diejenige Form der Vergesellschaftung, auf die die kleineren Gemeinschaften hingeordnet sind, in dem allein die Menschen alles finden, was sie zum guten Leben brauchen. Dieser Ausgangspunkt sollte sichern, daß das staatliche Leben als etwas anerkannt wurde, das Sinn und Zweck in sich selbst hatte, gegen die Abwertung zugunsten der Kirche. Darin stimmten Marsilius und Dante überein. Dies war neu: Eine säkulare, eine laikale Sicht des Politischen war damit gewonnen. Der Staat des Marsilius war kein bloß sozialtechnisches Gebilde. Er hatte eine ethische Gesamtkonzeption als Grundlage. Er hatte das „gute Leben" zum Ziel; er verwirklichte das Gemeinwohl. Diesen Grundgedanken konnte Marsilius der Politik des Aristoteles entnehmen, wie Thomas ihn ihr entnommen hatte. Nur hielt Marsilius ihn konsequent fest und eröffnete damit eine neue Epoche der politischen Wissenschaft. Aber die Politik des Aristoteles pries die Monarchie als beste Staatsform. Wollte man die Demokratie theoretisch verteidigen, mußte man Aristoteles korrigieren. Marsilius war nicht der einzige, der dies tat; das lag um 1300 aus realgeschichtlichen Gründen nahe. Dafür gibt es einen eigenartigen Beweis: Thomas hatte seine Schrift ›Über die Fürstenherrschaft‹ als Plädoyer für die Monarchie angelegt. Er vollendete aber sein Werk nicht. Um 1310 fand sich jemand, der das angefangene Buch des Thomas zu Ende schrieb: Ptolomaeus von Lucca. Er trug der Gesamtentwicklung Rechnung und erklärte das Wiederaufkommen autoritärer Stadtherrscher („Tyrannen", Signorien) mit der „sklavischen Natur" einzelner Regionen. Er schrieb also das im Grundsatzteil monarchistisch konzipierte Buch des Thomas im „demokratischen" Sinn zu Ende.[8] In den zwanziger und dreißiger Jahren des 14. Jahr-

[8] Vgl. dazu N. Rubinstein, Marsilio e il pensiero politico italiano, in:

hunderts lösten vielfach neue Monarchen die Selbstverwaltung der italienischen Kommunen ab. Die große wirtschaftliche Depression des 14. Jahrhunderts zeichnete sich ab; 1317/19 war es erstmals seit langer Zeit wieder zu einer Hungerkatastrophe gekommen. Die Verteilungskämpfe wurden härter; die Städte konnten ihr Programm der „Freiheit“ (libertas), konkret: die Wahl der Magistrate mit kurzer Dienstzeit (oft nur ein halbes Jahr), nicht aufrechterhalten, da die Konflikte innerhalb der führenden Schicht zu heftig geworden waren. Vielfach rief man einen starken Mann als Retter; oft konnte er seine Herrschaft auf Dauer einrichten, auch für seine Erben. Die längst kritisierte Idee der Erbmonarchie lebte wieder auf. In dieser geschichtlichen Situation war es sinnlos, die demokratische Gedankenlinie weiter auszuziehen, als es Marsilius tat. Marsilius wollte für eine vorgegebene Situation schreiben, genau wie Dante es getan hatte. Das Höchste, was erreichbar war, blieb die Forderung nach Respektierung der Gesetze durch den als Volksvertreter gedachten Herrscher. Was nicht mehr verlorengehen durfte, war die Idee des Gemeinwohls und die daraus erfließende politische Ethik. Die aktuelle Konfliktsituation zwang Marsilius, alle Aufmerksamkeit auf die Integration der Religion in den politischen Organismus zu verwenden. Die Kleriker sollten Bürger sein wie andere auch. Das war für die mittelalterliche Welt revolutionär: Der Klerus hatte seine eigene Rechtslehre und Gerichtsbarkeit; er war steuerfrei. Marsilius wollte die Religion nicht verdrängen; er wollte sie politisch einordnen, damit sie sich als spirituelle Kraft entfalte. Er griff die zentralistische Monarchie der römischen Kirchenverfassung an: Er erneuerte die Idee der altkirchlichen Konzilien, er forderte Mitbestimmung der Laien in den Gemeinden, er verwarf die Identifikation der Kirche mit der Hierarchie. Hier, in kirchenpolitischen Fragen, wurde Marsilius konkret. Hier, wo es in praktischer Hinsicht möglich und notwendig war, blieb er konsequent. Seine Gedanken haben die politische Landschaft des Spätmittelalters mitgeprägt, denn der Konziliarismus hatte keinen besseren Anwalt als ihn.

Dies heißt nicht, die Bedeutung des Marsilius liege nur in der Kirchenpolitik. Bis ins 14. Jahrhundert waren Kirche und Gesellschaft praktisch identisch, und die geschichtliche Rolle des ›De-

Medioevo 5 (1979), 143–162, bes. 152; ders., Marsilius of Padua and Italian Political Thought of his Time, in: J. R. Hale – J. R. L. Highfield – B. Smalley (Hrsg.), Europe in the Late Middle Ages. Evanston 1965, 44–75.

fensor pacis‹ lag darin, daß er eine Trennung beider, die sich realgeschichtlich abzeichnete, durch die Theorie sanktionierte. Daß er die Theorieelemente nicht weiterverfolgte, die zur Idee der liberalen Demokratie geführt hätten, entsprach der Situation, die gezeichnet war durch die päpstlichen Weltherrschaftspläne, durch die blutigen Machtkämpfe in den Kommunen und durch das Aufkommen der Signorien. Marsilius hat klar gesagt, was er in dieser geschichtlichen Stunde verteidigen wollte: den Frieden. Augustin hatte gelehrt, es sei ein Zeichen von Dummheit, in der zerrissenen irdischen Welt einen Zustand des Friedens zu erwarten. Thomas hatte dagegen die Monarchie mit dem Argument begründet, sie sei am meisten geeignet, die „Einheit des Friedens“ zu sichern; der Friede war nicht mehr dem Jenseits reserviert. Nach Dante hing der Sinn des menschlichen Lebens daran, daß Frieden auf Erden möglich ist; er forderte deshalb die Universalmonarchie und verwarf die päpstlichen Machtansprüche. Als Marsilius zwischen 1322 und 1324 in Paris sein Friedensbuch schrieb, dachte er nicht mehr wie Dante an eine globale Friedensordnung. Was er vor Augen hatte, war der Zustand Italiens. Dort ging die große Zeit der Kommunen in blutigen innerstädtischen Kämpfen zu Ende; die Signorien breiteten sich aus. Diesem Italien wollte Marsilius zu Hilfe kommen durch die Zurückdrängung der klerikalen Gottesstaatideologie und durch die Forderung, der Gesetzgeber habe sich selbst an die Gesetze zu halten; der „menschliche Gesetzgeber“, d. h. das Volk, habe das Recht, ihn zu korrigieren und gegebenenfalls abzusetzen.

Die Situation, in die Marsilius hineinredete, hat ihren künstlerischen Ausdruck gefunden in dem großen Fresko des Ambrogio Lorenzetti im Stadtpalast von Siena, entstanden gegen 1340.[9] Es stellt die Folgen des guten und des schlechten Regiments dar: In einer guten Stadtverfassung ist das Gemeinwohl der eigentliche Herrscher der Stadt. Der aristotelische Begriff des Gemeinwohls war hier allegorisch dargestellt; er diente dazu, den Gegensatz des kommunalen Selbstverständnisses zur Signorie zu verkörpern. Wo das Gemeinwohl herrscht, werden die innerstädtischen Konflikte ohne Gewalt überwunden; es siegt die Gerechtigkeit, nicht ein einzelner Mensch, ein Tyrann. Daraus ergibt sich Sicherheit, auch auf abgele-

[9] Vgl. dazu N. Rubinstein, Political Ideas in Sienese Art: The Frescoes by Ambrogio Lorenzetti and Taddeo di Bartolo in the Palazzo Pubblico, in: Journal of the Warburg and Courtauld Institutes 21 (1958), 179–207.

genen Straßen. Der Handel blüht, die Bauern können gefahrlos auf dem Feld arbeiten. Das Leben entfaltet sich, geschäftig und heiter. Denn oben thront entspannt – viel größer als ein einzelner Mensch – der Frieden (Tafel 4).

Dies war ein ethisch-politisches Programm, ermöglicht durch aristotelische Philosophie, nicht schon ein Inbegriff der politischen Welt. Dies zeigt die Nachbarwand mit den zerstörenden Folgen des schlechten Regiments (Tafel 5). Beide Bilder zusammen enthielten die italienische Wirklichkeit. Das Land stand am Scheideweg. In diesem konkreten Kontext wollte Marsilius mit seiner antipapalistischen Polemik etwas Nützliches tun.

XI. HARMONISIERUNG ODER KRITIK – LUTTERELLS EINWÄNDE GEGEN WILHELM VON OCKHAM

1. Konflikt zwischen Wissenschaft und Papsttum im 14. Jahrhundert

Als der Papst den ›Verteidiger des Friedens‹ gelesen hatte, sagte er, dies sei das ketzerischste Buch, das er je gesehen habe. Johannes XXII. war ein Jurist und Finanzgenie; er konnte das Desaster ahnen, das der päpstlichen Macht- und Finanzpolitik drohte, wenn Marsilius Zustimmung fände. Die weitere Entwicklung gab ihm recht: Im 16. Jahrhundert trat die Katastrophe ein, und Marsilius hatte aktiven Anteil an ihr. Aber vielleicht gab es subtilere und gefährlichere Irrlehren als die des Marsilius. Der Papst hatte Gelegenheit, solche kennenzulernen. In seine Amtszeit fielen sowohl der Prozeß gegen *Wilhelm von Ockham* († ~ 1349) als auch die Verurteilung Meister Eckharts. Das Verhältnis von Wissenschaft und Papsttum hatte sich verschoben, seit Albert der Kurie die Vorzüge der neuen Philosophie demonstriert hatte. Zwar hatte sie auch Berengar und Abailard verurteilt; aber deren Erbe hatte doch die kirchlich anerkannte Wissenschaft wesentlich geprägt. Im 14. Jahrhundert war das Papsttum für theoretische Neuerungen wie die Aristotelesrezeption nicht mehr zu gewinnen; es verhielt sich defensiv und verwarf die laikale politische Philosophie ebenso wie die Erkenntnis- und Wissenschaftskritik Ockhams und die Spekulationen Eckharts.

Der junge Franziskanerdozent Wilhelm hatte von 1317–1319 in Oxford die Sentenzen des Petrus Lombardus erklärt. Er hatte sich dabei weit von den üblichen Wegen entfernt. Er kritisierte Thomas von Aquino, der in diesen Jahren an Anhängern gewann; er schonte nicht den Franziskaner Duns Scotus († 1308), der zusammen mit Bonaventura zum Lehrer seines Ordens avancierte. Überhaupt verfestigten sich die intellektuellen Fronten: Die Orden legten sich fest und verboten ihren Dozenten bei Amtsverlust und Gefängnisstrafe, von den Autoritäten abzuweichen. Thomas wurde zur Norm für die Dominikaner, Bonaventura und Duns Scotus für die

Franziskaner. Immer noch gab es viele Varianten; aber es bildete sich allmählich eine Art Normalscholastik, die bis in unser Jahrhundert hinein den Eindruck intellektueller Uniformierung des ganzen Mittelalters erzeugt hat. Ockham hielt sich nicht an sie. Der Kanzler seiner Universität, Johannes Lutterell, selbst ein angesehener Theologe, war besorgt und verfaßte eine Schrift über die Irrlehren des jungen Kollegen; er stellte sie der Kurie zu, die damals in Avignon residierte. Dies dürfte 1324 geschehen sein, denn in diesem Jahr wurde Ockham nach Avignon zitiert, um sich zu rechtfertigen. Vier Jahre lang mußte er sich zur Verfügung halten. Sein Prozeß zog sich hin, er ist nie zum offiziellen Abschluß gediehen. Aber die Gutachten der Kommission lauteten ungünstig; Lutterell behielt recht: Die neue Lehre war gefährlich. Sie kritisierte die Grundlagen der bisherigen Philosophie und wandte das Ergebnis dieser Kritik auf die Theologie an. Sie „mißbrauchte“ die Logik; sie zerstörte den Wissenschaftscharakter der Theologie; sie setzte Mißtrauen in Begriffe und Worte; sie problematisierte die sinnliche Wahrnehmung; sie stürzte ehrwürdige Ansichten über das Verhältnis von Denken und Wirklichkeit um. Sie rüttelte an den Schulansichten über die Substanz und ihre Eigenschaften (Akzidentien) und brachte die Verteidiger der kirchlichen Abendmahlslehre in Bedrängnis. Sie zeigte, daß Thomas und Duns Scotus in naivem Zutrauen die Formen der Sprache für Formen der Dinge gehalten hatten; vor allem kritisierte sie deren Begriff des Unterschieds (distinctio). Dies wiederum zog die Trinitätslehre in Mitleidenschaft. Kurz: Es blieb kein Stein des kirchlichen Begriffsgebäudes auf dem anderen. Ockhams abweichender Begriff von Gottes Allmacht (ich komme darauf zurück) zerstörte die Gnadenlehre und berührte die Ethik.

Zwischen 1324 und 1328 wurden alle diese Fragen in Avignon diskutiert. Die Akten beweisen, daß die Aussichten für den englischen Franziskaner nicht gut standen. Da veränderte ein äußeres Ereignis das Leben Ockhams. Bisher hatte er sich um praktisch-politische Fragen wenig gekümmert. Er war Logiker, Erkenntniskritiker und Aristoteleserklärer gewesen. Aber in Avignon hielt sich damals der oberste Vertreter des Franziskanerordens auf. Er war zur Kurie zitiert worden wegen seiner radikal-franziskanischen Ideen über die Armut. Zum „vollkommenen Leben“ gehörte für ihn der vollständige Verzicht auf Eigentum. Auch die Klostergemeinschaft sollte besitzlos sein, nicht nur der einzelne Bruder. Der Papst verwarf diese Ansicht. Der Ordensobere zeigte Wilhelm die Gutachten der Kurie in der Armutsfrage. Wilhelm berichtet selbst, er habe zunächst unterstellt, daß der Papst sachlich im Recht sei. Aber bei näherer Prüfung habe er gefunden, daß die Kurie die neutestamentliche Lehre vom Eigentum verworfen habe. Sie bestreite selbst die absolute Armut Jesu und der Apostel. Die Führer der Franziskaner sahen, daß ihnen in Avignon Gefahr drohte: Dieser Papst war selbst ein Häretiker. Sie flohen im Mai 1328 nachts nach Aigues Mortes, setzten von da nach Pisa über. Dort suchten sie Schutz bei Kaiser Ludwig d. Bayern, der mit dem Papst in Konflikt lag. Ockham ging mit ihm nach München und verteidigte in einer Reihe politischer Traktate die Selbständigkeit des Kaisertums gegenüber dem Papst. In München traf er Marsilius von Padua, der ebenfalls zum Kaiser geflohen war, nachdem man entdeckt hatte, daß er der Verfasser des anonym erschienenen ›Defensor pacis‹ war. Jetzt standen die bedeutendsten Theoretiker der Zeit im Dienst des mit der Kurie verfeindeten Kaisers. Ockhams Leben und Werk brach dadurch in zwei Teile. Bis 1325 etwa beschäftigte er sich als stiller Denker mit vorwiegend theoretischen Problemen. Von 1325 bis 1349 (dieses Jahr steht nicht ganz fest) arbeitete er als philosophisch-politischer Schriftsteller; er bekämpfte die Lehre von der päpstlichen Oberherrschaft über die weltlichen Herrscher. Seine Motive waren andere als die des Arztes und Rechtsgelehrten aus Padua, dem die franziskanische Armutsidee fremd war. Aber in der Kritik am Papalismus waren sie sich einig.

2. Kritik der Abstraktionen

Das Denken Ockhams ist klar, aber kompliziert. Auch die Philosophien Eriugenas, Anselms, Abailards und Alberts waren von hoher Komplexität. Aber nach 1300 wurden die Sachlage und die Diktion der Philosophie verwickelter. Die Zahl der divergierenden Ansichten war größer; bis in die 80er Jahre des 13. Jahrhunderts strömten neue Materialien, bislang unbekannte Texte, in den Westen. Danach begann eine Periode kritischer Sichtung. Die im 13. Jahrhundert entwickelten Positionen wurden kritisiert und verteidigt. Man machte Einwände, und man antwortete durch Verfeinerung der Unterscheidungen. Die Logik, die vom Anfang der mittelalterlichen Philosophie an eine führende Rolle eingenommen hatte, war im 13. Jahrhundert zu einer hochentwickelten Fachwissenschaft geworden; ihr hohes Niveau beeinflußte den allgemeinen

Diskussionsstil. Die Sprache der Texte wurde terminologischer; man achtete auf beweistechnische Finessen.

Dies alles erschwert den Zugang zur spätmittelalterlichen Philosophie. Es brachte sie bei den Humanisten in Verruf: Das Latein der subtilen Tüftler war schlecht. Aber nicht nur die Verehrer Ciceros brachten die spätscholastischen Denker in Verruf. Auch die Anhänger der im 13. Jahrhundert geschaffenen Ausgleichsversuche sahen das 14. Jahrhundert als Zeit des Verfalls. Das Interesse dieser Zeit an Fragen der Logik, sagt man, habe die „Synthese" des 13. Jahrhunderts zerstört. Der gelehrte Kardinal Franz Ehrle tadelte am 14. Jahrhundert „das Überwuchern des Artistentums in der Theologie". Richtig ist, daß die Systeme des 13. Jahrhunderts (Albert, Thomas, Bonaventura) jetzt kritisiert wurden und daß Ockham ein bedeutender Logiker war. Daß die Sache der Philosophie darunter gelitten hätte, meinen nur diejenigen Historiker, die in unhistorischer Weise ihren Maßstab zur Beurteilung des 14. Jahrhunderts dem 13. Jahrhundert entnehmen.

Richtig ist auch, daß es schwierig ist, in das Denken Ockhams einzuführen, wenn es auch dazu neuerdings wertvolle Hilfen gibt.[1] Ich versuche es, indem ich der Polemik nachgehe, die Ockham sofort ausgelöst hat. Dies hat den Vorteil, daß die Fragen zur Sprache kommen, die im 14. Jahrhundert mit dem Namen Ockhams in Verbindung gebracht wurden; die Gefahr der Modernisierung eines mittelalterlichen Autors ist dadurch etwas geringer, natürlich nicht völlig überwunden. Lutterells Anklageschrift kommt uns dabei entgegen. Sie war nicht eine bloße Liste von Irrtümern, sondern sie enthielt sorgfältig ausgewählte Zitate Ockhams, und sie ließ sich auf eine Diskussion mit ihm ein. Sie enthielt nicht weniger als 51 Irrlehren des Franziskaners; in der Mehrzahl waren es theologische Thesen. Aber Lutterell sah, daß diese „Irrtümer" ihren Ursprung in einer neuen Philosophie hatten, und ging auf diese Grundlagen ein. Wir können unser Verständnis Ockhams nicht an seinen Gegner Lutterell binden. Aber man kann mit seinen Einwänden beginnen. Dies tat übrigens auch die päpstliche Untersuchungskommission. Sie folgte nicht in allem der Anklageschrift; sie verschaffte

[1] Wilhelm von Ockham, Texte zur Theorie der Erkenntnis und der Wissenschaft. Lateinisch-deutsch, hrsg. und kommentiert von Ruedi Imbach. Stuttgart 1984; ferner von Ruedi Imbach, Wilhelm Ockham, in: Klassiker der Philosophie, hrsg. v. O. Höffe, Bd. 1 (München 1981), 220–244. Dort weitere Literatur.

sich ein selbständiges Urteil. Aber sie kam doch zu einem ähnlichen Gesamturteil wie der Oxforder Kanzler, der übrigens ihr Mitglied war.[2]

Ockham trieb Sprachkritik. Er befürchtete die Verselbständigung von Worten und Abstraktionen. Er wollte gegenüber der mittelalterlichen Philosophie nur das tun, was Aristoteles gegen Platon getan hatte: daran erinnern, daß alle menschliche Erkenntnis mit der sinnlichen Erfahrung beginnt. Dies hatten auch Avicenna und Thomas dem Aristoteles nachgesprochen. Aber sie neigten dazu, sprachliche Formen für Formen der Welt zu halten. Averroes hatte dies an Avicenna gerügt; Ockham kritisierte es an Duns Scotus und Thomas. Er zeigte in sorgfältigen Einzeluntersuchungen, wie diese Denker Gedankenunterscheidungen für real oder halb-real ausgegeben hatten. „Halb-real" klingt merkwürdig und ist es auch; aber genau dies hatte Ockham gegen Thomas und Scotus einzuwenden, gegen ihre „virtuellen" und „formalen" Distinktionen. Nach Ockham hatten diese Denker ihre Hilfskonstruktionen zur Rettung ihres Vernunftkonzepts über die Dinge und Gott geworfen. Sie hatten den einzelnen Menschen gedacht, als stelle er eine (reale) allgemeine Natur dar (ein Wesen), das zusätzlich individuiert wird durch den Stoff. Dagegen beharrte Ockham auf der aristotelischen Einsicht, das Wirkliche sei von sich aus individuell: Nicht die „Menschheit" existiert, sondern allein die einzelnen Menschen; in unserem Denken und Sprechen bilden wir nachträglich allgemeine Strukturen. Alle Aufmerksamkeit ist darauf zu wenden, ob diese „Namen" auch für tatsächlich existierende Einzeldinge stehen („supponieren"). Ockham bestritt, daß den allgemeinen „Namen" irgend etwas Allgemeines in der Realität entspreche; daher nannte man ihn einen „Nominalisten". Diese Bezeichnung enthielt oft den Vorwurf, wir hätten es überhaupt nur mit Wörtern zu tun, Ockhams Philosophie bestreite jede Erkenntnis von „Sachen". Ich habe dies schon klargestellt: Das Wissen bezieht sich nach Ockham auch auf Sachen, aber es bildet die Welt nicht ab. Die allgemeinen

[2] Der Text Lutterells bei Fritz Hoffmann, Die Schriften des Oxforder Kanzlers Johannes Lutterell. Leipzig 1959. – Die Gutachten der Untersuchungskommission bei Josef Koch, Neue Aktenstücke zu dem gegen Wilhelm Ockham in Avignon geführten Prozeß, in: Recherches de Théologie ancienne et médiévale 7 (1935), 353–380; 8 (1936), 79–93 und 168–197. – Ockhams Sentenzenkommentar jetzt in den Opera philosophica et theologica, ed. G. Gál. St. Bonaventure. New York 1967 ff.

Wörter können für Sachen „stehen", aber dies muß die Wissenschaft nachweisen; sie darf es nicht als gesichert unterstellen. Der Nachweis hat zu erfolgen, indem gezeigt wird, wie allgemeine Ausdrücke auf individuelle Dinge zurückweisen: Die Erkenntnis der Einzeldinge ist der Ausgangspunkt, und die Wissenschaft muß den Weg von ihnen zu sinnvollen Abstraktionen kritisch darlegen. Sie muß zeigen, daß sie keine unnötige Vielzahl von Erklärungsgründen eingeführt hat, daß ihre Theorien „ökonomisch" sind. Dabei fällt vieles weg, was die bisherige Philosophie verteidigt hat; daher spricht man von Ockhams „Rasiermesser".

Ockhams Philosophie war wesentlich eine Kritik der Abstraktionen, geleitet von dem Grundsatz, daß alles Wirkliche individuell ist und daß Theorien so einfach sein müssen wie möglich. Jeder abstrakten Erkenntnis müßte, wenn sie Realität aussagen sollte, die direkte Erfassung (Ockham sagte „Intuition", aber das Wort hatte eine andere Bedeutung als heute bei uns) eines einzelnen zugrunde liegen.

Lutterell kritisierte diesen „Nominalismus". Jedes Wort, sagte er, bezeichne ein Wesen, eine Substanz.[3] Er wiederholte auf diese Weise sein Vertrauen in die Sprache, das Ockham nicht mehr teilte. Hatte Ockham sich auf Aristoteles berufen, so hielt Lutterell ihm entgegen: Aristoteles habe von „erster Substanz" und von „zweiter Substanz" gesprochen, und die „erste Substanz" des Aristoteles sei das Einzelwesen, die „zweite" aber das Allgemeine. Wenn das Allgemeine nichts Reales sein kann, wieso nannte es Aristoteles dann „Substanz"? Dies hatte Aristoteles in der Tat getan; er war bei seiner Platonkritik nicht konsequent geblieben. Lutterell bekräftigte diese Zweideutigkeit im Aristotelismus, an die sich eine jahrhundertealte platonisierende Aristotelesauslegung gehalten hatte und die Ockham beseitigen wollte. Ockham wollte aristotelischer sein als Aristoteles. Aber damit zerstörte er, nach Lutterell, den Realitätsgehalt unseres Denkens und unserer Sprache. Wenn es in der Bibel heißt: „Am Anfang erschuf Gott Himmel und Erde", dann sind „Himmel" und „Erde" nicht bloße Begriffsgebilde (fictum), sondern Dinge in der Außenwelt (res quae est extra). Ockham entleert nach Ansicht seines Gegners nicht nur die menschliche Sprache, sondern auch die Aussagen der Offenbarung.

Lutterell wußte, daß Ockham nicht jeden Realitätsbezug unserer

[3] Johannes Lutterell, Libellus contra doctrinam G. Occam, art. 36 n. 224 Hoffmann 85 Zeile 2.

Sprache streichen wollte, und er war gerecht genug, dies in seiner Anklageschrift zu erwähnen. Ockham hatte gesagt, unsere Begriffe könnten unter genau anzugebenden Bedingungen für Sachen stehen (supponieren). Aber Lutterell erklärte diesen Rettungsversuch einer objektiven Wissenschaft für ungenügend: Wenn die Dinge, von denen wir Prädikate aussagen, mit dem Subjekt unserer Aussage inhaltlich nichts zu tun haben, können die von uns gebildeten Subjektbegriffe nicht für sie stehen.[4]

Daß die Welt eine innere Beziehung auf Begriffe haben müßte, damit Begriffe auf sie anwendbar seien, diese Voraussetzung wollte Lutterell nicht aufgeben. Die Dinge der Außenwelt müßten eine gedankenförmige Struktur oder eine allgemeine „Natur" haben, wenn Wissen möglich sein sollte. „Wissen" war dann verstanden als das Abbilden des Weltaufbaus in der Seele. Ockham hatte einen anderen, einen „modernen" Begriff von Wissenschaft: Wissen als Gesamtheit selbstgebildeter Begriffe, die streng kohärent und möglichst einfach konstruiert und deren Ausgangspunkt in individueller Erfahrung gesichert ist.

Lutterell war ein „konservativer", an Thomas von Aquino orientierter Autor. Aber sein Text zeigt, wie er um Gerechtigkeit bemüht war und wie er die Gefährlichkeit der neuen Position erkannte. Man könnte in grober Vereinfachung sagen, im Mittelalter seien drei verschiedene Begriffe des Wissens entwickelt worden:

Das frühe Mittelalter verstand im Anschluß an Augustin „Wissen" als göttliche Erleuchtung, die sich in meditativer Lektüre der Bibel und der Autoritäten einstellt. Diesen Wissensbegriff hat Abailard zerstört. Mit Hilfe des Avicenna und des Averroes konstruierte man aus Aristoteles ein zweites Wissenskonzept: Wissen als Nachzeichnen der göttlichen Ordnung des Universums. Dabei wußte man schon, wieviel der Mensch mit seiner Vernunfttätigkeit dazu beiträgt; dies zeigen die Debatten über den „tätigen Intellekt". Aber die Rationalität der Welt und die Welthaltigkeit unserer Gedanken galten als gesichert: Unsere Definitionen zeigten den Wesensaufbau der Dinge. Averroes und seine Schüler folgerten aus der zeitlosen Gültigkeit unserer Definition des Menschen und der Welt, daß es immer Menschen gab und daß es immer Menschen geben werde. Die Welt mußte ewig sein, weil sein Wissenskonzept es verlangte.

Im 14. Jahrhundert stieg das Bewußtsein von der Kontingenz der

[4] Ib. art. 36 n. 226 Hoffmann 85, vgl. den ganzen Text, 83–85.

Welt. Dies ergab sich aus der innerphilosophischen Kritik an den bisherigen Metaphysikentwürfen, die nichts anderes intendierten als Kontingenzbeseitigung. Auch die realen Erfahrungen bestätigten es: Als Ockham seinen Sentenzenkommentar vortrug (1317–19), herrschte erstmals wieder – seit dem Ausgang des 11. Jahrhunderts – eine große, überregionale Hungersnot. Wirtschaftliche Depression setzte ein: Die Rodungsbewegung hörte auf, die Bevölkerungszahl sank, die Wälder, die man seit zwei Jahrhunderten zurückgedrängt hatte, dehnten sich wieder aus. Viele Dörfer wurden verlassen. 1348/49 wütete die große Pest; sie traf physisch, psychisch und ökonomisch geschwächte Menschen. Die Städte waren von inneren Kämpfen zerrissen. Die modern organisierten Flächenstaaten wuchsen an Bedeutung, waren aber noch nicht imstande, eine gesicherte Ordnung zu gewähren. In dieser Situation bot die Religion eine Erklärung. Die Motive der göttlichen Allmacht, des göttlichen Zornes über die durch den Reichtum korrumpierte Kirche und die menschliche Sündhaftigkeit erhielten aktuelle Bedeutung. Sie erinnerten wieder an die Kontingenz. Gleichzeitig wuchs das Bewußtsein, daß die Welt nicht einfach vorgegeben ist, sondern daß Menschen ihre Gestalt mitbestimmen. Ockhams Wissenschaftsbegriff formulierte dies. Sein Konzept war nicht mehr sanktioniert als Abbildung des göttlichen Kosmos. Es wußte sich als Menschenwerk, aber als ein Menschenwerk, das Maßstäben gerecht werden mußte. Dieses Wissen wußte sich als unabgeschlossen und als vielfach bedingt. Aber es ergab sich dieser Erfahrung nicht in religiöser Passivität, sondern es verschärfte die Regeln seines Vorgehens. So entstand im Mittelalter eine Wissenschaftsauffassung, die über das Mittelalter hinausdrängte. Lutterell sah die Beunruhigung, die daraus erwuchs. Daß diese Beunruhigung objektive Gründe hatte und durch eine Rückkehr ins 13. Jahrhundert nicht zu bannen war, sah er nicht.

3. Kritik der sinnlichen Wahrnehmung

Nach Ockham mußte sich die Wissenschaft mehr um ihren Ausgangspunkt kümmern, um die direkte Erfassung der allein existierenden Einzeldinge. Aber bei tieferem Eindringen erwies sich auch dieser Ausgangspunkt als problematisch. Alles abstrakte Wissen sollte aus direkter Einzelerfahrung hervorgehen; es mußte sinnliche Wahrnehmung als seine Basis ausweisen können. Aber konnte es das? Wenn die Welt kontingent war, schlug dies nicht auch auf die sinnliche Erfahrung der Welt zurück? Woher sollte diese neue Wissenschaft das Notwendige und Bleibende nehmen, das nach Aristoteles und Averroes allein den Gegenstand der Wissenschaft ausmacht?

Tatsächlich hat Ockham im Prolog seines Sentenzenkommentars an der Gewißheit der sinnlichen Wahrnehmung gerüttelt: Wenn wir direkt („intuitiv" in der alten Bedeutung des Wortes) ein sinnliches Ding wahrnehmen, können wir nicht sicher sein, daß es existiert. Wir wissen heute, daß wir den Schein längst erloschener Sterne wahrnehmen können. Ockham wußte nichts von der Entfernung der Sterne, als er schrieb: Die Anschauung des Sterns kann bleiben, auch wenn der Stern zerstört ist.[5] Die „intuitive" Erkenntnis nichtexistierender Dinge ist möglich, d. h., sie bildet nicht in sich einen Widerspruch. Hier hakte Lutterell ein. Er sah auch, daß nicht das Motiv der göttlichen Allmacht für diese Überlegung ausschlaggebend war. Ockham hatte zwar diese Allmacht ins Spiel gebracht, um plausibel zu machen, daß Gott meine Wahrnehmung der Farbe am Dasein erhalten kann, auch wenn das farbige Ding nicht existiert. Aber Ockhams Hauptargument war dies nicht. Sein Beweis lautete vielmehr: Das Sehen (übrigens auch: das geistige Erkennen) der Farbe ist nach Ort und substantiellem Träger etwas anderes als die Farbe. Sehen und Gesehenes sind je selbständige Dinge, sind je eine „absolute Sache" (res absoluta).[6] De facto oder „normalerweise" treten sie zusammen auf. Aber dieser Zusammenhang ist kontingent, d. h., er ist nicht von solcher inneren Notwendigkeit, daß seine Aufhebung einen Widerspruch darstellen würde. Wenn wir etwas sehen, das nicht existiert, bildet das keinen Widerspruch in sich. Von diesem Zweifel nahm Ockham die Gewißheit über unsere eigenen geistigen Tätigkeiten aus. Wenn ich sage „ich denke", so ist dies evident; es hängt auch nicht von Sinneserfahrungen ab.[7] Dieses augustinische Motiv der Selbstgewißheit seelischer Akte hat Descartes später fortentwickelt. Aber Lutterell sah darin keinen Ausweg, zumal Ockham mit dem Gedanken gespielt hatte, es könne jemand die ewige Anschauung Gottes genießen, auch wenn Gott nicht existierte. Dann konnten selbst die Seligen im Himmel

[5] Wilhelm von Ockham, Scriptum in primum librum sententiarum, Prologus, quaestio 1, ed. cit. 39 Zeile 6.

[6] Ib. 39 Zeile 2.

[7] Ib. 40 Zeile 3–6.

nicht sicher sein, daß sie nicht einer Illusion erliegen. Dann war die Verbindung zwischen Erkenntnis und Gegenstand zerrissen. Ungeheures Mißtrauen war dann angebracht. Lutterell argumentierte nicht eben glücklich dagegen: Selbst wenn man einmal zugibt, daß Ding und Erkenntnis unabhängig existierende („absolute Dinge" in der Sprache Ockhams) sind, muß man doch sehen, daß Wahrnehmen und Denken ein so schwaches Sein haben, daß sie sich ganz auf ihren Gegenstand stützen müssen, so daß sie ohne jenen nicht existieren können.[8]

Also: Erkenntnis und Gegenstand sind getrennte Dinge, aber die Erkenntnis ist von solcher ontologischen Schwäche, daß sie sich notwendigerweise auf ihren Gegenstand stützt. Dabei setzte Lutterell voraus, was er beweisen wollte. Eingehend bemühte er sich, die Beispiele von Sinnestäuschungen, Halluzinationen und optischen Effekten zu entkräften, welche die Gegner (plötzlich sprach Lutterell im Plural: Ockham war mit seinem Zweifel nicht allein) anführten, z. B. daß man im fahrenden Boot glauben kann, das Ufer bewege sich: In diesen Fällen glaube man zwar, etwas zu sehen, sehe aber in Wirklichkeit nicht das Gemeinte, sondern ein abgelöstes sinnliches Erkenntnisbild.[9] Lutterell glaubte, einen Standpunkt einnehmen zu können, der über dem des Getäuschten steht und von dem aus er erklären kann, wie die Täuschung zustande kam. Nun wollte auch Ockham keinen prinzipiellen Skeptizismus. Auch er glaubte, einen von der Kontingenz unbeschädigten Betrachterpunkt einzunehmen, von dem aus er die Zufälligkeit der Vereinigung von Erkennen und Welt beschreiben konnte. Insofern lagen in seiner Analyse Möglichkeiten, die er nicht ausschöpfte. Wenige Jahre, nachdem er die zitierten Sätze geschrieben hatte, wurde die Philosophiekritik des Al-Gazali erstmals ins Lateinische übersetzt. Das war anno 1328. Wann ein Buch übersetzt wird und ob man sich dafür interessiert, das hat, wie wir mehrfach gesehen haben, objektive Gründe. So entsprach auch die Al-Gazali-Übersetzung einer kulturellen und realgeschichtlichen Gesamtsituation. Es bestand ein Bedürfnis, den Zweifeln an der Wissenschaft, vor allem an der Metaphysik, näher nachzugehen. Und vor der Jahrhundertmitte gab es in Paris einen Professor, der Ockhams Problem – vermutlich mit Hilfe der Skepsis des Al-Gazali – verallgemeinerte: Können wir irgendwann einmal sicher sagen, daß ein Gegenstand wirklich gege-

[8] Johannes Lutterell, Libellus art. 2 n. 20 Hoffmann 13.
[9] Ib. 15.

ben ist, wenn wir ihn sehen? Dieser Zweifler hieß Nicolaus von Autrecourt.[10] Gewiß können wir Ockham die Konsequenzen nicht anlasten, die Nicolaus zog: Ockham glaubte an die Konstanz des Naturablaufs (für den Normalfall, aber man konnte nicht wissen, wann die Ausnahme eintrat); Ockham hielt die inneren Akte für unmittelbar evident. Aber die Wissenschaft wußte nun, auf wie unsicherem Terrain sie sich bewegte. Damit war die Axt an den Wissenschaftsbegriff gelegt, den ich oben als das zweite Wissenskonzept des Mittelalters bezeichnet habe. War dann der erste, der sich auf Erleuchtung berief, nicht doch sicherer? Es kam im 14. Jahrhundert daher zu einer Rückkehr Augustins, einer Rückkehr in eine sehr veränderte Welt. Aber nicht nur die Wissenschaft war verändert. Auch für die alltägliche Erfahrung war Mißtrauen angesagt. Es war nicht mehr nur ein Mißtrauen in Autoritäten, es war ein Mißtrauen in die welterschließende Kraft der Sprache. Bewegte man sich nicht oft unter bloßen Namen? Und wenn uns Ockham die Gewißheit eigener innerer Akte ließ (daß wir z. B. an Gott glauben oder jemanden lieben), so hatte er doch in Frage gestellt, ob wir die inneren Akte anderer Personen erkennen. Wir können nicht wissen, ob jemand an Gott glaubt. An solchen Meinungen ist Zweifel immer angebracht.[11] Die Gewohnheit, mit der man von „Gläubigen“ und von „Ungläubigen“ sprach und auf der das soziale Gefüge der sichtbaren Kirche beruhte, war damit als problematisch erkannt.

In einer solchen philosophischen Situation konnte erst entstehen, was wir heute eine „Tatsache“ nennen. Gaunilo hatte an Anselm gerügt, er folgere reales Dasein aus bloßen Gedanken. Ähnlich hatte Averroes den Avicenna getadelt. Aber erst wenn die Vernunft an ihrer Welthaltigkeit durchgehend zweifelt, erhält die äußere Erfahrung die Bedeutung, die das Wort „Tatsache“ anzeigt: Sie entscheidet, ob wir uns in bloßen Begriffskombinationen bewegen oder ob unsere Konstruktionen für etwas Reales stehen. Zur Empörung Lutterells verschonte Ockham nicht einmal die Seligen im Himmel von dieser Erschütterung: Wer Gott im Jenseits direkt anschaut, kann deswegen nicht wissen, ob diese Seligkeit ewig währen wird – ein für Lutterell empörender Gedanke. Für Ockham entsprach er dem Gewicht, das „Tatsachen“ für ihn hatten: Ein

[10] Deutsche Übersetzung seines Textes bei Flasch, MA 484–500.

[11] Ockham, l. c. 42 Zeile 14–15: non esset inconveniens quod dubitarem utrum ille crederet vel non.

kontingentes zukünftiges Ereignis können wir erst wissen, wenn es tatsächlich eingetreten ist und wenn es mit uns bei seiner „intuitiven“ Erfassung „normal“ zugeht. Ockham argumentierte: Wenn ich zweimal an einer Mauer vorbeigegangen bin und wenn ich gestern und heute sah, daß sie weiß war, kann ich nicht sicher wissen, ob sie morgen weiß sein wird.[12] Dieses Beispiel zeigt, daß ein bestimmter theoretischer und geschichtlicher Kontext vorhanden sein muß, damit aus der sinnlichen Erfahrung eine „Tatsache“ wird. Alles könnte auch ganz anders sein. Keine Kombination von Weltelementen zeigt innere Notwendigkeit, nicht einmal die von Erkenntnisakt und -inhalt. So können wir zusehen, wie bei Ockham die Welt aufhört, wie bei den Aristotelikern von Notwendigkeit bestimmt zu sein. Aus dem göttlichen Kosmos und aus der Schöpfung als dem sichtbaren Buch Gottes wurde bei Ockham eine Ansammlung von Fakten.

4. Der Gott Ockhams

Es gibt keine mittelalterliche Philosophie von einiger Bedeutung, die nicht einen spezifischen Gottesbegriff entwickelt hätte. Dies lag nicht nur daran, daß die Religion in der Alltagswelt eine beherrschende Rolle spielte; es hatte auch innerphilosophische Gründe, die sich in der heidnischen Spätantike und bei den Arabern ebenfalls wirksam zeigten: Ein bestimmter Begriff von Vernunft, von Welt und von Wissen forderte seinen Abschluß und seine Sicherung durch eine philosophische Theologie. Im Rahmen einer philosophischen Neubestimmung von Welt und Vernunft veränderte sich notwendigerweise auch der Begriff Gottes. Der Gott Anselms unterscheidet sich daher präzis von dem Abailards oder Alberts. Ein Neuerer wie Ockham mußte seinen Gott auf eigene Weise denken. Er dachte ihn als den Allmächtigen.

Doch bei dieser Aussage ist Vorsicht am Platz: Alle Christen glaubten an die Allmacht Gottes. Sie hatte beim späten Augustin und dann wieder bei den antidialektischen Eiferern des 11. Jahrhunderts schon dazu gedient, die Ansprüche der Vernunft zurückzudrängen. Dieses Motiv war geeignet, die Flügel der Vernunft zurechtzustutzen. Bei Ockham hatte es seinen eigenen theoretischen

[12] Johannes Lutterell, Libellus art. 26 n. 170 Hoffmann 68, bes. Zeile 13.

Ort. Johannes Lutterell bewies seine philosophische Kultur, als er feststellte, die theologischen Irrlehren Ockhams hätten ihren Ursprung in der Philosophie. Auch die Idee der göttlichen Allmacht entstammt diesem Zusammenhang, und dies geht aus der Polemik Lutterells deutlich hervor.

Ockham hatte gelehrt, Gott könne befehlen, daß man ihn hasse. Lutterell erschrak: „Das ist gefährlich." Es ist nach Lutterell auch in sich widersprüchlich: Gott ist das höchste Gut. Kein Willensakt kann recht sein, der der rechten Vernunft widerspricht. Aber keine rechte Vernunft kann in Gott einen Grund entdecken, ihn zu hassen.[13] Gott ist die Gerechtigkeit: Er würde sich selbst widersprechen, wenn er befehlen würde, ihn zu hassen.[14]

Ockham kannte diese Überzeugungen. Sie waren gerade das, wovon er sich absetzen wollte. Nicht weil er als frommer Franziskaner die Allmacht Gottes speziell verehrt hätte (was sein kann, wovon wir nichts wissen und nichts zu wissen brauchen), sondern weil er Verstandesformen nicht in die Wirklichkeit selbst hineingelegt sehen wollte, auch nicht in Gott. Was in unserem Wissen vorkommt, ist unser Begriff von Gott, nicht Gott in sich selbst. Wenn wir von Gott etwas aussagen, dann ist das Subjekt eines solchen Satzes nicht Gott selbst, wie man vor Ockham angenommen hatte, sondern ein von uns gebildeter Subjektbegriff. Dies war der entscheidende Differenzpunkt zwischen Lutterell und Ockham, zwischen Thomismus und neuer Philosophie.[15] Unsere Gedankenformen sind nicht Strukturen der Dinge; unsere ethischen Gesetze sind nicht die des göttlichen Willens. Überhaupt ist das Wollen nicht so von den Motiven des Verstandes ableitbar, wie es die intellektualistische Tradition lehrt, der auch Lutterell verpflichtet war. Dagegen wendet Ockham ein: Aus unserer Begriffsverknüpfung von „rechter Vernunft" und „rechtem Willen" folgt nichts für die faktischen Entscheidungen Gottes. Was in euren Konzepten einen Widerspruch bildet, ist deshalb nicht in der Wirklichkeit ausgeschlossen. Das „fromme" Thema der Allmacht Gottes diente der Illustrierung der Nicht-Konvergenz von Wirklichkeit und Begriff. Erst im 20. Jahrhundert haben Freunde Ockhams es emotional auf-

[13] Johannes Lutterell, Libellus art. 23 n. 142 Hoffmann 58–59.

[14] Ib. art. 23 n. 143 Hoffmann 59.

[15] Lutterell kam in vielfacher Form darauf zu sprechen. Vgl. art. 4 nn. 28–29 Hoffmann 17 und der ganze articulus bis S. 26; art. 5 Hoffmann 27; art. 10 n. 68 Hoffmann 35; art. 30 Hoffmann 72–73.

geladen, um dem Häretiker Ockham „tiefe" Religiosität zu bestätigen – was außerhalb des methodisch Entscheidbaren liegt und historisch gleichgültig ist. Entscheidend ist, daß Ockhams Entflechtung von Begriffsstruktur und Wirklichkeit auch zur Kritik an den Rationalisierungen des Gottesbegriffs durch die vorausgehende Theologie geführt hat. Dadurch hat Ockham ein intellektuelles Hauptmotiv des Spätmittelalters und der Reformationszeit angeschlagen. Ockham hatte auf Wyclif und Luther nachweisbar Einfluß. Im Universitätsunterricht schwächte man ihn vielfach ab. Aber er war präsent – nicht nur in Oxford und Paris, sondern auch an den neugegründeten Universitäten Wien, Heidelberg, Leipzig und Tübingen.

Ockhams Entrationalisierung des Gottesbegriffs bestimmte auch seine Verwerfung der Ideenlehre. Die Idee galt als das allgemeine Muster der Einzeldinge. Augustin hatte sie (nicht als erster) in den Geist Gottes verlegt. Danach hat Gott die Dinge geschaffen, indem er auf die Ideen blickte, die in seiner Weisheit (seinem „Wort") lebendig sind. Die Ideen – das waren von da an die Wesensgründe der Dinge im Denken Gottes. Thomas von Aquino hatte die Ansicht für „absurd" erklärt, der Wesensgrund (die Idee) des Menschen sei derselbe wie der des Pferdes. Dabei hielt man diesen Wesensgrund (ratio) für allgemein: Alle Pferde sollten demselben Urbild entsprechen.

Eben dies verwarf Ockham. Unsere Unterscheidung der verschiedenen Ideen ist unser nachträgliches Werk; sie hat in der absoluten Einfachheit Gottes keinen Anhalt. Ockham wollte nicht völlig verbieten, von „Ideen" zu reden. Das konnte er auch nicht, denn Augustin hatte autoritativ entschieden, die Leugnung der Ideen in Gott verstoße gegen die Glaubenslehre. Aber Ockham erklärte, was man unter „Idee" noch verstehen könne – nichts anderes als das Einzelding. Ockham verwarf damit der Sache nach die Ideenlehre; nur das Wort ließ er zu und bezog es auf die allein existierenden Einzeldinge. Er wollte nicht die Strukturen menschlichen Denkens – daß es z. B. *allgemeine* Begriffe bildet – auf die Realwelt und ihren göttlichen Grund projizieren. Er kritisierte eine solche Ontologisierung von Begriffen. Er brauchte keine Vermittlung zwischen dem Weltschöpfer und den Einzeldingen in der Form von Ideen. Hatte nicht auch Thomas gelehrt, Gott sei absolut einfach? Wie soll es da zur Verschiedenheit der Wesensgründe von Mensch und Pferd kommen? Und diese Bevorzugung der allgemeinen Naturen vor den Individuen war vollends unbegründet.

Man hätte dann schon Wesensgründe der Individuen annehmen müssen.

Lutterell konnte dagegen leicht zeigen, daß man den Sprachgebrauch verdrehte, wenn man die Einzeldinge als „Ideen" bezeichnete. Die „Ideen" sind die ewigen und unveränderlichen Wesensgründe der Dinge, nicht diese selbst. Sie sind der Widerschein der Dinge im Denken Gottes. Sie sind das, worauf Gott blickt, wenn er die Dinge schafft. Sie sind das Urbild, nicht das Abbild.[16]

Ockham hätte die rein verbale Konzession nicht machen sollen. Sie verwickelte den, der sich an den bisherigen Sprachgebrauch hielt, in Widersprüche, die Lutterell vermerkte. Lutterell konnte nicht zustimmen, wenn Ockham die Ideen aus dem Innern Gottes herausnahm und in die allein existierenden Einzeldinge verlegte. Gott wurde ein Abgrund der Einfachheit. Die Allgemeinheit unserer Begriffe fiel dann ganz auf uns zurück; der Weltenschöpfer hatte mit ihr nichts zu tun. Man konnte dies als einen Exzeß an Frömmigkeit deuten: Das Denken bekennt sein Scheitern an der Unbestimmbarkeit Gottes. Man konnte das aber auch anders lesen. So als sagte der Gott Ockhams: Verzichtet darauf, eure Begriffsbalken ins Meer der Gottheit einzuführen. Wo absolute Einfachheit herrscht, haben eure Unterscheidungen keinen Anhalt. Beschäftigt euch mit der sinnlichen Welt. Dort sollt ihr handeln. Dort müßt ihr euch orientieren. Dazu seid ihr ausgerüstet. Laßt die Spekulationen über das Wesen der Gottheit. Beschäftigt euch mit der Welt!

5. Ockham – Lehrer einer neuen, methodischen Rationalität

Das Allgemeine kann nach Ockham kein realer Bestandteil der Dinge sein. Es würden sonst widersprüchliche Prädikate zugleich gelten. Wäre z. B. das Menschsein real, wäre es in einem Individuum bewegt, in einem anderen wäre es gleichzeitig ruhend. Die ontologische Frage (sind die Universalien real?) entschied Ockham nach der Regel, daß Widersprüche zu vermeiden und die Erklärungsfaktoren so wenige sein sollten wie möglich. Statt den Ketzer Ockham der heutigen Orthodoxie als Ausdruck franziskanischer Frömmigkeit näherzubringen und sich in Spekulationen über seine religiösen Motive, von denen wir nach Ockham nichts wissen können, zu verlieren, muß man sein tatsächliches Vorgehen analysieren

[16] Ib. art. 8 nn. 58–59 Hoffmann 30–31, vgl. art. 24 n. 155 Hoffmann 61.

und die Reaktion seiner Zeitgenossen studieren. Wie verhielt er sich zum Beispiel zur kirchlichen Abendmahlslehre, die seit der Verurteilung Berengars das Verhältnis von Philosophie und Kirchenlehre belastete? Ockham kritisierte die Hilfskonstruktionen, mit denen man die Irrationalität der Transsubstantiationslehre abzumildern versucht hatte, z. B. durch die Unterscheidung von Substanz und Quantität.[17] Er legte dar, es sei eine andere Deutung des Abendmahls möglich, die weniger Einwände auslöse: Wenn das Brot Brot bliebe, wäre die Gegenwart Christi eher widerspruchsfrei denkbar. Dann vermeide man die Absurdität selbständig weiterexistierender Akzidentien.

Man sieht: Ockham suchte keine Gelegenheiten für die Aufopferung seines Verstandes vor einem Glaubensmysterium, das erst seit dem 11. Jahrhundert existierte. Ockham kritisierte die Aushilfstheorien, die den Konflikt nur verschleierten. Das Werk des Thomas von Aquino erschien Ockham als eine solche halbherzige Befriedigung der Vernunft. Dann war es besser zu zeigen, daß keine befriedigende Harmonisierung von Glauben und Wissen vorlag – nicht um das Absurde als Signatur des Göttlichen zu verehren, sondern um sich nach einer neuen Erklärung umzusehen, welche die Widersprüche der bisherigen Zurechtlegungen vermiede.

Johannes Lutterell protestierte: Dies sei eine Mißachtung der Kirche, in der die Wahrheit immer anwesend war. Christus, der die Wahrheit sei, habe ihr seinen Beistand für immer versprochen.[18] Weder Lutterell noch Ockham wußten, was Berengar noch gewußt hatte: daß die Kirche in der Antike diese Lehre nicht gekannt hatte. Ockham war bereit, sich der Autorität der Kirche zu unterwerfen. Aber er zeigte, daß eine andere Abendmahlslehre, die weniger Konfliktstoff mit der Vernunft enthielte, möglich wäre. Dies war eine Auflehnung, die nach Lutterells Ansicht keiner eingehenden Widerlegung würdig war. Ihm genügte der Appell an die Autorität der Kirche. Die Gutachten der päpstlichen Kommission verstärkten noch den Ton der Entrüstung: „waghalsig und gefährlich und gegen die Ehrfurcht vor der Lehre der Kirche“ nannten sie Ockhams moderate Kritik an der Transsubstantiationslehre.[19] Es ist über-

[17] Vgl. ib. art. 22 Hoffmann 57–58.

[18] Ib. art. 21 n. 135 Hoffmann 56.

[19] J. Koch, Aktenstücke (s. o. Anm. 2) 8 (1936) 177. Dort auch die Verwerfung von Ockhams Kritik an der Unterscheidung von Substanz und Quantität.

haupt bemerkenswert, welche der bislang besprochenen Kritikpunkte Lutterells sich die beiden Kommissionsgutachten zu eigen machten:

Sie verwarfen Ockhams Bestreitung der Identität des Satzsubjektes mit dem realen Seienden,[20] ferner Ockhams Lehre von der Möglichkeit der „intuitiven" Erkenntnis nicht-existierender Dinge,[21] weiterhin seine Kritik an der Ideenlehre[22].

Sie erklärten ausdrücklich, er zerstöre fast die gesamte bisherige Philosophie und Theologie. Es waren, wie gesagt, gut ausgebildete und sorgfältig arbeitende Glaubensrichter. Es ist schwer, ihnen zu widersprechen. Ein neues Konzept der Wissenschaft von großer methodischer Fruchtbarkeit war in die Welt getreten. Nehmen wir nur als Beispiel die Hinweise auf die Relativität der Empfindung der Bewegung bei Reisen zu Schiff. Dieses Argument konnte man ausbauen. Ockham hatte, um die Welterklärung zu vereinfachen, die Zweistufenphysik des Aristotelismus verworfen, wonach die Himmelskörper eine prinzipiell andere Physik brauchen als die Körper auf der Erde. Dann brauchte man seinen Hinweis auf Sinnestäuschungen nur auf die gesamte Erde zu beziehen: Sie konnte in Bewegung sein, auch wenn wir die Bewegung nicht bemerkten. Dann hätte Ockhams neuer Begriff von Rationalität nicht nur die Hierarchie von irdischer und extraterrestrischer Physik zerstört, sondern auch die Erde aus ihrer Ruhestellung im Erdmittelpunkt vertrieben. Ockham selbst hat diese Folgerung nicht gezogen, wohl aber Nikolaus von Kues. Ockham hatte den Weg vorbereitet. Er wurde für das späte Mittelalter ein maßgebender Lehrer methodischer Rationalität.

[20] Ib. 181.
[21] Ib. 92–93.
[22] Ib. 183 und 190–191.

XII. TEUFELSSAAT ODER PHILOSOPHIE DER GOTTESSOHNSCHAFT – MEISTER ECKHARTS SELBSTVERTEIDIGUNG VOR DER INQUISITION

1. Rationalität und „Mystik" im späten Mittelalter

Aus bloßen Vokabeln kann man keine Wirklichkeitserkenntnis saugen. Bei wenigen Fachausdrücken trifft diese Einsicht Ockhams so sehr zu wie bei dem Wort „Mystik". Dabei ist mindestens dreierlei gegen dieses Wort einzuwenden:

(1) Es deckt die verschiedensten Inhalte. Wer es benutzt, sollte sagen, in welchem Sinne er es benutzt. Von der Ekstase der Heiligen bis zur Naturmystik ist ein weiter Weg; erst recht aber von der Erlebnismystik zur „philosophischen Mystik". Wer von letzterer spricht, muß zeigen, daß er das Wort „philosophisch" nicht nur zu weiterer Ausschmückung konventionell gebraucht: Er muß die philosophischen Argumente vorzeigen, die es erlauben, einen bestimmten „Mystiker" einen Philosophen zu nennen.

(2) Wer das Wort „Mystik" auf einen Autor anwendet, muß sorgfältig zeigen, wieso dies berechtigt ist. Dies geschieht aber sehr selten. Es ist ein Gemeinplatz geworden, den Namen *Eckharts* († ~ 1327) mit dem Substantiv „Mystik" zu assoziieren. Es wird Zeit zu prüfen, ob diese Assoziation sinnvoll ist. Sie hat m. E. der Eckhartforschung geschadet. Sie beförderte die Stilisierung Eckharts ins Erhabene; sie regte nicht an zu untersuchen, wie der Professor Eckhart wissenschaftlich gearbeitet hat. Sie ließ zu, daß man Eckhart von seinen Vorgängern und Zeitgenossen isolierte: je einsamer, um so „mystischer". Wir wissen aber, daß Eckhart mit der philosophischen Tradition, speziell mit der Philosophie seines Ordens und der Kölner Hochschule zusammenhing. Statt eiliger Etikettierung empfiehlt sich der Weg über seine Anreger: Augustin und Averroes, Albert und Thomas, Dietrich von Freiberg.

(3) Meist unterscheidet man „Mystik" und „Scholastik". Dies suggeriert, es habe zwei Hauptströmungen des mittelalterlichen

Denkens gegeben. Dabei stellte man sich die „Scholastik“ zu einheitlich vor und trennte die „Mystik“ vom Universitätsleben der Zeit. Man machte sich wenig klar, daß Eckhart Professor in Paris war, daß sein Denken die Anregungen von Paris und Köln in sich vereinigte. Man uniformierte die „Scholastik“ und entintellektualisierte die „Mystik“. Bis 1886 war dies verzeihlich: Man kannte von Eckhart nur die deutschen Predigten und Traktate. Man wußte nichts von seinem umfangreichen lateinischen Werk. Seit dieses bekannt ist und zunehmend als Dokument einer geistigen Landschaft, nämlich des Sonderwegs der Philosophie bei den deutschen Dominikanern, lesbar wird – ich verweise dafür auf die umfangreiche Textedition im Rahmen des CORPUS PHILOSOPHORUM TEUTONICORUM MEDII AEVI (Hamburg 1977ff.) –, ist das alte Etikett „Mystik“ obsolet geworden. Man sollte es für Eckhart gar nicht oder mit neuen rechtfertigenden Argumenten verwenden. Die vertraute Gewohnheit, ohne Kritik das Wort mit Eckhart zu verbinden, ist zu Ende.

Eckhart war von Albert und Dietrich angeregt. Durch beide lernte er die neuplatonische Tradition (Augustin, Dionysius Areopagita u. a.) kennen; beide verwiesen ihn auf Averroes, der aus Aristoteles das Theorem des Anaxagoras hervorgehoben hatte, daß der Intellekt „unvermischt“ ist und „mit nichts etwas gemein hat“. Eckhart war ein sorgfältiger Leser des Thomas von Aquino; er war wohl selbst eine Zeitlang Thomist. Aber dann ging er in kritische Distanz zu Thomas, benutzte ihn wohl, bewegte sich aber auf anderer Spur. Er machte diejenigen Seiten im Denken Alberts stark, die der Albertschüler Thomas vernachlässigt hatte und die der Albertschüler Dietrich zu einer antithomistischen Philosophie ausgebaut hatte. Dies ist ein kompliziertes Geflecht von geschichtlichen Beziehungen, in denen Eckhart sich im Bewußtsein seiner Eigenständigkeit denkend bewegte. Da man diese Beziehungen wenig kannte, hat sich die Eckhart-Deutung in viele Extreme gespalten. Vorsicht und Textnähe ist geboten.

Bevor ich mich einem Text Eckharts zuwende, noch eine Bemerkung. Ich nannte Ockham den Lehrer einer neuen, strengeren Rationalität. Aber die Geschichte der Philosophie zeigt, es gibt in entwickelteren Kulturen divergierende Konzepte von Rationalität. Der lateinische Westen hatte dieses Stadium um 1300 erreicht. Es gab intellektuelle Atmosphären verschiedener Art: Oxford hatte seine Traditionen, Montpellier und Bologna hatten andere Themen und andere Texte. Zwischen Paris und Köln bestanden lebhafte Beziehungen: Albert und Eckhart haben an beiden Hochschulen gelehrt. Auch Duns Scotus kam aus Paris an den Rhein. Aber Köln hatte seit Albert, also seit der Mitte des 13. Jahrhunderts, seinen eigenen Weg eingeschlagen. Auch hier orientierte man sich an Aristoteles und seinen Kommentatoren. Doch wenn Ockham die antiplatonischen Elemente im Denken des Aristoteles gegen dessen Restplatonismus ausspielte, so suchten Albert, vor allem aber Dietrich und dann auch Eckhart die aristotelische Theorie des Intellekts zu stärken: Der Intellekt als unabhängig von Raum und Zeit, als „unvermischt" und „getrennt". Sah Ockham das Denken und seinen Inhalt als zwei prinzipiell getrennte „absolute Sachen" an, so betonten Dietrich und Eckhart, daß das Sehen das Gesehene wird und daß es keine größere Vereinigung gibt als die des Denkens mit seinem Gegenstand. Dabei gab es Gemeinsamkeiten zwischen dem Denken Eckharts und Ockhams: Beide kritisierten die Überschätzung des Namens; in Eckharts Inquisitionsprozeß kritisierte die Theologenkommission, daß er gesagt habe, Gott „gut" zu nennen, sei so weit von der Wirklichkeit, wie wenn ich das Weiße „schwarz" nenne. Für beide war das naive Vertrauen in die sprachliche Ausgelegtheit der Welt dahin. Die Theologenkommission hatte es noch einmal gegen Ockham beschworen: „Namen", hatte sie geurteilt, „werden nur den wirklichen Dingen, die erkannt worden sind, beigelegt".[1] Sie bekräftigte noch einmal den Realitätsanspruch von Namen, über den Eckhart und Ockham, freilich aus divergierenden Gründen, kritisch nachdachten. Sie waren, bei allen Divergenzen, Zeitgenossen. Sie betonten beide die absolute Einfachheit Gottes, die keinen Anhalt biete für Distinktionen; sie schränkten in dieser Weise beide die Ansprüche der Dogmatik ein. Doch sogleich springt der Unterschied in die Augen: Während Ockham insgesamt auf Distinktionen abzielte und die Nicht-Übertragbarkeit unserer Verstandesunterscheidungen auf die Wirklichkeit hervorhob, insistierte Eckhart darauf: Alles, was vom Sein (esse) verschieden ist, ist nichts. Gott ist das Sein (esse); alles, was von Gott verschieden ist, ist nichts.[2] Wenn man es nicht als definitive Formel,

[1] J. Koch, Neue Aktenstücke zu dem gegen Wilhelm Ockham in Avignon geführten Prozeß, in: Recherches de théologie ancienne et médiévale 8 (1936), 169.

[2] Eckhart, Processus Coloniensis II n. 55, ed. G. Théry, Edition critique des pièces relatives au procès d'Eckhart, in: Archives d'histoire doctrinale et littéraire du Moyen Age 1 (1926), 263.

sondern als Hinweis versteht, kann man sagen: Ockham hatte ein überwiegendes Interesse an der Distinktion, Eckhart am Unendlichen, sofern dieses sich allein dadurch von allem unterscheidet, daß es sich nicht unterscheidet. Beide problematisierten die Methode des Distinguierens, die in der Normalscholastik eine so große Rolle erhalten hatte. Und bevor man Eckhart als „Mystiker" anzusehen berechtigt ist, muß man ihn als philosophischen Kritiker der Philosophie und Theologie des beginnenden 14. Jahrhunderts studiert haben.

2. Eckharts Rechtfertigungsschrift. Seine Verurteilung und der Umschlag der Atmosphäre

Ockham bekam Gelegenheit, Eckhart kennenzulernen: Der Papst lud beide nach Avignon vor (1326/1327). Wir besitzen Äußerungen Ockhams über Eckhart; sie strotzen vor Unfreundlichkeit: Eckhart sei eher ein Verrückter denn ein Häretiker gewesen. Die Rangerhöhung des Menschen im Denken Eckharts leuchtete dem englischen Angeklagten so wenig ein wie dem Papst: War es nicht offensichtlich absurd, daß nach Eckhart der Mensch alles das wirke, was die Gottheit wirke, ja daß die Gottheit ohne den „gerechten Menschen" nicht wisse, was sie tun solle?[3] Solche Vergottungsideen kannten Macrobius und die hermetischen Schriften; Albert hatte sich dafür auf diese Autoren berufen – Ockham waren sie fremd. Der Papst sah sie als Teufelssaat an, die Eckhart ausgestreut habe im Acker des Herrn. Als er im März 1329 dieses Endurteil verkündigte und das gesamte Werk Eckharts verurteilte, war Eckhart schon tot; er war in der Überzeugung gestorben, vom christlichen Glauben nicht abgewichen zu sein. Der berühmte Professor und Prediger, der hohe Ordensämter innegehabt hatte, war in dem Glauben gestorben, seine aus Motiven Alberts und Dietrichs entwickelte Variante der christlichen Philosophie sei in der Kirche noch möglich; seine Gutachter im Inquisitionsprozeß und der Papst waren anderer Ansicht. Es zeigte sich, daß die innerkirch-

[3] Papst Johannes XXII., Bulle ›In agro dominico‹ vom 27. 3. 1329, bei M. H. Laurent, Autour du procès de Maître Eckhart, in: Divus Thomas (Piacenza). 3 Serie, 13 (1936), 439. – Die Äußerungen Ockhams über Eckhart in Tractatus contra Benedictum IV c. 4, Opera politica 3, ed. H. S. Offler. Manchester 1956, 251, und Dialogus de potestate papae et imperatoris III tr. 2 1.2 c. 8, bei Goldast, Monarchia Sacri Romani Imperii II. Frankfurt a. M. 1614, 909.

liche Lehrentwicklung als abgeschlossen galt. Mit der Verurteilung Eckharts geriet die deutsch-dominikanische Variante der mittelalterlichen Philosophie in eine Krise; sie hat nur noch wenige Jahrzehnte überlebt, vielfach abgeschwächt, bis erst nach einem Jahrhundert Nikolaus von Kues sie erneuerte.

Dabei hatten die Behörden sich Mühe gemacht mit den eigenwilligen Theorien des Deutschen. Sie stellten ihm mehrere Listen mit denjenigen seiner Thesen zu, die sie für ketzerisch hielten. Eckhart bekam Gelegenheit, sich zu erklären. Dies hinderte nicht die Verurteilung: Teufelssaat. Aber der Prozeß zwang Eckhart, seine Theorien zu interpretieren. Eine unscheinbare Handschrift im Stadtarchiv von Soest enthält Antworten Eckharts auf Vorwürfe, die gegen ihn in dem vom Kölner Erzbischof betriebenen Inquisitionsprozeß erhoben wurden.[4] Ich versuche hier, mich von diesem Dokument her Eckharts Denken zu nähern. Wir erfahren in ihm mehr, als wenn wir nur das Gutachten der Kommission von Avignon besäßen, wenn auch der beschränkte Zweck dieser Schrift nur einige Aspekte zur Geltung bringt. Immerhin hat Eckhart selbst diese hervorgehoben. Sie mögen zur Einführung nützlich sein. Doch gilt hier wie bei früheren Texten: Das Denken der mittelalterlichen Philosophen war reicher und komplexer, als es ihren Gegnern erschien. Eckhart selbst hat sich über die willkürliche Auswahl der Anklagepunkte mokiert. Die Zahl der Häresien schmolz auch im Laufe des Prozesses zusammen. Waren es am Anfang etwa 150, so blieben am Schluß noch etwa 30, wenn man die „häresieverdächtigen“ Sätze mitzählt.

Indes war die Verurteilung doch vollständig. Auch wenn sie die Person Eckharts ausnahm, wollte sie doch sein gesamtes Werk vernichten. Man muß sie im Zusammenhang sehen mit einer Reihe von Verurteilungen, mit denen sich eine von Juristen, Diplomaten und Finanztechnikern geführte kirchliche Machtorganisation abschirmte gegen den Geist der Zeit.

Von der Verurteilung Ockhams und des Marsilius war schon die Rede. Die radikale Armutsbewegung der Franziskaner und die Anhänger des Joachim von Fiore waren schon verurteilt und mit ihnen die Hoffnungen vieler auf eine spirituelle Kirche. Die „Brüder vom

[4] Ediert von G. Théry, Edition critique des pièces relatives au procès d’Eckhart contenues dans le manuscript 33 b de la bibliothèque de Soest, in: Archives d’histoire doctrinale et littéraire du Moyen Age 1 (1926), 129–268.

freien Geist" wurden verfolgt. 1315, als Eckhart in Paris war, verbrannte man eine junge Frau, Margarete Porreta, die einer verinnerlichten Religion Ausdruck gegeben hatte. 1317, als Eckhart in Straßburg lehrte, verurteilte der Bischof dieser Stadt die Beginen und Begarden: Vergottung des Menschen, unabhängig vom juridisch und finanziell geprägten Sakramentenapparat der Kirche, war im Umlauf. Die Atmosphäre war gereizt; die Kirche kämpfte an mehreren Fronten. 1323 wurde Thomas von Aquino heiliggesprochen. Dies diente dem Prestige seines Ordens; es sollte aber auch der intellektuellen Formierung einer sich abschließenden Machtorganisation dienen. Aus der Wohltat der Aristotelesrezeption wurde die Plage eines schulmäßig organisierten Aristotelismus. Eine Epoche der Öffnung ging zu Ende. Von der Rückkehr des Hungers war schon die Rede. 1337 begann der Hundertjährige Krieg zwischen Frankreich und England; die Hochschule von Paris verlor ihre zentrale Rolle. 1348 kam die große Pest; sie tötete ein Drittel aller Menschen; sie demonstrierte die Ohnmacht menschlichen Wissens. Eine derart erschütterte Gesellschaft rief nicht nach intellektuellen Experimenten. Es gab zwar jetzt zahlreichere Universitäten; aber die meisten waren verschult. Die Verurteilung Eckharts bedeutete auch eine soziale Abschließung der Intellektuellen zu einer Akademikerkaste. Immer wieder hörte man die Mahnung, Dozenten und Prediger sollten nicht zu „subtile" Themen erörtern, vor allem nicht vor einfachen Leuten. Eckhart hatte gesagt, man müsse gerade die Unbelehrten belehren – wen denn sonst? Dieses expansive Selbstverständnis der gelehrten Arbeit war nun verboten, nicht selten spielte man dabei auf Eckharts Ende an.

3. Eckharts Intention: Philosophie der Gottessohnschaft

Bevor wir in Eckharts Rechtfertigungsschrift lesen, möchte ich auf einen Text hinweisen, in dem Eckhart seine Intention unabhängig von allen Einwänden beschrieben hat. Er steht am Anfang seiner Auslegung des Johannesevangeliums. Eckhart hatte dort den Satz zu erklären: „Am Anfang war das Wort." Dazu schrieb Eckhart:

„Bei der Auslegung dieses und aller folgenden Worte ist es die Intention des Verfassers, hier wie in allen seinen Werken, das, was der heilige christliche Glaube und die Schrift beider Testamente lehrt, auszulegen durch die natürlichen Gründe (rationes naturales) der Philosophen." [5]

Wichtig ist, daß Eckhart davon sprach, dies sei seine Absicht in *allen* seinen Schriften. Von „Mystik" ist gar nicht die Rede, wohl aber von Bibelauslegung. Aber es soll eine Bibelerklärung eigener Art sein – mit Hilfe philosophischer Argumente. Dies widersprach der Disziplinentrennung, wie sie sich insbesondere nach der Aristotelesrezeption und der Averroismusdebatte festgesetzt hatte. Eckhart wollte Theologie und Philosophie vereinigen – aber von der Seite der Philosophie her. Nicht nur die Weltverursachung durch Gott wollte er philosophisch beweisen – als Ausdruck der wesensmäßigen Verbindung von Gott und Mensch. Wenn er von Menschwerdung philosophierte, schloß dies den historischen Jesus nicht aus, zielte aber auf die Gottessohnschaft aller Menschen. Was in der Bibel an Weisheit nur angedeutet ist, wollte Eckhart als Philosophie der Natur und der Moral philosophisch entwickeln – hier, im Johanneskommentar, wie in allen seinen Werken.

Man kann dieses Programm ablehnen. Thomas von Aquino hätte es abgelehnt, weil es die Lehren von Dreieinigkeit und Menschwerdung, die nach seiner Ansicht zur „Übernatur" gehören, zum Gegenstand philosophischer Argumente macht. Auch Augustin hätte ihm nicht zugestimmt. Augustin hatte zwar die Lehre vom ewigen „Wort" Gottes bei den Philosophen gefunden, nichts aber über die Menschwerdung. Eckhart faßte die Menschwerdung Gottes als allgemeinmenschliche Möglichkeit; daher kam er zu einem anderen Resultat. Auch die Averroisten hätten Eckhart nicht zugestimmt; sie hatten das „modernere" Programm einer Trennung der Disziplinen: Mochten die Theologen über die Menschwerdung reden, die Philosophie schweigt darüber.

Eckhart dagegen suchte Konkordanz von Philosophie und Theologie. Nach ihm konnte man, strikt philosophisch argumentierend, die Grundzüge der Naturphilosophie im Evangelium angedeutet finden. Die Entfaltung dieses Inhalts war ihm allemal Sache der Philosophie. Es ist für das Verständnis Eckharts ausschlaggebend, daß er auch in seinen deutschen Texten, z. B. im ›Buch der gött-

[5] Eckhart, In Ioannem n. 2, Lateinische Werke Bd. 3, 4 Zeile 4–6. Diese Angabe bezieht sich auf die Ausgabe Stuttgart 1936ff. Vgl. dazu K. Flasch, Die Intention Meister Eckharts, in: Sprache und Begriff. Festschrift B. Liebrucks. Meisenheim am Glan 1974, 292–318. Ferner B. Mojsisch, Meister Eckhart. Analogie, Univozität und Einheit. Hamburg 1983.

lichen Tröstung‹, mit philosophischen Argumenten, also mit Hilfe der sog. „natürlichen Vernunft“ vorzugehen gedachte. Er betonte, seine Lehre stehe nicht nur in der Schrift; sie werde auch gewiß „in dem natürlichen Lichte der vernünftigen Seele“.[6] Auch in solchen Texten stand er der Naturphilosophie nicht so fern wie die meisten seiner Ausleger. Doch vor allem ging es ihm um die Gottesgeburt im Menschen. Sie sollte gewußt, nicht nur gefühlt werden. Fast averroistisch unterschied Eckhart zwei Gruppen: Grobe Menschen müssen das glauben, Erleuchtete können es wissen. Daß möglichst alle Erleuchtete werden sollten, deshalb predigte Eckhart deutsch. Dabei ging es vor allem um die Gottessohnschaft. Sie stand auch am Anfang aller Beanstandungen, zu denen Eckhart im Soester Dokument Stellung nahm. Die Kölner Ankläger hatten ihre Irrtümerliste eröffnet mit einer Reihe von Sätzen aus Eckharts ›Buch der göttlichen Tröstung‹, das Eckhart um 1310 für die Königin Agnes von Ungarn geschrieben hatte, um sie in ihrem Schmerz über die Ermordung ihres Vaters, König Albrechts I. von Habsburg († 1308), zu trösten:

Satz 1: Der Weise und die Weisheit, der wahre Mensch und die Wahrheit, der Gerechte und die Gerechtigkeit, der Gute und das Gutsein schauen sich gegenseitig an (sind aufeinander bezüglich) und sind so verbunden, daß das Gutsein weder erschaffen noch gemacht, noch geboren ist, sondern nur gebärend ist und den Guten gebärt.[7]

Satz 2: Der Gute, sofern er gut ist, ist nicht gemacht und nicht erschaffen, aber er ist geboren: Kind und Sohn des Gutseins.

Satz 3: Das Gutsein gebiert sich und alles was ihm eigen ist, nämlich: Sein, Wissen, Lieben, Wirken aus dem Herz und Innersten des Gutseins und nur aus ihm.

Satz 4: Der Gute und das Gutsein sind nichts als das eine Gutsein, und zwar in allem, außer im Gebären und Geborenwerden. Doch das Gebären des Gutseins und das Geborenwer-

[6] Eckhart, Buch der göttlichen Tröstung c. 1. Deutsche Werke Bd. 5, 11 Zeile 21.

[7] Eckhart, Processus Coloniensis I § 2 II 1, ed. G. Théry, Edition critique des pièces relatives au procès d'Eckhart, in: Archives d'histoire doctrinale et littéraire du Moyen Age 1 (1926), 157. Der mittelhochdeutsche Text jetzt in der Ausgabe von J. Quint im Rahmen der Deutschen Werke, Bd. 5 (Stuttgart 1963), 9.

> den des Guten sind ein und dasselbe: ein Sein und ein Leben[8] ... Und man muß wissen: Das Wort „der Gute" nennt und beschließt in sich nichts anderes als das nackte und reine Gutsein, nicht mehr und nicht weniger. Doch es ist das Gebende. Wenn wir sagen „der Gute", verstehen wir sein Gutsein als ihm gegeben, eingeflossen und eingeboren von dem ungeborenen Gutsein ... Und was so vom Guten und dem Gutsein gesagt wurde, gilt ähnlich vom wahren Menschen und der Wahrheit, vom Gerechten und der Gerechtigkeit, vom Weisen und der Weisheit, von Gott Sohn und von Gott Vater und von allem, was aus Gott geboren ist und was keinen irdischen Vater hat.[9]

„Keinen irdischen Vater haben" – das bedeutet nach Eckhart, daß die Gottesgeburt im Menschen kein Ergebnis eines natürlichen Prozesses ist. Reine Bestimmungen wie „Gutsein", „Wahrheit" oder „Gerechtigkeit" sind nicht ableitbar aus irdischen Vorgängen, auch nicht aus den „höchsten Kräften der Seele". Das Irdische zählt. Jene höchsten Kräfte bilden die Vorbedingung; übrigens umschrieb Eckhart jene „höchsten Kräfte", also Intellekt und Willen, mit Ausdrücken, denen wir schon begegnet sind: Sie sind „unvermischt", von allem „abgeschieden" (= abgetrennt), sie schmecken nicht nach Raum und Zeit; sie haben „mit nichts etwas gemein". Dies sind nicht Stichworte der „mystischen" Tradition, sondern der Philosophie; dies sind Anspielungen auf die griechische Theorie des Intellekts, vor allem auf Aristoteles und Anaxagoras, in der Deutung Alberts und Averroes'. Doch der Intellekt produziert nach Eckhart jene reinen Bestimmungen (Gutsein, Wahrheit, Gerechtigkeit) nicht; er muß sich entleeren von allem Gegenständlichen; er muß sich ablösen von jedem Dieses-da; er muß sich aller Bilder, auch seines eigenen, entkleiden, dann kann ihn nichts verwirren, nichts ablenken. Dann „will" er nichts Bestimmtes (= Begrenztes), dann orientiert er sich nicht mehr an vorgegebenen Dingen oder Autoritäten, dann wird sein Leben das freie Leben Gottes. Der Mensch schaut dann nicht mehr nach „oben"; er erhält keine Befehle. Er stellt sich nicht vor, er sei „unten". Sein Leben ist das der Gottheit, und dieses Leben ist *in* ihm, wenn es auch nicht *aus* ihm stammt. Aber der Mensch erreicht dieses Leben nur, wenn er sich entäußert, wenn er keinen Halt mehr bei den Dingen oder

[8] Théry 158, Deutsche Werke Bd. 5, Quint 9.
[9] Théry 159, Deutsche Werke Bd. 5, Quint 10.

auch in sich selbst sucht: Er muß arm werden. Daraus ergab sich ein weiterer Satz, den Eckharts Ankläger beanstandeten:

Satz 7: Ein solcher Mensch ist so einförmig mit dem Willen Gottes, daß er alles will, was Gott will, und daß er es in der Weise will, wie Gott will. Und da Gott in gewisser Weise will, daß ich gesündigt habe, so wollte ich nicht, daß ich die Sünde nicht getan hätte. Denn so geschieht Gottes Willen auf Erden, d. h. in Missetaten . . .[10]

Eine Zusammenfassung der gesamten Überlegungen geben

Satz 8: Der gute Mensch, sofern er gut ist, tritt ein in alle Eigenschaften des Gutseins selbst, das Gott ist, wie er in sich selbst ist.

Satz 9: Eigentlicher nimmt man Gott auf, indem man ihn entbehrt, als indem man ihn aufnimmt.[11]

Solange man Gott noch als einen bestimmten Gegenstand aufnimmt, unterschieden von anderen, nimmt man ihn uneigentlich auf. Man muß ihn als nichts Bestimmtes in allem Bestimmten aufnehmen, geistig „arm", dann tritt der Mensch in alle spezifischen Eigenschaften des Sohnes Gottes ein. Eckharts beanstandete Sätze vereinigten drei Theoriekomplexe und formten sie dabei um: Die kirchliche Trinitätslehre, die aristotelisch-averroistische Intellekttheorie und eine philosophisch radikalisierte Armutsidee. Die Trinitätslehre lag zugrunde, denn Gebären und Geborenwerden, überhaupt das Motiv der Sohnschaft, entstammte diesem Zusammenhang. Doch was früher als Privileg der Gottheit galt – eins zu sein bei Vielheit der Personen –, das machte Eckhart zur Signatur des menschlichen Lebens, sofern es darin um die Wahrheit und die Gerechtigkeit geht. Die Intellektlehre, gut aristotelisch gefaßt, liegt zugrunde: Abgeschiedenheit, Raum- und Zeitüberlegenheit, „mit nichts etwas gemein haben" – das waren Stichworte der intellekttheoretischen Tradition; wir kennen sie aus Anaxagoras, Aristoteles, Averroes und Albert. Aber die Intellekttheorie verband Eckhart mit der Philosophie des göttlichen Wortes; er veränderte dadurch ihren theoretischen Ort. Ähnlich rezipierte er die Armutsidee; er gab ihr prinzipiellen Charakter: Der Mensch, der das wahre Leben in sich finden soll, muß *alles* lassen, alle Gegenstände,

[10] Théry 162. Daraus wurde der 14. Satz der päpstlichen Verurteilungsbulle, vgl. Laurent, Autour du procès de Maître Eckhart, in: Divus Thomas (Piacenza). 3 Serie, 13 (1936).

[11] Théry 162–163. Aus dem 8. Satz der Anklageschrift wurde Satz 15 der päpstlichen Verurteilungsbulle.

alle Wünsche, alle traditionellen Zwecksetzungen und Lebensformen. Die traditionelle Zweiteilung von kontemplativem und aktivem Leben verlor für Eckhart ihre Bedeutung. Äußere Gnadenvermittlungen bestritt er nicht; er deutete sie anders. Es war eine neue Philosophie des Evangeliums, die Eckhart entwickelte; sie vereinigte, was vorher als Theologie, als Metaphysik, als Naturphilosophie und Ethik getrennt existiert hatte.

Wie verteidigte Eckhart die gerügten Sätze? Er bestritt nicht, sie gelehrt zu haben. Andere Sätze, die ihm aus ungenauen Predigtnachschriften vorgehalten wurden, wies er zurück. Aber die Grundgedanken des ›Buchs der göttlichen Tröstung‹ hielt er für „absolut und schlechthin wahr“.[12] Er gab aber drei Bedingungen an, unter denen allein sie haltbar seien:

(1) Man muß auf das mehrfach wiederholte „sofern“ achten. Der Mensch ist nicht einfachhin Gott. Er ist nach Eckhart geschaffen; er ist auch nicht zusammengesetzt aus einem kreatürlichen und einem ungeschaffenen Stück. Kein ungeschaffener Seelenkern in sterblicher Umkleidung. Aber der Mensch, sofern er weise ist, tritt ein in das Leben der göttlichen Weisheit. Dieses ist nicht teilbar: Wenn Gott gibt, gibt er sich; wenn er sich gibt, gibt er sich ganz.

(2) Das Eigenschaftswort „gut“ oder „weise“ bedeutet nur die Gutheit oder Weisheit; es hat, in seinem präzisen Sinn genommen, keine andere Bedeutung. Doch wenn wir Gott „gut“ nennen und einen Menschen, dann variiert die Bedeutung; die Unterschiede schlagen durch. Das Wort wird dann, wie Eckhart sich ausdrückte, „analog“, nicht „univok“ gebraucht.

(3) Es handelt sich um allgemeinste Strukturen: Jedes Tätige, jedes Erzeugende ruht nicht, bis es seine Form aktiv ausgeprägt hat. Damit betonte Eckhart noch einmal den generellen, philosophischen Erklärungsanspruch seiner Theorie: Sie sollte alle Formen des Werdens umfassen.[13]

Natur und göttliche Dreieinigkeit entsprechen einander; aber es ist eine von Eckhart eigenwillig gedeutete Trinität: ein Sein in allem, ein Leben in allem, ein Lieben in allem, und der Mensch ist aufgenommen in diesen ungeschaffenen Lebensstrom, nicht geschaffen, schon gar nicht „gemacht“, wohl aber „geboren Kind der Gutheit“, *sofern* er gut, wahr und gerecht ist.

[12] Théry 187.
[13] Théry 186–187.

In all dem lag eine Korrektur, sogar eine mehrfache, des vorstellungsgebundenen Gottesbildes der Zeit: Gott soll präzis *als* Wahrheit, Gutsein, Gerechtigkeit gedacht werden. Wäre Gott nicht die Gerechtigkeit, würde ich mich nicht die Bohne um ihn kümmern, sagte Eckhart in einer Predigt: Nicht die volkstümliche Vorstellung von Gott, auch nicht die spätscholastische Theologie der göttlichen Allmacht, sondern die Reinigung des Gottesbewußtseins durch Kriterien war nach Eckhart der erste Schritt. Man muß das Wort „Gott" umschreiben lernen; in einer Zeit schulmäßiger Verfestigung der Terminologie empfahl Eckhart die Variation. So lernt man Eckhart verstehen, wenn man statt „Gott" sagen lernt: das Sein, das Leben, das Denken, die Gutheit, die Gerechtigkeit.

Vor allem, daß Eckhart Gott mit dem Sein gleichsetzte, brachte ihn in Schwierigkeiten.[14] Aber er ließ nicht davon ab: Ohne etwas abzuschwächen, hielt er an der Konsequenz fest: Die Kreatur, als solche genommen, ist das bloße Nichts.[15] Seine Gegner forderte er auf, das höchste Gut als unendlich zu denken; das Unendliche sei definiert als das, außerhalb dessen nichts ist.[16]

4. Neue Philosophie – neue Theorie des Christentums für eine neue soziale Welt

Eckhart zog wie Ockham Konsequenzen aus der seit der Aristoteles-Averroes-Rezeption vorhandenen Ideenfülle. Nur wählte Eckhart andere Ausgangspunkte als Ockham und kam dadurch zu anderen Folgerungen. Ockham zeigte, wie ein konsequenter Aristotelismus aussehen kann, der das sinnliche Einzelding zum Ausgangspunkt aller Erkenntnisse macht. Eckhart zeigte, was der – nicht aus dem Aristotelismus stammende – Gedanke der Unendlichkeit enthielt; er enthüllte die einzigartige Beziehung, die besteht zwischen Bestimmungen wie Wahrheit, Gutsein, Gerechtigkeit und dem aristotelisch gedachten zeitüberlegenen Intellekt; er zeigte, daß es keinen Sinn gibt, Inhalte wie „Wahrheit" oder „Gerechtigkeit" als „geschaffen" anzusehen. Im Gegensatz zu Ockham galt ihm die menschliche Gattung nicht als bloße Abstraktion, sondern als der Lebensgrund des einzelnen; seine Ethik beruht auf

[14] Théry 171–173.
[15] Théry 205, 206f., 218, 247–248.
[16] Théry 248.

dem Bewußtsein, daß das Allgemeine dem Privaten vorzuziehen ist. Seine Religionsphilosophie betonte, die Menschwerdung beziehe sich auf die gesamte menschliche Gattung, erschöpfe sich nicht in dem Individuum Jesus. Dies alles waren, im Vergleich zu Ockham gesehen, „altmodische" Ansichten, aber sie zogen Konsequenzlinien aus, die sich bei der Annahme bestimmter traditioneller Theoreme schwerlich vermeiden ließen. Doch durch die Klarheit, mit der Eckhart Konsequenzen einforderte und durch den an Euklid orientierten streng-deduktiven Aufbau seines Hauptwerks, des sog. ›Dreigeteilten Werks‹ (Opus tripartitum), gehörte Eckhart der Zeit Ockhams an, in der es konsequenter zugehen sollte als im 13. Jahrhundert, in dem das westliche Denken durch eine Fülle neuen Materials überschwemmt worden war und sich mit einer oft nur äußerlichen Koordination von augustinisch-frühmittelalterlichen mit griechisch-arabischen Motiven begnügt hatte. Eckhart wollte den Zusammenklang von Philosophie und Christentum *demonstrieren*; er bestand darauf, in seiner Bibelauslegung nichts vorzubringen, das nicht seine Grundlage in einem zuvor gegebenen philosophischen Argument hätte. Dabei verwandelte Eckhart sowohl die Philosophie wie das Christentum: In der Philosophie entwickelte er den eigentümlichen Vorrang, der Erstbestimmungen wie „Sein", „Wahrheit", „Gutheit", „Gerechtigkeit" zukommt; er zeigte, wie falsch es ist, derartige Inhalte als Eigenschaften vorzustellen, die an einem vorhandenen Ding haften. Mit Hilfe dieser Erstbestimmungen erklärte er, was „Gott" heißt; mit Hilfe der aristotelisch-averroistischen Theorie des „Geistes", besonders des „Intellekts" zeigte er die intime Verbindung des so gedachten „Gottes" mit der so gedachten menschlichen „Seele". So entwickelte er seine Philosophie der Gottesgeburt in der Seele. Das Christentum wollte er treu auffassen, aber er verwandelte es, indem er hierarchische Vermittlungen aus dem Zentrum des Interesses schob und indem er symbolische Deutungen vorzog, die äußerliche Gebräuche und dogmatische Wendungen als Bild des konsequenten Denkens erscheinen ließen. Das äußere Werk wertete er ab gegenüber dem ethischen Willen. Hierbei stieß er auf ähnlichen Widerstand wie Abailard. Der „gute" Mensch wirkt nach Eckhart um des Wirkens willen; Eckharts Ethik hat alle Charakteristika konventioneller Rücksicht und bloßen Zweckdenkens abgestreift. Seine Relativierung der „Werke" störte die klerikale Kontrolle des Lebens; mehrfach kehrte sie in den Anklagen der Untersuchungskommission wieder; die päpstliche Verurteilungsbulle bezog sich gleich mit 4

Sätzen darauf.[17] Hatte schon Abailards Gesinnungsethik Aufsehen erregt, so war Eckharts Umdeutung der Ethik ein Skandal. Nicht nur, weil sie den wegen seiner Rechtgläubigkeit gerühmten Orden der Predigerbrüder berührte: Sie erreichte neue Volksschichten, die Laien und die Frauen. Eckharts Einsichten, in einer neuen Sprache vor einer neuen sozialen Schicht vorgetragen, waren eine Herausforderung: „Edel" war der Mensch nicht mehr von Geburt, sondern durch willentliche und intellektuelle Tätigkeit. Auch Eckharts Zeitgenosse Dante arbeitete an einer derartigen Umwertung des feudalen Adelsbegriffs, und in den Bauernaufständen des ausgehenden 14. Jahrhunderts sangen die Aufrührer Lieder, in denen es hieß, „edel" könne auch der einfache Mann sein. Dies war nicht genau das, was Eckhart gemeint hatte; aber er hatte dem Stadtbürgertum eine Auslegung des Christentums gegeben, in der es sich mit seinem Selbstbewußtsein wiederfinden konnte. Das christliche Leben bestand nach ihm nicht mehr in der Einhaltung äußerer Vorschriften und nicht in der Erwerbung eines jenseitigen Lohns für irdische Entbehrungen. Die Vorstellung einer Hierarchie im Himmel und auf der Erde war an den Rand des Bewußtseins gedrängt, wenn nicht förmlich verworfen. Die Frauen hörten, Gott habe Eva aus der Seite Adams geschaffen, um uns zu sagen, daß die Frau dem Mann gleich sei, weder über ihm noch unter ihm stehe. Die Vielzahl heilbringender Praktiken des Mittelalters – Wallfahrten, Prozessionen, Messenlesen – wurde bedeutungslos neben der Gottesgegenwart in der Seele.

Man muß diese Predigtgedanken Eckharts in ihrem philosophischen Kontext denken, in dem Eckhart sie auch in den Predigten entwickelt hat; eine Herauslösung ihres „theologischen" oder „mystischen" Gehalts verstümmelt sie. Man darf sie nicht einebnen in einen „mystischen" Strom; man nimmt ihnen sonst ihre Individualität. Aber es gibt ein Kunstwerk, mit dem man sie assoziieren (nicht: ursächlich verbinden) darf – die Wiesenkirche in Soest.[18] Nachdem deren Baubeginn neuerdings auf 1313 datiert ist, rückt sie auch zeitlich in Eckharts Nähe; sie wurde für eine soziale Schicht gebaut, für die Eckhart predigte – das Bürgertum einer expan-

[17] Théry 165, 189, 195, 206. In der Bulle ›In agro dominico‹ vgl. die Sätze 16–19 bei Laurent, 440.

[18] Dazu vgl. jetzt Richard Hoppe-Sailer, Die Kirche St. Maria zur Wiese in Soest. Bochumer Schriften zur Kunstgeschichte. Bd. 2. Frankfurt–Bern 1983.

dierenden, in internationalem Austausch stehenden Handelsstadt (s. Tafel 6). In der Raumauffassung dieser Kirche gibt es kein hierarchisch ausgezeichnetes Vorne oder Oben für den Klerus mehr; keine Krypta verbindet mehr die Religion mit dem Gräber- und Reliquienkult früherer Jahrhunderte. Der Priester steht auf demselben (oder fast demselben) Niveau wie die Gemeinde (s. Tafel 7). Jeder Raumpunkt ist gleich zentral. Gott lebt nicht im geheimnisvollen Dunkel oder in unverständlichen Gesten der Kleriker: Er ist in der Gemeinde anwesend.

Dieser Kirchenbau ist nicht, wie man lange gemeint hat, ein autochthones Gewächs der westfälischen Stammesnatur, sondern zeigt Anklänge an die internationale Gotik: Vorbilder im Rheinland, wohl auch in Frankreich, waren dem Architekten bekannt. Auch darin liegt eine Entsprechung zum Denken Eckharts, in dem Augustin und Aristoteles, Averroes und die Kölner Tradition zusammenflossen, immer orientiert an dem intellektuellen Schmelztiegel der Universität Paris, an der Eckhart vier Jahre lang gelehrt hat. Originalität, radikale Vereinfachung, Konzentration auf den anwesenden Gott – so die Wiesenkirche, so das Denken Meister Eckharts. In beidem ein neuer Ton im internationalen Kontext, keine nordische Eigenbrötelei, keine gedankenferne Urnatur, schon gar keine Deutschtümelei, sondern ein neuer Gott für eine neue Gemeinde.

XIII. WISSEN ODER WISSEN DES NICHT-WISSENS – JOHANNES WENCK GEGEN NIKOLAUS VON KUES

1. Die Entwicklung vom 14. zum 15. Jahrhundert – Der Kern des Konflikts mit dem Aristotelismus

Die nächste und letzte Debatte der mittelalterlichen Philosophie, die ich etwas beschreiben möchte, spielte in den Jahren 1442 bis 1449, also etwa 120 Jahre nach den Diskussionen mit Meister Eckhart. Natürlich bin ich es, der die Verantwortung für diese Lücke trägt; die Grenzen meines Wissens und die Regie des Autors machen sich dabei bemerkbar. Keinesfalls darf man sich die Lücke zwischen 1320 und 1440 so vorstellen wie die dunkle Zeit zwischen 870 und 970: Nach dem ottonischen Neubeginn setzte eine relativ kontinuierliche Entwicklung ein. Je mehr Kunst und Wissenschaft sich vom Hofe ablösten und an Bischofssitzen und Stadtleben orientierten, um so zahlreichere Zentren gab es, um so stabiler wurde die kulturelle Situation. Ein Zusammenbruch wie nach der Karolingerzeit war nicht mehr möglich. Wenn Paris an Bedeutung verlor, so gab es im 14. Jahrhundert nicht mehr nur Oxford und Bologna. Die Zahl der Universitäten hatte zugenommen; erstmals konnte man auch rechts des Rheins studieren, in Prag oder Krakau, in Wien oder Heidelberg. Diese neuen Universitäten waren fürstliche Gründungen, nicht mehr wie Bologna und Paris ein freier Zusammenschluß auf kommunalem Boden. Die große Zeit der Städte war vorbei. Wo es noch einen bürgerlichen Aufstieg gab, orientierte er sich am Adel; in der Handelsstadt Florenz veranstaltete man Turniere wie die Adligen, und eine Familie, die auf sich hielt, verschaffte sich ein Wappen wie die Feudalherren. Da die neuen Universitäten der Ausbildung der Führungsschicht eines Fürstenstaates dienen sollten, trat der schulmäßige Betrieb in den Vordergrund. Dies hatte für die Philosophie zur Folge, daß sich eine didaktisch präparierte Durchschnittsscholastik breitmachte, die wir aus den Gutachten im Ockham- und im Eckhart-Prozeß kennen. Zu diesem Resultat konvergierten intellektuelle, universitäts- und sozialgeschichtliche Entwicklungen. Diese Normalscholastik hatte noch ihre Schulkämpfe und -richtungen; aber man lag sich in traditionellen Schützengräben gegenüber: Albertisten, Thomisten, Scotisten, Ockhamisten. Die produktiven intellektuellen Leistungen fanden auf anderem Felde statt – in der Naturphilosophie und in der Geldtheorie, in einer Philosophie der Dichtung und des Kulturstaats. Die beiden letztgenannten Themenbereiche dominierten in Italien, besonders in Florenz, das seine Sonderentwicklung ausbaute, wie sie mit dem philosophischen Werk Dantes und Marsilius' von Padua begonnen hatte.

Die bedeutendsten Denker des 14. und 15. Jahrhunderts zog es nicht mehr in die verschulte Universität. Der Einzelgänger Petrarca († 1374), der sich notdürftig mit diversen Höfen arrangierte, wurde zum Vorbild neuer Generationen von Schriftstellern und Philosophen. In der Zeit der Humanistenpäpste zählte auch die päpstliche Kurie zu diesen Höfen, vor allem um die Mitte des 15. Jahrhunderts. Das Papsttum hatte in Avignon und in der darauffolgenden Kirchenspaltung viel an Prestige verloren: Dies war die Zeit, in der manche ihr religiöses Leben auf Eckharts Programm einer verinnerlichten Religion, vielfach abgeschwächt, stützten, während andere von der konziliaren Bewegung eine durchgreifende Reform erwarteten. Gegen die Mitte des 15. Jahrhunderts zeigte sich, daß diese Hoffnungen trogen. Als das Konzil von Konstanz Johannes Hus (1415) verbrennen ließ, zeigte es seine Grenze gegenüber volkstümlichen Erneuerungsbewegungen. Die drohende Türkengefahr schien eine einheitliche Leitung des Westens unter päpstlicher Führung zu fordern. Dem Papsttum gelang die Versöhnung mit Ostrom; sie blieb freilich folgenlos: 1453 fiel Byzanz. Aber da das Papsttum sich mit der mächtigen Monarchie der französischen Könige arrangieren konnte und vielfach eine humanistische Kulturpolitik entwickelte, mochte man um 1450 glauben, ihm gehöre die Zukunft. In dieser Situation verließ *Nikolaus von Kues* († 1464) die konziliare Partei und trat in den Dienst der Kurie. Er ging nach Byzanz, um den Kaiser und den hohen Klerus Ostroms zum Unionskonzil zu begleiten: Auf der Rückfahrt, auf dem Schiff, kam ihm seine philosophische Entdeckung zu Bewußtsein, die Idee der Koinzidenz, die über die unfruchtbaren Schulstreitigkeiten der Spätscholastik hinausführen und die globale Situation der Jahrhundertmitte theoretisch aufarbeiten sollte. 1448 wurde Nikolaus Kardinal. Jetzt erst, im Schutze eines befreundeten Humanistenpapstes, erwiderte er einen literarischen Angriff, den schon etwa 7 Jahre vorher der Heidelberger Professor *Wenck* († 1460) gegen sein erstes großes philosophisches Buch ›De docta ignorantia‹ (Die wissende

Unwissendheit) gerichtet hatte; er schrieb 1449 seine ›Verteidigung der wissenden Unwissendheit‹ (Apologia doctae ignorantiae).[1]

Man kann die scharfen Vorwürfe Wencks gegen Cusanus von verschiedenen Seiten sehen. Man kann in ihnen den Vorwurf der Häresie betonen. Dies findet sich im Text. Nach Wenck zerstörte Cusanus den Glauben und die Wissenschaft. Insbesondere verwischte er den Unterschied von Gott und Welt. Wenck verfügte noch nicht über das Schlagwort, das die Spinoza-Debatte des 18. Jahrhunderts beherrschen sollte: „Pantheismus", aber genauso sah er die Philosophie des Cusanus. Darüber hinaus zerstörte Cusanus nach Wenck den Glauben an die Trinität: Sein Gott war, nach Wenck, ein bestimmungsloses Unendliches, bei dem keine Unterscheidung nach Personen möglich war. Ferner nivellierte Cusanus, nach Wenck, die Menschwerdung: Sein Gott verbinde sich der ganzen Menschheit, nicht allein dem Individuum Jesus. Die Religionsphilosophie des Cusanus sprach von Trinität und Inkarnation, mißachtete aber die biblischen Grundlagen der Theologie. So wichtig diese Häresievorwürfe gegen Cusanus sind, sie bilden nicht die philosophische Substanz der Streitschrift. Diese lag in der Verteidigung der Denkstrukturen des Aristotelismus gegenüber ihrer Bestreitung durch Cusanus, einer Verteidigung, die Wenck mit dem Einfluß Eckharts auf Cusanus erklärte. Es ging um den Gegensatz zwischen einem Denken, das durch Gattungen und Arten das Unendliche begrenzte, und einer offenen Individualitäts- und Unendlichkeitsphilosophie.

Was das heißt, zeigt am besten folgender Einwand des Johannes Wenck gegen Cusanus:

Wenck wollte das Wissen sichern gegen das Pathos des Nicht-Wissens bei Cusanus. „Wissen" hieß für Wenck: Die einzelnen Erscheinungen mußten eingeordnet werden in ein definitorisches Schema. Dieses Wissen hatte sein Ziel erreicht, wenn es die regellose Mannigfaltigkeit eingegrenzt hatte in übergreifende Ordnungen von Gattung und Art. Die individuellen Unterschiede mußten „unwesentlich" sein, sonst ginge dieses subsumierende Vorgehen zugrunde. Die Welt mußte endlich sein, endlich in dem, was wirk-

[1] Nicolaus von Kues, De docta ignorantia, hrsg. v. E. Hoffmann und R. Klibansky. Leipzig 1932. – Johannes Wenck, De ignota litteratura, hrsg. v. E. Vansteenberghe. Baeumkers Beiträge VIII 6. Münster 1910. – Nicolaus von Kues, Apologia doctae ignorantiae, hrsg. v. R. Klibansky. Leipzig 1932.

lich zählte. Wären die Unterschiede zwischen einzelnen Hunden ebenso wichtig wie der Unterschied zwischen Hund und Wolf, stünde diese Art des Wissens vor einer unendlichen Mannigfaltigkeit: Daran ginge es definitionsgemäß zugrunde; es geriete ins Unendliche, ins Undurchschreitbare. Dies mußte um jeden Preis verhindert werden; deswegen hatten Aristoteles und Averroes die Konstanz der Arten und damit die Ewigkeit der Welt postuliert: Unser Wissen sollte immer sein begrenztes Gegenüber haben. In diesem Zusammenhang ist die Kritik Wencks an folgendem Satz des Cusanus zu lesen: „Es kann nicht zwei oder mehrere Dinge geben, die sich so sehr ähnlich oder gleich wären, daß sie sich nicht noch unendlich ähnlicher sein könnten.“ [2]

Wenck kritisierte daran, daß es *unendliche* Grade der Annäherung und der Entfernung zweier Dinge geben solle. Um diese dem Denken undurchdringliche Unendlichkeit auszuschließen, hatte Aristoteles die zehn Stammbestimmungen (Kategorien) eingeführt, und Wenck formulierte seinen Einwand auch dahin, daß Cusanus die Unterscheidung (distinctio) der Dinge nach ihrer Kategorie zerstöre.[3]

Dieser Einwand hatte mit dem Häresievorwurf nicht direkt zu tun; er ist philosophischer Natur. Er verteidigt ein Konzept des Wissens, das Wenck durch Cusanus zu Recht angegriffen sah: Die Wesensähnlichkeit zweier Hunde schloß es danach aus, daß sie unendlich differieren oder übereinstimmen konnten. Darauf beruhte der Realitätsanspruch der Gattungen und Arten; sie bestimmten, was die wesentlichen Ähnlichkeiten oder Divergenzen sein sollten, denen gegenüber das bunte Spiel der Erfahrungswelt als unwesentlich galt und das außerhalb des so gefaßten Wissens fiel. Diesem aristotelischen Wissenskonzept lag der Schrecken vor dem Unendlichen (horror infiniti) zugrunde – und dieses Konzept teilte Cusanus nicht mehr. Er wollte das bisherige Wissen seiner Selbstzerstörung durch Konfrontation mit dem Unendlichen aussetzen. Wenck verteidigte das aristotelische Wissenskonzept und damit den Ausschluß des Unendlichen und Individuellen. Nach Cusanus sollte das Wissen des Nicht-Wissens Einblick gewinnen in die unendlichen Abstufungen zwischen Dingen und in deren individuelle Mannigfaltigkeit. Der Begriff des Wesens und des Wesent-

[2] Cusanus, De docta ignorantia I 3, 9 Zeile 6–9.

[3] Johannes Wenck, De ignota litteratura, 28: destruit ... distinctionem entium in proprio genere.

lichen sollte aufhören, seine ausschließende Funktion zu üben. Die freigesetzte Mannigfaltigkeit überschwemmte das subsumierende Denken, doch die Aufmerksamkeit auf die Notwendigkeit dieser Destruktion war selbst ein neues Denken, Wissen des Nicht-Wissens, das sich gegenüber der Faktenvielfalt durch Mathematisierung am Ende besser behaupten können sollte als das abstrakte Wesenswissen der Aristoteliker, das zuletzt auf naivem Zutrauen in die Realitätshaltigkeit von Namen beruhte.

2. Die Bedingungen des aristotelischen Wissensbegriffs

Die Einwände Wencks waren nicht so ahnungslos und nicht so von der Ketzerjagd bestimmt, wie manche Ausleger meinen; sie zeigten den Unterschied an, der zwischen einer an Albert und Thomas orientierten Schulwissenschaft und den Neuerungen des Cusanus bestand. Wenck polemisierte, Cusanus sei schlecht ausgebildet in der Logik. Aber für Cusanus war die aristotelische Logik, die Raimund Lull korrigieren und die Eckhart überspringen wollte, kein Werkzeug mehr zur Erforschung der Wahrheit. Bedenkt man, daß sie seit Boethius, dann wieder seit Alkuin, danach wieder seit Gerbert von Reims dafür gegolten hatte, so ging mit Cusanus ein Zeitalter zu Ende. Er und sein Zeitgenosse Lorenzo Valla hatten einen neuen Stand gegenüber der „Dialektik" bezogen: Ihr sorgloses Hin und Her zwischen Gedanke und Realität wurde nun ausgesprochen. Wenck erkannte die Gefahr, die für die Schulwissenschaft in dieser Kritik lag.

Die Auseinandersetzung Wencks mit Cusanus war auch ein Kampf um philosophische Autoritäten. Seit dem endenden 13. Jahrhundert galt Aristoteles als „der" Philosoph. Cusanus hatte ihn in ›De docta ignorantia‹ mit diplomatischer Vorsicht behandelt, sogar in untergeordneten Hinsichten lebhaft gelobt. Doch insgesamt hatte Cusanus sich von ihm emanzipiert, und Wenck hat dies durchschaut: „Dieser Mensch", sagte der Heidelberger Professor gegen Nikolaus, „kümmert sich wenig um die Aussagen des Aristoteles." Hatte Aristoteles gezeigt, wie man die Alleinheitslehre des Parmenides durch sorgfältige Unterscheidungen vermeiden könne, also konkret durch die Kategorienlehre mit ihrer Unterscheidung von Substanzen und Eigenschaften, so kehrte Cusanus nach Wencks Ansicht zu einer Alleinheitsphilosophie zurück: „Alles ist eins", so faßte er die Lehre des Kritisierten zusammen; sage dieser doch, ein Philosoph müsse alles, was auf Unterschiedlichkeit hinweist, ausspeien, um das Eine zu denken, das alles ist. Daß im Maximum alles eins ist, hatte Cusanus tatsächlich geschrieben. Hier vereinigte sich bei Wenck die philosophische Kritik mit dem Vorwurf der Häresie: „Oh, welche Schwäche des Intellekts, zu behaupten, alles sei eins und alle Dinge würden in ihrem Wesen vergottet und man könne Urbild und Abbild nicht unterscheiden!“ [4] Wenck kannte und zitierte die päpstliche Verurteilung Eckharts; er sah, welchen Einfluß der verurteilte Eckhart auf ›De docta ignorantia‹ gehabt hatte, obwohl Cusanus sich gehütet hatte, Eckhart zu nennen. Die neuere Forschung hat Wenck darin recht gegeben: Cusanus ist Eckhart in der Problematisierung der *Distinktion* gefolgt; er sah die Unterscheidung des Unendlichen vom Endlichen darin, daß es sich nicht unterscheidet.[5] Wenck hielt an dem Grundgedanken fest, daß alles sich unterscheiden müsse; er sprach damit noch einmal eine grundlegende Annahme der mittelalterlichen Schulwissenschaft aus. Gleichzeitig brachte er Cusanus mit den verketzerten Begarden und mit Eckhart in Verbindung wegen seiner Idee der Gottessohnschaft des Menschen. Diese pantheistische Idee der Vergottung vernichte das Eigensein der geschaffenen Dinge; die kategorialen Unterschiede würden verwischt, Gott und Welt vermengt. Die cusanische Idee der Koinzidenz verstand Wenck so, als lehre sie das Zusammenfallen von Schöpfer und Schöpfung, wofür er sich auf den Text des Cusanus berufen konnte, wo es heißt, das göttliche Maximum sei alles, was sein könne, d. h., es vereinige in sich aktual die Möglichkeiten aller Dinge. Überall relativiere Cusanus die Unterschiede – die Unterschiede zwischen Gott und Welt und die Unterschiede der drei Personen in der Gottheit. Cusanus zerstöre die Trinität, die er doch mathematisch beweisen wolle; was bei seinen mathematisch-philosophischen Beweisen herauskomme, sei ein Unendliches, in dem alle Unterschiede versinken, ein Eines, das alles ist. Auch hierbei beschränkte Wenck sich nicht auf die theologischen Aspekte. Er kritisierte die Lehre des Cusanus, nach der alle Dinge in allen sind. Dies zerstört nach Wenck die *Wesenheiten* der Dinge.[6] In der Tat war „Wesen“ ein logisch-ontologisches

[4] Ib. 30 und 22.

[5] Vgl. H. Wackerzapp, Der Einfluß Meister Eckharts auf die ersten philosophischen Schriften des Nikolaus von Kues (1440–1450). Baeumkers Beiträge XXXIX 3. Münster 1962, ferner die oben zitierte Arbeit von B. Mojsisch über Meister Eckhart, bes. 86–95.

[6] J. Wenck, a. a. O., 36.

Prinzip eindeutiger Unterscheidung; es war die Grundlage der Definition; es beruhte auf dem Ausschluß aller anderen Realitäten aus dem jeweils spezifischen Wesen. Cusanus zerstörte dieses Prinzip des Wissens (im aristotelischen Sinn des Wortes); diese Gefahr erkannte Wenck scharfsichtig. Wenn alles in allem war, nützte die an der Namengebung orientierte Definition der Aristoteliker für die Erkenntnis der realen Welt wenig; sie hielt eher davon ab, die realen Durchdringungsverhältnisse quantitativ zu bestimmen und die bestehenden Interdependenzen zu erforschen. Nach Cusanus beruhigte sich das Wissen nicht mehr damit, ein gegebenes Einzelwesen in das definitorische Schema von Gattung und Art einzuordnen; es wußte sich als grenzenlos. Denn es bezog sich jetzt auf die Fülle der Individuen, die Maßverhältnisse der Durchdringungen und die Komplikationen der Wechselwirkungen. Das war ein unendliches Feld. Dem Wissen die Unendlichkeit zu ersparen, das war der Sinn der aristotelischen Wesenheiten. Wenck erkannte, daß Cusanus dem Denken diese Fixpunkte nahm; ein unendlicher Prozeß war in seinen Augen ein sinnloser und real unmöglicher Prozeß. Das Denken als unendliche Aufgabe zu verstehen, wie Cusanus es tat, das hieß nach Wenck, jede Tätigkeit des Intellekts zu zerstören.[7] Deutlicher konnte man nicht sagen, daß man den Intellekt mit den Voraussetzungen des aristotelischen Denkens identifizierte; diese Identifizierung wollte Cusanus in der Tat zerstören. Er wollte zeigen, daß die für das aristotelische System wesentlichen Voraussetzungen – Ausschluß des Individuellen und des Unendlichen – eine rationale Selbstfestlegung, nicht die Wirklichkeit selbst sei. Was seit dem 13. Jahrhundert im lateinischen Westen als „Wissen" gegolten hatte, sah Cusanus als ein Mittel rationaler Selbstbehauptung; es war ein Verfahren, mit dem eine an sich untergeordnete Funktion des Geistes – Cusanus nannte sie „Verstand" (ratio) im Unterschied zur „Vernunft" (intellectus) – die Prämissen ihres Vorgehens als die Struktur der Welt ausgab und damit sowohl den Fortschritt empirischen Wissens wie eine konsequente Theorie der Wahrheit blockierte. Wenck hatte eine aristotelische Formel zur Hand, um die Aufklärung über das aristotelische Wissenskonzept zu verhindern. Mit einer Wendung, der wir bei Albert begegnet sind, betonte er, im irdischen Leben bedürfe unser Intellekt des sinnlichen Vorstellungsbildes, um überhaupt etwas zu erkennen.[8]

[7] A. a. O., 29.
[8] A. a. O., 21.

Cusanus wolle sich mit seinem Programm vom Wissen des Nicht-Wissens über diese Sinnengebundenheit erheben: Der Mensch könne nicht „nicht-wissend wissen", wie Cusanus geschrieben habe, er könne die letzten Gründe der Dinge nur in Bild und Gleichnis, also phantasiegebunden erfassen. Dies hieß, das Vorhaben des Cusanus sei zu ambitiös. Es hieß auch, eine Theorie vom notwendigen Scheitern des aristotelisch definierten Wissens, wie Cusanus sie trieb, sei im irdischen Leben unmöglich. Damit verkannte Wenck, daß wir auch nach Cusanus der Bilder und Gleichnisse bedürfen und daß Cusanus dieses Bedürfnis methodisch und durch geometrische Figuren erfüllen wollte, die einen unendlichen Fortgang von diesen Vorstellungsinhalten weg erlauben sollten. Cusanus wollte einen geregelten Umgang mit Vorstellungsbildern; vor allem wollte er sie als Forschungsinstrument zum Weiterschreiten, nicht als Haltepunkt des Denkens verstanden wissen. Cusanus zeigte, daß man die Phantasieabhängigkeit durch bewußte Konstruktion von Figuren, die selbst ins Unendliche übergehen, dynamisieren konnte. Wenck hielt eine solche Ablösung von den Naturbedingungen des menschlichen Erkennens für menschenunmöglich; er reservierte das Durchschauen der Bedingungen des Wissens ebenso für das jenseitige Leben wie die Vergottung des Menschen.

Wenck hatte noch einen triftigen Einwand gegen das cusanische Wissen des Nicht-Wissens: Er hielt es für einen Widerspruch in sich. Als er bei Cusanus las, das philosophische Denken erhebe sich „bis zu jener Einfachheit, wo widersprüchliche Aussagen koinzidieren", hielt er dies für die Zerstörung allen Wissens. Er kritisierte daran nicht nur, daß Cusanus sich in klaren Gegensatz zu Aristoteles gestellt habe; er verwarf es, daß Cusanus sich durch diesen Kunstgriff eine unangreifbare Position schaffe: Wie kann man ihn widerlegen, wenn zu jedem Satz die entgegengesetzte Behauptung ebenfalls wahr ist? Damit vernichte Cusanus jedes rationale Beweisverfahren, das darauf beruhe, daß einander in derselben Hinsicht widersprechende Sätze nicht zugleich wahr sein können. Cusanus zerstöre jede rationale Argumentation und damit auch jede wissenschaftliche Verteidigung des Glaubens gegenüber den Ungläubigen.[9] Dies sei das Ende der gesamten aristotelischen Philosophie und überhaupt jedes wissenschaftlichen Vorgehens. Wenck hielt die Koinzidenzlehre für schwärmerische Selbstvergessenheit: distanz- und distinktionsloses Vergottungsgerede im Geist

[9] A. a. O., 21.

der Begarden nach dem Vorbild Eckharts. Doch versäumte er bei aller Erregung nicht, präzis zu argumentieren:

Wenn Cusanus schreibe: „Alles, als was wir das Maximum (= „Gott") begreifen, ist es ebenso sehr nicht, wie es es ist",[10] dann zerstöre er die philosophische Theologie. Denn diese beruhe darauf, daß von zwei widersprechenden Prädikaten nicht beide mit gleichem Recht der Gottheit zuerkannt werden können. Habe die philosophische Theologie bislang ihr Ziel darin gesehen, den Satz zu beweisen: „Gott ist", so erkläre Cusanus, man könne mit gleichem Recht behaupten „Gott ist nicht". Cusanus behandle die Gottheit wie ein Geschöpf, das sein könne oder auch nicht sein könne.[11]

Mit der letzten Bemerkung sank Wenck wieder zurück in sein Pantheismusgezeter und seine Begardenangst. Daran ist bemerkenswert, daß 120 Jahre nach der Verurteilung Eckharts und der Begarden die Angst vor ihnen und vor einer volkstümlich-revolutionären Bewegung noch vorhanden war. Aber der Einwand gegen die cusanische Zerstörung der bisherigen philosophischen Theologie hatte doch sachliches Gewicht: Die philosophische Gotteslehre konnte nicht länger als Wissenschaft, gar als die Königin aller Wissenschaften auftreten, wenn sie die Regel fallenließ, nach der sie unter allen möglichen Prädikaten diejenigen auswählte, die der Gottheit notwendigerweise zukamen. Cusanus kritisierte an ihr nicht einzelne Thesen, sondern die Form ihres Diskurses. Cusanus setzte sich in Widerspruch zu der Annahme, „etwas aussagen" bedeute, von einem „Subjekt" bestimmte Prädikate zu behaupten, und „wissenschaftlich etwas aussagen" bedeute, die Verknüpfung bestimmter (aber keineswegs: aller) Prädikate mit einem „Subjekt" nach einer Regel vorzunehmen, einer Regel, die ihren Sinn nur behält, wenn sie die entgegengesetzten Prädikate von demselben Subjekt ausschließt.

Von Wenck her gesehen, schien Cusanus die Anmaßungen der Eckhartschen Spekulation zu verbinden mit den skeptischen Resultaten der Metaphysikkritik des Al-Gazali und des Nicolaus von Autrecourt. Im Taumel des Vergottungswahns gingen, so schien es, alle distinkten Begriffe und alle Regeln des Vorgehens unter. Jetzt konnte man, jetzt mußte man mit demselben Recht sagen: „Gott ist

[10] Cusanus, De docta ignorantia I 4, 11 Zeile 3–4: omne id, quod concipitur esse, non magis est quam non est.

[11] J. Wenck, a. a. O., 29.

nicht" wie „Gott ist". Jetzt war es nicht nur erlaubt, sondern geboten, vom lebendigen Gott zu sagen, daß er tot ist. Die metaphysische Grundlage einer ganzen Zivilisation war erschüttert.

3. Die Selbstverteidigung des Nikolaus von Kues. Die Rückkehr des Sokrates

Cusanus antwortete auf die Streitschrift Wencks spät, kurz und mit antikisierender Eleganz. Schon der Titel ›Apologie des wissenden Nicht-Wissens‹ enthielt eine Anspielung auf Sokrates; Cusanus setzte die neue, humanistische Weite des geschichtlichen Horizonts und den Glanz der an der Antike geschulten literarischen Form des Dialogs gegen die schulmeisternde Spätscholastik seines Heidelberger Gegners. Man sollte nördlich der Alpen sehen, daß in Rom eine neue Zeit angebrochen war: Die Antike, einschließlich des Juden Philon und der hermetischen Schriften, sollte unter dem Humanistenpapst Nicolaus V. (1447–1455) eine Einheit bilden mit den Kirchenvätern, mit Augustin und vor allem mit Dionysius Areopagita, den Cusanus mit ostentativer Genugtuung nach der neuen Übersetzung des Ambrogio Traversari, des Florentiner Humanisten, zitierte, die ihm der Papst geschenkt habe. Es war Diplomatie in diesem Spiel: „Normalscholastikern" wie Wenck sollte klarwerden, daß ihr Aristotelismus eine, wie Cusanus sich ausdrückte, „veraltete Gewohnheit" war, daß er, der Verteidiger des von Johannes XXII. verurteilten Eckhart, ein Freund des Papstes war. Die christliche Renaissancekultur der römischen Zentrale, die sich nur wenige Jahrzehnte wird behaupten können, meldete ihre Überlegenheit über eine erstarrte Schulkultur an.

Ein Begriff wie „Renaissance" ist vielfach belastet; man legte in ihn oft einen Gegensatz zum christlichen Bewußtsein; man verstand ihn oft als Verweltlichung der Kirche. Aber für die Jahre um 1450 muß man diese Assoziation fernhalten; Kirchenreform, philosophische Neuorientierung und exaktere Erforschung der Antike waren noch keine Gegensätze; es schien möglich, an der kirchlichen Zentrale eine Kultur im Sinne des Petrarca zu verwirklichen. Cusanus verband sie mit einer Neubelebung des Dionysius Areopagita und mit einer Rehabilitation des geächteten Meister Eckhart. Gegen die Verkürzung gerade auch der mittelalterlichen Tradition durch den spätscholastischen Traditionalismus brachte Cusanus deren Fülle wieder in Geltung: den ebenfalls verurteilten Johannes

Eriugena, die verdrängten Denker von Chartres – Thierry von Chartres, ließ Cusanus wissen, sei vielleicht der bedeutendste Autor, den er je gelesen habe –, den des Pantheismus verdächtigten David von Dinant und Berthold von Moosburg, der im Geist des Dietrich von Freiberg und Eckharts Proklos kommentiert hatte.[12] Alle diese verketzerten Denker des Mittelalters sollten in einer neuen philosophischen Kultur ihr Recht finden. Dies setzte voraus, daß das Joch des Schularistotelismus gebrochen wurde und daß die Zeit der Verurteilung der eher neuplatonisch orientierten Philosophen vorbei war. Ein Neuanfang, eine Wiedergeburt also, aber keine Rückkehr zum Neuplatonismus: Die neue Philosophie des Cusanus sollte es sein, von der Cusanus ausdrücklich sagte, sie werde *alle* philosophischen Richtungen „besiegen". Dieser Sieg sollte durch das Geltenlassen ihrer jeweiligen Stärke, nicht durch schulmeisterliche Zensur, nicht durch eine neue Diktatur von Formeln erreicht werden. Das cusanische Wissen des Nicht-Wissens bot sich an, die bislang getrennten Teilaspekte zu vereinigen. War die bisherige philosophische Theologie charakterisiert durch das unverbundene Nebeneinander von positiven Aussagen über die Gottheit und der negativen Theologie, so sollte die Koinzidenzlehre diese bislang getrennten Erkenntnisweisen in sich vereinigen.[13]

Doch zuvor mußte Cusanus auf Wencks Kritik antworten. Er wehrte sich gegen dessen Verfahren, mit zusammenhanglosen Texten aus ›De docta ignorantia‹ den Pantheismus des Cusanus zu beweisen. Lebhaft rief er aus, nirgendwo habe er geschrieben, die Koinzidenz bedeute das Zusammenfallen von Gott und Welt. Gewiß sei Gott das Eine, das alles ist. An diesem Gedanken änderte Cusanus nichts. Wer das Unendliche denkt, kann nicht denken, daß ihm irgend etwas gegenüberstünde. Aber „Gott" ist die Einheit in der Weise des Zusammenfaltens (complicatio), die Welt ist die Entfaltung (explicatio) dieser Einheit. Das Urbild ist nicht das Abbild. Sie sind insofern dasselbe, als wir im Abbild nichts anderes finden

[12] Apologia 29, 15–30, 3. Zu Berthold von Moosburg vgl. jetzt die Edition von Loris und Maria Rita Sturlese im CORPUS PHILOSOPHORUM TEUTONICORUM MEDII AEVI. Hamburg 1984 mit einer Einleitung von Kurt Flasch.

[13] Zum künftigen Sieg der Docta ignorantia vgl. 36 Zeile 8, zu ihrem Anspruch, positive und negative Theologie in sich zu vereinigen, vgl. bes. 13 Zeile 1–3. Zum Ganzen vgl. Kurt Flasch, Die Metaphysik des Einen bei Nikolaus von Kues. Leiden 1973.

als das Urbild; wie die Zahl Eins durch Multiplikation die Vielheit der Zahlen ergibt und wie der eindringende Blick in den Zahlen nichts anderes erkennt als die vervielfachte Eins, so sieht der denkende Mensch in der Welt nichts als die ursprüngliche göttliche Einheit. Auch bei Eckhart habe er nirgends gelesen, daß Schöpfer und Geschöpf dasselbe seien. Gott ist das Sein, nach Eckhart wie nach Cusanus. Aber dieses Sein, dem nichts gegenübersteht, differenziert sich aus; es vernichtet nicht, sondern begründet das Eigensein der vielen Dinge. Der Pantheismusvorwurf rühre nur daher, daß die Gegner des Einheitsdenkens an der sinnlichen Vorstellung haften bleiben.

Wenn Wenck dem Cusanus vorwarf, er zerstöre das Fundament der Wissenschaft von den göttlichen Dingen, so zeigte sich Cusanus gegen diesen Einwand von souveräner Gleichgültigkeit: Das wissende Nicht-Wissen ist in der Tat keine „Wissenschaft"; es ist das Wissen davon, daß wir nicht wissen können. Aber ein Wissen von außerordentlicher Fruchtbarkeit, gerade für die empirische Erforschung der Welt, z. B. für die Entwicklung quantitativer Analysen in der Medizin, wie Cusanus in anderen Schriften ausführte. Aber daß ein Wissen des Nicht-Wissens unmöglich sei, wollte Cusanus nicht gelten lassen: Wir haben ein solches Wissen. Wenn wir das Abbild als Abbild, die „Entfaltung" als „Entfaltung" erkennen, dann erfassen wir in nicht-erfassender Weise das Urbild und die Einfaltung (complicatio) der Entfaltung. Dabei versäumte es Cusanus, den Einwand aufzunehmen, das Wissen des Nicht-Wissens sei mit beliebigem Gerede zu verwechseln. Er sagte nicht, wie er nach dem Verzicht auf eine Beurteilungsregel der Prädikate eine philosophische Theologie für möglich halte. Da er zudem die ›Docta ignorantia‹ in die Nähe der „mystischen Theologie" des Dionysius rückte und davor warnte, ein Wissen dieser Art zu popularisieren – was den Intentionen Eckharts klar zuwiderlief und die prekäre Situation der neuen kurialen Kultur verriet –, gab er zu dem Mißverständnis Anlaß, seine Philosophie sei als eine Art Mystik gedacht. Auch hier kommt es, wie bei der Beurteilung Eckharts, nicht auf diese Vokabel an. Entscheidend ist, daß Cusanus von Dionysius sagte, er habe die Philosophie des platonischen Dialogs ›Parmenides‹ nachgeahmt. Ferner gab er Beispiele für die Argumentation, die zum nichtwissenden Wissen der Koinzidenz führt:

Man findet das göttliche Prinzip der Welt nicht durch verallgemeinernde Abstraktion; es ist ebenso der Grund der Individualität. Es ist die Einzelheit aller Einzelheiten. Aber es ist dies für alle Einzelheiten, also nicht auf einzelheitliche Weise. Es ist nicht-singulär die Singularität aller Singularitäten. Das heißt: Die absolute Allgemeinheit fällt mit der absoluten Einzelheit zusammen. Das Wort „absolut" hatte bei Cusanus genau diese Bedeutung: Es zeigte an, was aus den Gegensätzen losgelöst *in* den Gegensätzen zu denken ist. Nicht indem wir einlinig die Seite der Singularität oder die der Universalität steigern, sondern indem wir den Grund für das Singuläre wie für das Universale von diesem Gegensatz ablösen, beginnen wir das Göttliche zu denken. Alle Grundbegriffe sind daraufhin durchzuarbeiten, daß sie, in ihrem Grunde analysiert, ineinander übergehen.

Ein solches Programm hat zweifellos mehr Ähnlichkeit mit Hegels ›Logik‹ als mit mystischer Erfahrung. Will man es gleichwohl „mystisch" nennen, so muß man nur seinen theoretischen Ort klarstellen; schließlich hat Marx an Hegels ›Logik‹ deren „Mystizismus" kritisiert. Für den von Wenck erhobenen Pantheismusvorwurf ist von Bedeutung, daß Cusanus den Gedanken Eckharts erneuerte, das Unendliche sei durch seine Nicht-Unterschiedenheit im Höchstmaß von allem Endlichen, das sich von seinem anderen unterscheidet, unterschieden. In seinem wichtigen philosophischen Werk ›Über die Mutmaßungen‹ hatte Cusanus gezeigt, wie er sich philosophische Untersuchungen dieser Art dachte; in der ›Apologia‹ resümierte er sie nur kurz und nannte Gott die „ununterschiedene Unterscheidung". Damit war der Pantheismusverdacht abgewehrt; aber der gewöhnliche Theismus, der Wenck vorschwebte, war das auch nicht.

Auch dort, wo die Philosophie des Cusanus sich mit dem Denken Wencks zu berühren schien, überwog die Distanz. Sie ergab sich daher, daß Cusanus die Denkweise des Schularistotelismus gelten ließ als die Ansicht des Verstandes (der ratio), der sich weigerte, zur Vernunft (intellectus) zu kommen, weil er dabei seine Selbstzerstörung fürchtete, der aber nach Cusanus in untergeordneter Funktion, z. B. für die Logik, seine Zuständigkeit behält. Cusanus hatte, vor allem im Werk ›Über die Mutmaßungen‹, den Unterschied und den Funktionszusammenhang von Verstand und Vernunft untersucht. Davon hebe ich nur soviel hervor: Verstand und Vernunft sind nicht wie getrennte Stockwerke vorzustellen. Sie sind Funktion einheitlicher geistiger Tätigkeit. Die Vernunft ermöglicht erst den Verstand. Sie sieht zu, was der Verstand tut. Dabei sieht sie, wie er die sinnliche Erfahrung bearbeitet und dabei abstrakte Fixpunkte (Begriffe) schafft, die auf Ausschluß des jeweiligen

Gegenteils beruhen. Der Verstand muß davon ausgehen, daß sein Arbeitsfeld endlich ist und daß Widersprüche nicht zu vereinigen sind. Er gibt den Satz vom zu vermeidenden Widerspruch als die Bedingung aller Wahrheit aus, wo er doch nur die Bedingung seiner Unterscheidungen ist. Indem die Vernunft dies sieht, hat sie die Widersprüche, die für den Verstand unvereinbar sind, schon in sich vereinigt. Die traditionelle Metaphysik hat vom Unendlichen gesprochen, als sei es ein Thema des Verstandes. Aber der Verstand ist definiert durch das Fernhalten des Unendlichen. Um die Fülle der individuellen Unterschiede zu meistern, bildet er die logisch-ontologischen Schemata von Art und Gattung. Er erklärt diese für das „Wesentliche", um nicht an der unendlichen Mannigfaltigkeit der Individualitäten zugrunde gehen zu müssen. Er verfällt in Schreck und Starrheit (stupor), wenn er dem Unendlichen begegnet: Er braucht die Gegensätze, denn er lebt von der Distinktion. Für ihn ist die Zahl 4 dadurch definiert, daß sie nicht mit der Zahl 1 zusammenfällt. Das Rechnen und die Logik wären unmöglich, wenn dieser Unterschied aufgehoben wäre. Aber die Vernunft sieht in der Vier die vervierfachte Eins. So ist die Vernunft ein *Sehen* der Einfaltungen, während der Verstand sich zwischen distinkten Entfaltungen bewegt und diese, bei Strafe seiner Selbstzerstörung, getrennt halten muß.[14] Nun wieder mit dem Blick auf Wenck und die philosophische Situation seit der Aristotelesrezeption: Heute herrscht die „aristotelische Sekte". Sie erklärt es für eine Häresie, wenn vom Zusammenfall der Gegensätze, speziell der Widersprüche, die Rede ist. Sie möchte das Unendliche behandeln, als sei es endlich. Dies gilt für die Unendlichkeit individueller Variationen ebenso wie für die unendliche Entwicklungsfähigkeit des menschlichen Denkens; es gilt für die Unendlichkeit Gottes und deren Abbildung in der einfachen Einheit des menschlichen Geistes. Die langjährige Gewöhnung hat zur Folge, daß die Menschen eher bereit sind, ihr Leben zu opfern, als eine Denkgewohnheit dranzugeben. Dies gilt besonders für die aristotelische Schule. Es schädigt speziell die Theologen. „Heute bemühen sich fast alle, die sich mit Theologie befassen, um bestimmte positive Traditionen und ihre Formen. Sie glauben dann Theologen zu sein, wenn sie sich imstande sehen, so zu reden wie die anderen, die sie sich als Autoritäten gesetzt haben." Es fehlen die direkte Erfahrung und das Mißtrauen in Vokabeln. Es fehlt die Kritik der Erkenntnisstufen. Alle schwitzen sich

[14] Vgl. Apologia 14–15 und, wie gesagt, De coniecturis.

ab mit dem aristotelischen Autoritätskult; dadurch wurde die Wissenschaft lebensfern und für die Menschen nutzlos.

Cusanus wollte eine konkrete Reform der Wissenschaft. Sie sollte nützlich sein und im Selbstbewußtsein der Laien beheimatet. Sie war dann keine „Wissenschaft“ im herkömmlichen Sinne mehr. Sie war Wissen des Nicht-Wissens. Das bedeutete nach Jahrhunderten von selbstvergessener Spekulation und wortgläubigem Dogmatismus – in denen freilich ein entgegenwirkendes Denken nie ganz erloschen war – die Rückkehr des Sokrates.

BIBLIOGRAPHISCHE HINWEISE. WERKE MITTELALTERLICHER PHILOSOPHEN IN MODERNER ÜBERSETZUNG

1. Bibliographische Hinweise

a) Bibliographien

Ausführliche Literaturangaben finden sich in: W. Totok, Handbuch der Geschichte der Philosophie. Bd. 2: Mittelalter. 2 Teile. Frankfurt am Main 1970–1973.

Über die laufenden Neuerscheinungen informiert das Répertoire bibliographique de philosophie. Louvain 1949 ff.

Wegen der Literaturangaben, aber zugleich auch als wissenschaftliche Bearbeitungen des gesamten Zeitraums bleiben unentbehrlich:

Geyer, B.: Die patristische und scholastische Philosophie. Ueberwegs Grundriß der Geschichte der Philosophie. Zweiter Teil. Berlin 1928.

Armstrong, A. H. (Hrsg.): The Cambridge History of Later Greek and Early Medieval Philosophy. Cambridge 1967.

Vasoli, C.: La filosofia medievale. Mailand ^{4}1972.

Pra, M. dal (Hrsg.): Storia della filosofia. Vol. 5 und 6. Mailand 1975/76.

Kretzmann, N. – Kenny, A. – Pinborg, J. (Hrsg.): The Cambridge History of Later Medieval Philosophy. Cambridge 1982.

b) Gesamtdarstellungen der mittelalterlichen Philosophie

Gilson, E.: La philosophie au moyen âge. Paris ^{2}1952.

-: History of christian philosophy in the Middle Ages. London 1955.

Vignaux, P.: Philosophie au moyen âge. Paris 1958.

Weinberg, J. R.: A Short History of Medieval Philosophy. Princeton 1964.

Paul, J.: Histoire intellectuelle de l'occident médiéval. Paris 1973.

Flasch, K.: Mittelalter. Geschichte der Philosophie in Text und Darstellung, hrsg. v. R. Bubner. Bd. 2. Stuttgart 1982.

-: Das philosophische Denken im Mittelalter. Von Augustin zu Machiavelli. Stuttgart 1986.

c) Geschichtliche Bedingungen der mittelalterlichen Philosophie und Wissenschaft

Hauck, A.: Kirchengeschichte Deutschlands im Mittelalter. 5 Bde. Berlin [8]1954.
Curtius, E. R.: Europäische Literatur und lateinisches Mittelalter. Zuerst 1948, Bern–München [6]1967.
Southern, R. W.: The Making of the Middle Ages. Zuerst 1953, zuletzt London 1978.
LeGoff, J.: La civilisation de l'occident médiéval. Paris 1964.
-: Das Hochmittelalter. Fischers Weltgeschichte. Bd. 11. Frankfurt am Main 1965.
Duby, G.: Le temps des cathédrales. L'art et la société 980–1420. Zuerst Genf 1966/67, jetzt Paris 1976.
Ullmann, W.: Medieval Political Thought. Zuerst 1965. Paperback London 1979.
Southern, R. W.: Western Society and the Church in the Middle Ages. The Pelican History of the Church. Bd. 2, zuerst 1970, zuletzt London 1981.
-: Medieval Humanism and other Studies. Oxford 1970.
Ullmann, W.: A Short History of the Papacy in the Middle Ages. Zuerst 1972. Paperback London–New York 1982.
Murray, A.: Reason and Society in the Middle Ages. Oxford 1978.

2. *Werke mittelalterlicher Philosophen in moderner Übersetzung* (deutsch, englisch, französisch)

Die Erfahrung zeigt, daß die Texte mittelalterlicher Philosophen heute oft aus sprachlichen Gründen nicht gelesen werden. Daher besteht das Bedürfnis, die Übersetzungen der wichtigen Texte zu kennen. Die Zusammenstellung beansprucht keine Vollständigkeit; sie enthält kein Urteil über die Qualität der genannten Übersetzungen. Sie dient praktischen Zwekken. Die Texte sind nach den Namen der mittelalterlichen Autoren alphabetisch geordnet.

Ich danke Uwe Jakomeit für die Hilfe bei der Erstellung der Liste.

a) Allgemeine Textsammlungen

Fairweather, Eugene R.: A Scholastic Miscellany: Anselm to Ockham. Edited and translated by Eugene R. Fairweather. New York 1970.
Flasch, Kurt: Geschichte der Philosophie in Text und Darstellung. Bd. 2: Mittelalter. Hrsg. von Kurt Flasch. Stuttgart 1982.
Grant, Edward: A Source Book in Medieval Science. Edited by Edward Grant. Cambridge, Mass. 1974.

Hyman, Arthur/Walsh, James J.: Philosophy in the Middle Ages. The Christian, Islamic, and Jewish Traditions. Edited by Arthur Hyman and James J. Walsh. New York 1967.

Lerner, Ralph/Mahdi, Muhsin: Medieval Political Philosophy: A Sourcebook. Edited by Ralph Lerner and Muhsin Mahdi. New York 1963.

McKeon, R.: Selections from Medieval Philosophers. Ed. and transl. by R. McKeon. Vol. 1.2. New York 1929–1930.

Sambursky, Shmuel: Der Weg der Physik. 2500 Jahre physikalischen Denkens. Texte von Anaximander bis Pauli. Ausgew. und eingeleitet von Shmuel Sambursky. Zürich–München 1975.

Wippel, John F./Wolter, Allan B.: Medieval Philosophy: From St. Augustine to Nicholas of Cusa. Edited by John F. Wippel and Allan B. Wolter. London–New York 1969.

b) Einzelne Autoren

[Adelard von Bath:] Dodi Ve-nechdi (Uncle and Nephew). The Work of Berachya Hanakdan, now edited from Mss. at Munich and Oxford, with an English transl., introd. etc. to which is added the first English translation from the Latin of Adelard of Bath's Quaestiones naturales. By Hermann Gollancz. London 1920.

[Agobard von Lyon:] Des heiligen Agobard, Bischofs zu Lyon, Abhandlungen wider die Juden. In Briefform. Aus dem Lateinischen übertragen und mit einem kurzen Berichte über Agobards Leben versehen von Emanuel Samostz. Leipzig 1852.

-: De la grêle et du tonnerre [De grandine et tonitruis]. Tr. par Antoine Péricaud. Lyon 1841.

Albertus Magnus: Ausgewählte Texte. Lateinisch-deutsch. Hrsg. u. übersetzt v. Albert Fries. Mit einer Kurzbiographie v. Willehad Paul Eckert. Darmstadt 1981.

[-:] Quaestiones Alberti de modis significandi. A critical edition, translation and commentary of the British Museum Incunabulum C. 21. C. 52 and the Cambridge Incunabulum Inc. 5. J. 3. 7. By L. G. Kelly. Amsterdam 1977.

[-:] Libellus de alchimia, ascribed to Albertus Magnus. Translated from the Borgnet Latin ed., introd. and notes, by Virginia Heines. With a foreword by Pearl Kibre. Berkeley 1958.

[-:] Cinq traités d'alchimie des plus grands philosophes. Paracelse, Albert le Grand [De alchimia], Roger Bacon, R. Lulle, Arn. de Villeneuve. Tr. du Latin en français par Albert Poisson précédés de la table d'émeraude, suivis d'un glossaire. Paris 1890.

-: Beaver. Elephant. Crocodile. Torpedo [De animalibus libri XXVI; Ausz.]. Translated and annotated by Edward Grant, in: Grant, E.: A Source Book in Medieval Science. Cambridge, Mass. 1974, 654–657.

Albertus Magnus: Philosophical and theoretical zoology [Quaestiones super De animalibus; Ausz.]. Translated and annotated by Edward Grant, in: Grant, E.: A Source Book in Medieval Science. Cambridge, Mass. 1974, 681–689.
-: On comets [De cometis]. Translated by Lynn Thorndike. Introduction and annotation by Edward Grant, in: Grant, E.: A Source Book in Medieval Science. Cambridge, Mass. 1974, 539–547.
-: Book of Minerals [De mineralibus]. Transl. by D. Wyckhoff. Oxford 1967.
-: Philosophical and theoretical botany. An illustration of descriptive botany: The oak tree. [De vegetabilibus libri VII; Ausz.]. Translated by Edward Grant and Charles Singer. Introduction and annotation by Edward Grant, in: Grant, E.: A Source Book in Medieval Science. Cambridge, Mass. 1974, 689–700.
[Al-Farabi:] Al-Fārābīs philosophische Abhandlungen. Aus dem Arab. übers. von F. Dieterici. Leiden 1892. Repr. Frankfurt am Main 1976.
-: Philosophy of Plato and Aristotle. Transl. with an introd. by M. Mahdi. Rev. ed. Ithaca, N. Y. 1969.
[-:] Al-Farabi's Short Commentary on Aristotle's "Prior analytics" [Kitāb al-qiyās aṣ-ṣaġīr]. Transl. from the original Arabic with introduction and notes by Nicholas Rescher. Pittsburgh 1963.
[-:] Al-Farabi's Paraphrase of the "Categories" of Aristotle [Šarḥ kitāb al-maqūlāt li-Arisṭūṭālīs]. Ed. and transl. by D. M. Dunlop, in: Islamic Quarterly 4 (1958), 168–97, 5 (1959), 21–54.
[-:] Al-Farabi's commentary and short treatise on Aristotle's De interpretatione [Šarḥ kitāb al-'ibāra li-Arisṭūṭālīs]. Translated with an introduction and notes by F. W. Zimmermann. London 1981.
-: Plato's Laws [Talḫīṣ nawāmīs Aflāṭūn]. Translated by Muhsin Mahdi, in: Lerner, R./Mahdi, M. (ed.): Medieval Political Philosophy: A Sourcebook. New York 1963, 83–94.
-: Fuṣūl al-madānī. Aphorisms of the statesman. Ed. with an Engl. transl., introd. and notes by D. M. Dunlop. New York–London 1961 (University of Cambridge. Oriental publications, 5).
-: Der Musterstaat [Fī mabādi' ārā ahl al-madīna al-fāḍila]. Aus dem Arabischen übertr. von Friedrich Dieterici. Vorangeht die Abhandlung: Über den Zusammenhang der arabischen und griechischen Philosophie. Leiden 1900.
-: Idées des habitants de la cité vertueuse [Fī mabādi' ārā' ahl al-madīna al-fāḍila]. Traduit par R. P. Jaussen, Youssef Karam et J. Chlala. Le Caire 1949 (Publications de l'Institut Français d'Archéologie Orientale. Textes et traductions d'auteurs orientaux, 9).
-: The Political Regime [Kitāb as-siyāsa al-madanīya]. Tr. by Fauzi M. Najjar, in: Lerner, R./Mahdi, M. (ed.): Medieval Political Philosophy: A Sourcebook. New York 1963, 31. 57.
-: The Enumeration of the Sciences [Kitāb iḥṣa' al-ulūm; Ausz.]. Tr. by

Fauzi M. Najjar, in: Lerner, R./Mahdi, M. (ed.): Medieval Political Philosophy: A Sourcebook. New York 1963, 22–30.

[-:] Al-Farabi's introductory sections on logic [Kitāb Šarā'iṭ al-burhān]. By D. M. Dunlop, in: Islamic Quarterly 2 (1955), 264–82.

[-:] Al-Farabi's introductory "Risala" on logic [Risāla ṣudira bi-ha 'l-kitāb]. Ed. and transl. by D. M. Dunlop, in: Islamic Quarterly 3 (1956), 224–35.

-: Eisagoge [Kitāb at-tauṭi'a fi 'l-manṭiq]. Ed. and transl. by D. M. Dunlop, in: Islamic Quarterly 3 (1956), 117–38.

-: De Intellectu [Risāla fi 'l-aql wal-ma'qūl]. Texte et traduction par E. Gilson, in: Archives d'histoire doctrinale et littéraire du moyen âge 4 (1929), 108–42.

-: The Letter Concerning The Intellect [Risāla fi 'l-aql wal-ma 'qūl]. Translated by Arthur Hyman, in: Hyman, A./Walsh, J. J. (ed.): Philosophy in the Middle Ages. The Christian, Islamic, and Jewish Traditions. New York 1967, 215–221.

[Al-Kindi:] Al-Kindī's Metaphysics. A translation of Ya'qūb ibn Isḥāq al-Kindī's treatise "On first philosophy" (fī al-Falsafah al-ūlā) with introduction and commentary by Alfred L. Ivry. Albany, N. Y. 1974 (Studies in Islamic philosophy and science).

-: Sketch of Aristotle's Organon [Fī kammīyat kutub Arisṭūṭālīs]. Ed. by N. Rescher, in: New Scholasticism 37 (1963), 44–58, und in: Rescher, N.: Studies in the history of Arabic logic. Pittsburgh 1964, 28–38.

[-:] Al-Kindī's Treatise on the intellect [Fi 'l-'aql]. Text and tentative transl. by R. J. McCarthy, in: Islamic Studies 3 (1964), 110–49.

[-:] L'Intellect selon Kindi [Fi 'l-'aql]. Par Jean Jolivet. Leiden 1971 (Publications de la Fondation De Goeje, 22).

-: Treatise on the cause of the blue colour of the sky [Fī 'illat al-laun al-lāzawardī allaḏī yurā fi l-ğauw fī ğihat as-samā']. Ed. by O. Spies, in: Journal of the Royal Asiatic Society, Bombay branch 13 (1937), 7–19.

-: Buch über die Chemie des Parfüms und die Destillationen [Kitāb kīmīya' al-'iṭr wat-taṣ 'īdāt]. Ein Beitrag zur Geschichte der arabischen Parfümchemie und Drogenkunde aus dem 9. Jahrhundert p. C., übers. von Karl Garbers. Leipzig 1948 (Abhandlungen für die Kunde des Morgenlandes, 30).

-: Über die Komposition der Melodien [Fī ḫubr tā'līf al-alḥān]. Nach der Handschrift Brit. Mus. Or. 2361 mit Übersetzung, Einleitung und Kommentar sowie englischer Einführung hrsg. von Robert Lachmann und Mahmud el-Hefni. Leipzig 1931 (Veröffentlichungen der Gesellschaft zur Erforschung der Musik des Orients, 1).

[Alkuin:] Alkuins pädagogische Schriften. Übers., bearb. und mit einer Einleitung versehen von Joseph Freundgen, in: Sammlung der bedeutendsten pädagogischen Schriften aus alter und neuer Zeit. Hrsg. v. B. Schulz u. a. Bd. 4. Paderborn 1889.

[Alkuin:] Ausgewählte Schriften von Columban, Alkuin, Dodana, Jonas, Hrabanus Maurus, Notker Balbulus, Hugo von Sankt Viktor und Peraldus. Einl. und Übersetzung v. Gabriel Meier. Freiburg i. Br. 1890.

-: Gespräch des jungen hochedlen Königssohn Pippin mit seinem Lehrer Albinus. 2. Von der Natur der Seele [De ratione animae]. Hrsg. v. H. Schütze. Gütersloh 1880 (H. Schütze, Auslese aus den Werken berühmter Lehrer und Pädagogen, H. 4).

-: De ratione animae. A text with introduction, critical apparatus, and translation. By James Joseph Mark Curry. Ithaka, New York 1966.

[-:] The rhetoric of Alcuin & Charlemagne [De rhetorica]. A translation, with an introduction, the Latin text and notes, by Wilbur Samuel Howell. Princeton–London 1941.

[Ambrosius:] Des Heiligen Kirchenlehrers Ambrosius von Mailand Ausgewählte Schriften. Übers. von J. E. Niederhuber. Bd. 1–3. Kempten 1914–17 (Bibliothek der Kirchenväter, 17. 21. 32).

-: Theological and dogmatic works. Translated by Roy J. Deferrari. Washington 1963 (The Fathers of the church; a new translation, 44).

Anselm von Canterbury: Wahrheit und Freiheit. Vier Traktate. Übers. und eingel. von Hansjürgen Verweyen. Einsiedeln 1982.

[-:] St. Anselm and Gaunilon. Translations by A. B. Wolter, in: Wippel, J. F./Wolter, A. B. (ed.): Medieval Philosophy: From St. Augustine to Nicholas of Cusa. London–New York 1969, 153–174.

[-:] Anselm of Canterbury. Translations, bibliography and annotations by Eugene R. Fairweather, in: Fairweather, E. R.: A Scholastic Miscellany: Anselm to Ockham. New York 1970, 45–215.

-: Cur Deus homo. Warum Gott Mensch geworden. Lateinisch und Deutsch. Besorgt und übersetzt von Franciscus Salesius Schmitt. München 1956. Repr. Darmstadt 1967.

-: Pourquoi Dieu s'est fait homme [Cur Deus homo]. Texte lat., introd., bibliogr., trad. et notes de R. Roques. Paris 1963 (Sources chrétiennes, 91).

-: De grammatico. Latin text and English translation, in: Henry, Desmond Paul: Commentary on De Grammatico. The historical-logical dimensions of a dialogue of St. Anselm's. Dordrecht–Boston 1974.

-: De veritate. Über die Wahrheit. Lat.-dt. Ausg. von F. S. Schmitt. Stuttgart 1966.

-: Monologion. Lat.-dt. Ausg. v. F. S. Schmitt. Stuttgart 1964.

-: Proslogion. Lat.-dt. Ausg. v. F. S. Schmitt. Stuttgart 1962.

[-:] St. Anselm's Proslogion. With a reply on behalf of the fool by Gaunilo, and the author's reply to Gaunilo. Transl., with an introd. and philosoph. comm. by M. J. Charlesworth. Oxford 1965.

-: Fides quaerens intellectum id est Proslogion. Liber Gaunilonis pro insipiente atque Liber apologeticus contra Gaunilonem. Texte et traduction par A. Koyré. 3. éd. Paris 1964 (Bibliothèque des textes philosophiques).

[Augustin:] Deutsche Augustinusausgabe. Hrsg. von C. J. Perl. Abt. 1 ff. Paderborn 1940 ff.

[-:] Des heiligen Kirchenvaters Aurelius Augustinus Ausgewählte Schriften. Aus dem Lateinischen übersetzt. Bd. 1–12. Kempten–München 1911–36 (Bibliothek der Kirchenväter, 11–22).

-: The Works. A new translation. Ed. by M. Dods. Vol. 1–15. Edinburgh 1871–76.

[-:] Œuvres de saint Augustin. 2. éd. Paris 1947 ff. (Bibliothèque augustinienne).

[Averroes:] Averroes (1126–1198). Translations by G. F. Hourani and A. Hyman, in: Hyman, A./Walsh, J. J. (ed.): Philosophy in the Middle Ages. The Christian, Islamic, and Jewish Traditions. New York 1967, 283–325.

[-:] Philosophie und Theologie von Averroes [Faṣl al-maqāl]. Aus dem Arab. übers. von M. J. Müller. Aus dem Nachlaß desselben hrsg. von der Königlich-Bayerischen Akademie der Wissenschaften. München 1875. Repr. Osnabrück 1974.

-: On the harmony of religion and philosophy. A translation with introduction and notes of Ibn Rushd's Kitāb Faṣl al-maqāl, with its appendix (Damīma) and an extract from Kitāb al-kashf 'an manāhij al-adilla by G. F. Hourani. London 1961 (E. J. W. Gibb memorial series. New series, 21).

-: Traité décisif (Façl el-maqâl) sur l'accord de la religion et de la philosophie. Suivi de l'appendice (Dhamîma). Texte arabe, traduction française remaniée avec notes et introductions par Léon Gauthier. 3. éd. Alger 1948 (Bibliothèque arabe-française, 1).

[-:] Die Hauptlehren des Averroes nach seiner Schrift: Die Widerlegung des Gazali [Tahāfut at-tahāfut]. Aus dem arab. Originale übers. und erl. von M. Horten. Bonn 1913.

-: The incoherence of the incoherence [Tahāfut at-tahāfut]. Transl. from the Arabic with introduction and notes by S. van den Bergh. Vol. 1.2. Oxford 1954.

[-:] Die Metaphysik des Averroes. Nach dem Arab. übers. und erl. von M. Horten. Unveränd. Nachdr. der Ausg. Halle 1912. Frankfurt am Main 1960 (Abhandlungen zur Philosophie und ihrer Geschichte, 36).

[-:] Die Epitome der Metaphysik des Averroes. Übers. und mit einer Einl. und Erläuterungen vers. von S. van den Bergh. Leiden 1924 (Veröffentlichungen der de Goeje-Stiftung, 7).

-: Does finite and temporal motion require a resistant medium? Comment 71 on Book IV of Aristotle's Physics. Translations, introduction, and annotation by John E. Murdoch and Edward Grant, in: Grant, E.: A Source Book in Medieval Science. Cambridge, Mass. 1974, 253–262.

-: The Mover or cause in natural motion. Comment 28 on Book III of Aristotle's On the Heavens (De caelo). Translated and annotated by

Edward Grant, in: Grant, E.: A Source Book in Medieval Science. Cambridge, Mass. 1974, 263–264.

[Averroes:] Averroes' Commentary on Plato's "Republic". Ed. with an introduction, translation, and notes by E. I. J. Rosenthal. Cambridge 1956.

[-:] Averroes on Plato's Republic. Translated, with an introduction and notes by Ralph Lerner. Ithaca, N. Y. 1974.

[Avicenna:] The "Metaphysica" of Avicenna (ibn Sīnā). A critical translation-commentary and analysis of the fundamental arguments in Avicenna's "Metaphysica" in the Dāni<u>sh</u> Nāma-i 'alā'i (The Book of Scientific Knowledge). By Parviz Morewedge. London 1973 (Persian heritage series, 13).

-: Le livre de science [Daniš-nāme]. Traduit par M. Achena et H. Massé. I. Logique, Métaphysique. II. Physique, Mathématiques. Paris 1955–58.

[-:] Avicenna's Psychology. An English translation of Kitāb al-Najāt, book II, chapter VI, with historico-philosophical notes and textual improvements on the Cairo edition by F. Rahman. London 1952. Repr. Westport, Conn. 1981.

[-:] Die Metaphysik Avicennas [al-Ilāhīyāt], enthaltend die Metaphysik, Theologie, Kosmologie und Ethik. Übersetzt und erläutert von M. Horten. Leipzig 1907. Nachdruck Frankfurt am Main 1960.

-: The Healing, Metaphysics [al-Ilāhīyāt; Ausz.]. Translated by Arthur Hyman, in: Hyman, A./Walsh, J. J. (ed.): Philosophy in the Middle Ages. The Christian, Islamic, and Jewish Traditions. New York 1967, 240–254.

-: On the Divisions of the Rational Sciences. Healing: Metaphysics X. On the Proof of Prophecies and the Interpretation of the Prophets' Symbols and Metaphors. Translated by Muhsin Mahdi and Michael E. Marmura, in: Lerner, R./Mahdi, M. (ed.): Medieval Political Philosophy: A Sourcebook. New York 1963, 95–121.

-: La Métaphysique du Shifā'. Livres I à V [al-Ilāhīyāt]. Traduction française du texte arabe de l'édition du Caire, introduction, notes et commentaires par Georges C. Anawati. Paris 1978 (Etudes musulmannes, 21).

[-:] Psychologie d'Ibn Sīnā (Avicenne) d'après son œuvre aš-Šifā' ['Ilm an-nafs]. Editée et traduite en français par J. Bakoš. 2 vol. Prague 1956.

-: Die Theorie vom Impetus gegen die Erklärung der gewaltsamen Bewegung durch Aristoteles [Kitāb aš-šifā'; Ausz.]. Übers. von W. W. Müller, in: Sambursky, Shmuel: Der Weg der Physik. Zürich–München 1975, 191–193.

-: Das Lehrgedicht über die Heilkunde (Canticum de medicina) [al-Qānūn fi 'ṭ-ṭibb]. Aus dem Arabischen übersetzt von Karl Opitz, in: Quellen und Studien zur Geschichte der Naturwissenschaften und der Medizin 7 (1939), 150–220.

[-:] A treatise on the Canon of medicine of Avicenna [al-Qānūn fi 'ṭ-ṭibb].

Incorporating a translation of the First Book by O. C. Gruner. London 1930. Repr. New York 1973.
-: Livre des directives et remarques [Kitāb al-išārāt wa-'t-tanbīhāt]. Traduction avec introduction et notes par A.-M. Goichon. Beyrouth–Paris 1951.
-: Le livre des définitions [Risāla fi 'l-ḥudūd]. Ed., trad. et annoté par A. M. Goichon. Le Caire 1963 (Mémorial Avicenne, 6).
[-:] Introduction à Avicenne. Son épître des définitions [Risāla fi 'l-ḥudūd]. Traduction avec notes par A. M. Goichon. Paris 1933.
-: Le récit de Ḥayy ibn Yaqẓān [Risālat Ḥayy ibn Yaqẓān]. Commenté par des textes d'Avicenne. Avant-propos, traductions, explications et notes par A.-M. Goichon. Paris 1959.
[-:] The Life of Ibn Sina [Sīrat aš-šayq al-ra'īs]. A critical edition and annotated translation by William E. Gohlman. Albany, N. Y. 1974 (Studies in Islamic philosophy and science).

Bernardus Silvestris: Über die allumfassende Einheit der Welt: Makrokosmos und Mikrokosmos [De mundi universitate]. Aus d. Latein des 12. Jahrhunderts übers. und eingel. von Wilhelm Rath. Stuttgart 1972.
[-:] The Cosmographia of Bernardus Silvestris [De mundi universitate]. A translation with introduction and notes by Winthrop Wetherbee. New York 1973.
-: Commentary on the first six books of Virgil's Aeneid [Commentum super sex libros Eneidos Virgilii]. Translated, with introduction and notes by Earl G. Schreiber and Thomas E. Maresca. Lincoln 1979.
[Bernhard von Clairvaux:] Schriften des Honigfließenden Lehrers Bernhard von Clairvaux. Nach d. Übertr. von M. A. Wolters hrsg. von der Abtei Mehrerau durch E. Friedrich. Bd. 1–6. Wittlich 1934–38.
-: Von Kreuzzug, Krieg und den Juden. Zwei Briefe des Bernhard von Clairvaux. Lateinisch und deutsch. Übersetzt von Otto von Taube. München 1948.
[-:] The Works of Bernard of Clairvaux. Vol. 1 ff. Spencer, Mass.–Kalamazoo, Mich. 1970 ff. (The Cistercian fathers series, 1. 4. etc.).
-: L'Esprit de Cîteaux. Saint Bernard sur le Cantique des Cantiques [Sermones super cantica canticorum]. Introd. de Raymond Oursel. La Pierre-qui-Vire 1978 (Les points cardinaux, 26).
Boethius: The Theological Tractates. With an English translation by H. F. Stewart and E. K. Rand and S. J. Tester. The Consolation of Philosophy [De consolatione philosophiae]. With an English translation by S. J. Tester. New ed. London 1973 (The Loeb Classical Library, 74).
-: Trost der Philosophie [De consolatione philosophiae]. Übers. und hrsg. von Karl Büchner. Mit einer Einf. von Friedrich Klingner. Stuttgart 1971 (Reclams Universalbibliothek, 3154–55).
-: Trost der Philosophie [De consolatione philosophiae]. Lateinisch und deutsch. Hrsg. und übers. von Ernst Gegenschatz und Olof Gigon.

Eingel. und erl. von Olof Gigon. 3., überarbeitete Aufl. Zürich–München 1981 (Bibliothek der alten Welt).

Boethius: Wie die Substanzen gut sind, sofern sie sind, obwohl sie nicht wesenhafte Güter (substantialia bona) sind [De hebdomadibus]. Übers. von Kurt Flasch, in: Flasch, K.: Geschichte der Philosophie in Text und Darstellung: Mittelalter. Stuttgart 1982, 127–132.

[-:] Boethian Number Theory. A translation of the De institutione arithmetica with introduction and notes. By Michael Masi. Amsterdam 1983 (Studies in Classical Antiquity, 6).

-: On Arithmetic [De institutione arithmetica, Ausz.]. Translation, introduction, and annotation by Edward Grant, in: Grant, E.: A Source Book in Medieval Science. Cambridge, Mass. 1974, 17–24.

-: Fünf Bücher über die Musik [De musica]. Aus dem Latein. in die deutsche Sprache übertr. und mit bes. Berücksichtigung der griech. Harmonik sachl. erklärt von Oscar Paul. Leipzig 1872. Nachdruck Hildesheim, New York 1973.

[-:] Boethius's De topicis differentiis. Transl., with notes and essays on the text by Eleonore Stump. Ithaca–London 1978.

Boetius von Dacien: Das höchste Gut [De summo bono]. Übers. von Kurt Flasch, in: Flasch, K.: Geschichte der Philosophie in Text und Darstellung: Mittelalter. Stuttgart 1982, 363–371.

[Bonaventura:] The Works of Bonaventure, Cardinal, Seraphic Doctor, and Saint. Translated from the Latin by J. de Vinck. 5 vol. Paterson, N. J. 1960–66.

-: Is God's Existence a Truth That Cannot Be Doubted? Theory of Illumination. Theory of Seminal Reasons. Translations by A. B. Wolter, in: Wippel, J. F./Wolter, A. B. (ed.): Medieval Philosophy: From St. Augustine to Nicholas of Cusa. London–New York 1969, 300–327.

[-:] Bonaventure. The soul's journey into God. The tree of life. The life of St. Francis. Translation and introduction by Ewert Cousins. Preface by Ignatius Brady. New York 1978 (Classics of western spirituality).

-: Das Sechstagewerk [Collationes in Hexaemeron]. Lateinisch und deutsch. Übersetzt und eingeleitet von Wilhelm Nyssen. München 1964.

[-:] Kritik am Aristotelismus [Collationes in Hexaemeron, Ausz.]. Übers. von Kurt Flasch, in: Flasch, K.: Geschichte der Philosophie in Text und Darstellung: Mittelalter. Stuttgart 1982, 333–354.

-: Pilgerbuch der Seele zu Gott [Itinerarium mentis in Deum] – Die Zurückführung der Künste auf die Theologie [De reductione artium ad theologiam]. Eingeleitet, übersetzt und erläutert von Julian Kaup. München 1961.

[-:] Works of Saint Bonaventure [De reductione artium ad theologiam – Itinerarium mentis in Deum]. Ed. by P. Boehner and F. Laughlin. Vol. 1.2. Saint Bonaventure 1955–56.

-: The character of a Christian leader. Originally titled The six wings of the seraph [De six alis seraphim]. Translated by Philip O'Mara. Ann Arbor, Mich. 1978.

[-:] Saint Bonaventure's Disputed questions on the mystery of the Trinity [Quaestiones disputatae de mysterio SS. Trinitatis]. Introd. and translation by Zachary Hayes. St. Bonaventure, N. Y. 1979 (Works of Saint Bonaventure, 3).

-: Alleingespräch über die vier geistlichen Übungen [Soliloquium]. Hrsg. und übersetzt von Josef Hosse. München 1958.

Bradwardine, Thomas: Corollaries [De causa Dei contra Pelagium – De virtute causarum; Ausz.]. Translated and annotated by Edward Grant, in: Grant, E.: A Source Book in Medieval Science. Cambridge, Mass. 1974, 556–560.

[-:] Thomas of Bradwardine. His Tractatus de proportionibus. Its significance for the development of the mathematical physics. Edited and translated by H. Lamar Crosby. Madison, Wis. 1955.

Buridanus: Sophisms on meaning and truth [Sophismata]. Translated and with an introd. by Theodore Kermit Scott. New York 1966.

[-:] John Buridan on self-reference. Chapter eight of Buridan's Sophismata. Transl. with an introd. and a philosophical commentary by G. E. Hughes. Cambridge 1982.

-: Questions on Aristotle's Metaphysics – Questions on the Ten Books of the Nicomachean Ethics of Aristotle. Selected translations by James J. Walsh, in: Hyman, A./Walsh, J. J. (ed.): Philosophy in the Middle Ages. The Christian, Islamic, and Jewish Traditions. New York 1967, 702–722.

[Dante:] A translation of the Latin works of Dante Alighieri. Translated by A. G. Ferrers Howell and Philip H. Wicksteed. London 1904. Repr. New York 1969.

[-:] Dante. Présentation, choix de textes, chronologie bibliographique, index par Maurice de Gandillac. Paris 1968 (Philosophes de tous les temps, 46).

-: Das Gastmahl [Il Convivio]. Vollständige Ausgabe. Aus dem Italienischen übertragen und kommentiert von Constantin Sauter. Mit einem Geleitwort von Hans Rheinfelder. München 1965.

-: Monarchie [De monarchia]. Übersetzt und erklärt mit einer Einführung von Constantin Sauter. Freiburg i. Br. 1913. Neudr. Aalen 1974.

-: Die Monarchie [De monarchia]. Übers. mit Einl. u. Komm. von W. von den Steinen. Breslau 1926.

-: Monarchy, and Three political letters [De monarchia]. With an introd. by Donald Nicholl and a note on the chronology of Dante's political works by Colin Hardie. New York 1954. Repr. Westport, Conn. 1979.

-: Über das Dichten in der Muttersprache [De vulgari eloquentia]. Aus dem Lateinischen übers. und erläutert von Franz Dornseiff und Joseph Balogh. Darmstadt 1925. Unveränd. reprogr. Nachdr. Darmstadt 1966.

Dietrich von Freiberg: Abhandlung über den Intellekt und den Erkenntnisinhalt [De intellectu et intelligibili]. Übers. u. mit einer Einl. hrsg. v. Burkhard Mojsisch. Hamburg 1980 (Philosophische Bibliothek, 322).
-: On the Rainbow [De iride et radialibus impressionibus; Ausz.]. Translated and annotated by William A. Wallace, in: Grant, E.: A Source Book in Medieval Science. Cambridge, Mass. 1974, 435–441.
-: Der tätige Intellekt und die beseligende Schau [De visione beatifica; Ausz.]. Übers. von Burkhard Mojsisch, in: Flasch, K.: Geschichte der Philosophie in Text und Darstellung: Mittelalter. Stuttgart 1982, 414–431.
Dionysius Areopagita: Œuvres complètes. Trad., préf. et notes par M. de Gandillac. Paris 1943 (Bibliothèque philosophique, 5).
[-:] Des heiligen Dionysius Areopagita angebliche Schriften über die beiden Hierarchien [De caelesti hierarchia – De ecclesiastica hierarchia]. Aus dem Griech. übers. von J. Stiglmayr. Kempten–München 1911 (Bibliothek der Kirchenväter, 2).
-: Die Hierarchien der Engel und der Kirche [De caelesti hierarchia – De ecclesiastica hierarchia]. Übersetzt, mit Einleitung und Kommentar versehen von Walther Tritsch. Einführung von Hugo Ball. München 1955.
-: La hiérarchie céleste [De caelesti hierarchia]. Introd. par R. Roques. Etude et texte critique par G. Heil. Traduction et notes par M. de Gandillac. Paris ²1970 (Sources chrétiennes, 58).
[-:] Des Heiligen Dionysius Areopagita angebliche Schriften über „Göttliche Namen" [De divinis nominibus]. Angeblicher Brief an den Mönch Demophilus. Aus dem Griechischen übers. von Joseph Stiglmayr. München 1933 (Bibliothek der Kirchenväter, 2. Reihe, Bd. 2).
-: Von den Namen zum Unnennbaren [De divinis nominibus]. Ausw. und Einl. von E. von Ivánka. Einsiedeln 1957 (Sigillum 7).
Dominicus Gundissalinus: Classification of the Sciences [De divisione philosophiae]. Translated by Marshall Clagett and Edward Grant. Annotated by Edward Grant, in: Grant, E.: A Source Book in Medieval Science. Cambridge, Mass. 1974, 59–76.
Donat: The Ars minor of Donatus, for one thousand years the leading textbook of grammar, translated from the Latin, with introductory sketch, by Wayland Johnson Chase. Madison, Wis. 1926 (University of Wisconsin studies in the social sciences and history, 11).
Duns Scotus: Philosophical Writings. A selection, ed. and transl. with an introduction by A. B. Wolter. Indianapolis 1964.
-: Abhandlung über das erste Prinzip [De primo principio]. Hrsg. und übers. von Wolfgang Kluxen. Darmstadt 1974 (Texte zur Forschung, 20).
-: A treatise on God as first principle. A revised Latin text of the De primo principio, translated into English along with two related questions from an early commentary on the Sentences of Peter Lombard. By Allan B. Wolter. Chicago 1966.

-: Duns Scotus und die Notwendigkeit einer übernatürlichen Offenbarung. Ordinatio Prolog q. 1. Übers. u. eingel. v. T. Barth, in: Franziskanische Studien 40 (1958), 382–404, 42 (1960), 51–65.
-: Ist Gottes Dasein durch sich bekannt? Ordinatio I, d. 2, q. 1–3. Übers. u. erkl. von H. L. Fäh, in: Franziskanische Studien 43 (1961), 348–373, 44 (1962), 192–241.
-: Die Erkennbarkeit Gottes. Ordinatio I, d. 3, pars 1, q. 1–3. Übers. u. erkl. von H. L. Fäh, in: Franziskanische Studien 47 (1965), 187–299.
-: Questions on the Metaphysics. Book 9: potency and act [Quaestiones super libros Metaphysicorum Aristotelis; Ausz.]. Translated from a corrected text by Allan B. Wolter. Washington 1979.
-: God and creatures. The quodlibetal questions [Quodlibeta]. Transl. with an introduction, notes, and glossary by Felix Alluntis and Allan B. Wolter. Princeton, N. J. 1975. Repr. Washington 1981.

[Fulbert:] The letters and poems of Fulbert of Chartres. Edited and translated by Frederick Behrends. Oxford 1976.

[Gerbert von Reims:] The letters of Gerbert. With his papal privileges as Sylvester II. Translated with an introduction by Harriet Pratt Lattin. New York 1961 (Records of civilization, 60).
[Gratian:] Gratianus, the canonist. Marriage canons from the Decretum. Transl. by John T. Noonan. Berkeley 1967.
-: The Concord of Discordant Canons (Excerpts from the Decretum), in: Fairweather, E. R.: A Scholastic Miscellany: Anselm to Ockham. New York 1970, 243–246.
[Gregor der Große:] Des Heiligen Papstes und Kirchenlehrers Gregor des Großen Ausgewählte Schriften. Aus dem Lat. übers. von Joseph Funk. Bd. 1. 2. München 1933 (Bibliothek der Kirchenväter, 2. Reihe, Bd. 3. 4).
-: Dialogues [Dialogi]. Translated by Odo John Zimmermann. New York 1959. New ed. 1977 (The Fathers of the church; a new translation, 39).
-: Dialogues [Dialogi]. Ed. A de Vogüé. 3 vols. Paris 1978 (Sources chrétiennes, 251. 260. 265).
-: Commentaire moral du livre de Job [Moralia in Job]. Textes choisis et traduits par René Wasselynck. Introduction par Philippe Delhaye. Namur 1965.
[Guibert von Nogent:] Self and Society in Medieval France: The memoirs of Abbot Guibert of Nogent. Edited with an introduction and notes by John F. Benton. The translation of C. C. Swinton Bland rev. by the editor. New York 1970.

Heinrich von Gent: Can Creatures Be Used to Demonstrate God's Existence to Man? [Summa; Ausz.]. Translation by A. B. Wolter, in:

Wippel, J. F./Wolter, A. B. (ed.): Medieval Philosophy: From St. Augustine to Nicholas of Cusa. London, New York 1969, 378–389.
[Hieronymus:] Des Heiligen Kirchenvaters Eusebius Hieronymus Ausgewählte Schriften. Aus dem Lat. übers. von Ludwig Schade. Bd. 1–3. München 1914. 1936. 1937 (Bibliothek der Kirchenväter, 15. 2. Reihe, Bd. 16. 18).
[-:] Saint Jerome, dogmatic and polemical works. Translated by John N. Hritzu. Washington 1965 (The Fathers of the church; a new translation, 53).
Hugo von St. Viktor: Mystische Schriften. Ausgew., übertr. aus d. Latein. und eingel. von P. Wolff. Mit einem Anhang über Augustins Einfluß auf die Mystik der Viktoriner. Trier 1961.
[-:] Textes spirituels de Hugues de Saint-Victor. Traduction par Roger Baron. Paris 1962.
-: Six opuscules spirituels. Introd., texte critique, traduction et notes par Roger Baron. Paris 1969 (Sources chrétiennes, 155).
-: Soliloquy on the earnest money of the soul [De arrha animae]. Translated from the Latin with an introduction by Kevin Herbert. Milwaukee 1956.
-: On the sacraments of the Christian faith [De sacramentis]. English version by Roy J. Deferrari. Cambridge, Mass. 1951.
[-:] Hugo von St. Victor, Das Lehrbuch [Didascalion]; Johannes Gerson, Traktat über die Hinführung der Kleinen zu Christus. Übers., eingeleitet und erläutert von Joseph Freundgen. Paderborn 1896.
[-:] The Didascalion of Hugh of St. Victor. A medieval guide to the arts. Transl. from the Latin with an introd. and notes by J. Taylor. New York–London 1961.

Isidor von Sevilla: Traité de la nature [De natura rerum]. Ed. par J. Fontaine. Bordeaux 1960 (Bibliothèque de l'Ecole des hautes études hispaniques, 28).
-: The Medical Writings [Etymologiae; Ausz.]. An English translation with an introduction and commentary by William D. Sharpe, in: Transactions of the American Philosophical Society, New ser., Vol. LIV, Part II (1964).
[-:] Cassiodorus. Institutiones, Book II. Chapter V; Isidore of Seville. Etymologies [Etymologiae], Book III. Chapters 15–23. Translated by Helen Dill Goode and Gertrude C. Drake. Colorado Springs 1980 (Colorado College Music Press. Translations, 12).
[-:] An Encyclopedist of the Dark Ages [Etymologiae; Ausz.]. By Ernest Brehaut. New York 1912.
-: [Etymologiae; Ausz.] Book III: On Mathematics. Book XIII: On the Universe and its Parts. Translated by Ernest Brehaut. Revised, expanded, and annotated by Edward Grant, in: Grant, E.: A Source Book in Medieval Science. Cambridge, Mass. 1974, 3–16, 25–27.

Jean Quidort von Paris: Über königliche und päpstliche Gewalt [De regia potestate et papali]. Textkritische Edition mit deutscher Übersetzung von Fritz Bleienstein. Stuttgart 1969.

-: On royal and papal power [De regia potestate et papali]. Translated with an introduction by J. A. Watt. Toronto 1971.

Joachim von Fiore: Das Reich des Heiligen Geistes. Bearb.: A. Rosenberg. Übers. aus d. lat. Originalwerken durch R. Birchler. München–Planegg 1954.

Johannes Eriugena: Über die Eintheilung der Natur [De divisione naturae]. Übers. mit einer Schluss-Abhandlung versehen von L. Noack. Abth. 1. 2. Berlin 1870–74 (Philosophische Bibliothek, 86. 87).

[-:] Joannis Scotti Eriugenae Periphyseon (De divisione naturae). Ed. by I. P. Sheldon-Williams, with the collaboration of Ludwig Bieler. Dublin 1968 (lat.-engl., 3 Bde. erschienen).

-: Homélie sur le Prologue de Jean. Ed. Edouard Jeauneau. Paris 1969 (Sources chrétiennes, 151).

-: Commentaire sur l'évangile de Jean. Introduction, texte critique, traduction, notes et index de Edouard Jeauneau. Paris 1972 (Sources chrétiennes, 180).

[Johannes Gerson:] Jean Gerson. Selections from A Deo exivit, Contra curiositatem studentium and De mystica theologia speculativa. Introduced, edited, translated and annotated by Stephen E. Osment. Leiden 1969 (Textus minores, 38).

Johannes von Salisbury: Entheticus de dogmate philosophorum. A translation and critical study by Samuel Dewey Buckley. New Orleans, La. 1965.

-: The Metalogicon. A twelfth-century defense of the verbal and logical arts of the Trivium. Transl., introd. and notes by D. D. McGarry. Berkeley 1955. Repr. Gloucester, Mass. 1971.

-: Frivolities of Courtiers and Footprints of Philosophers. Being a translation of the 1., 2. and 3. books and selections from the 7. and 8. books of the "Policraticus" of John of Salisbury. Transl. by J. B. Pike. Minneapolis 1938. Repr. New York 1972.

-: Policraticus: the statesman's book. Abridged and edited, with an introduction by Murray F. Markland. New York 1979.

[Macrobius:] Œuvres de Macrobe. Traduction nouvelle par Henry Descamps, N. A. Dubois, Laass d'Aguen, A. Ubicini Martelli. Paris 1845–47.

-: Commentary on the Dream of Scipio [In Somnium Scipionis]. Translation with an introduction and notes by William Harris Stahl. New York 1952 (Records of civilization, 48).

[Marius Victorinus:] Christlicher Platonismus. Die theologischen Schriften des Marius Victorinus. Hrsg. von Carl Andresen. Übers. Pierre Hadot u. Ursula Brenke. Zürich–Stuttgart 1967 (Bibliothek der alten Welt).

[Marius Victorinus:] Theological Treatises on the Trinity. Translated by Mary T. Clark. Washington 1981 (The Fathers of the Church; a new translation, 69).

-: Traités théologiques sur la Trinité. Texte établi par Paul Henry. Introduction, traduction et notes par Pierre Hadot. Paris 1960 (Sources chrétiennes, 68. 69).

Martianus Capella: The marriage of Philology and Mercury [De nuptiis Philologiae et Mercurii]. Translated by William Harris Stahl and Richard Johnson, with E. L. Burge. New York 1977.

Meister Eckhart: Die lateinischen Werke. Hrsg. und übersetzt von Konrad Weiß u. a. Bd. 1 ff. Stuttgart 1936 ff. (Meister Eckhart. Die deutschen und lateinischen Werke. Hrsg. im Auftrage der Deutschen Forschungsgemeinschaft).

-: Die deutschen Werke. Hrsg. und übersetzt von Josef Quint. Bd. 1 ff. Stuttgart 1958 ff. (Meister Eckhart. Die deutschen und lateinischen Werke. Hrsg. im Auftrage der Deutschen Forschungsgemeinschaft).

-: Deutsche Predigten und Traktate. Hrsg. und übersetzt von Josef Quint. 2. Aufl. München 1963. Nachdr. Zürich 1979 (Diogenes Taschenbuch, 202).

-: Meister Eckharts Rechtfertigungsschrift vom Jahre 1326. Einleitung, Übersetzung und Anm. von O. Karrer und H. Piesch. Erfurt 1927 (Deutscher Geist. Erschlossene Quellen seines Wesens, 1).

[Moses Maimonides:] Moses Maimonides. Ein Querschnitt durch das Werk des Rabbi Mosche Ben Maimon. Ausgew. u. aus d. Hebr. von N. N. Glatzer. Köln 1966 (Hegner Bücherei).

[-:] Maimonides said. An anthology, selected and translated by Nahum N. Glatzer. New York 1941.

[-:] Maimonides. His wisdom for our time. Selected from his twelfth-century classics. Edited, newly translated, and with an introd. by Gilbert S. Rosenthal. New York 1969 (A Sabra book).

[-:] Ethical Writings of Maimonides. Translated by Raymond L. Weiss, with Charles E. Butterworth. New York 1975.

-: Führer der Unschlüssigen [Dalālat al-ḥā'irīn]. Übersetzung und Kommentar von Adolf Weiß. Unveränd. Nachdruck der Ausg. Leipzig 1923. Mit einer neuen Einleitung und einer Bibliographie von Johann Meier. In 2 Bänden. Hamburg 1972 (Philosophische Bibliothek, 184a–c).

-: The guide of the perplexed [Dalālat al-ḥā'irīn]. Transl. with an introd. and notes by S. Pinès. With an introductory essay by Leo Strauss. Chicago 1963.

-: Le guide des égarés [Dalālat al-ḥā'irīn]. Traité de théologie et de philosophie. Publ. dans l'original arabe (en écriture hébraique) et accompagné d'une trad. franç. et de notes crit., littéraires et explicatives par S. Munk. Vol. 1–3. Paris 1856–66. Repr. Osnabrück 1964.

-: Acht Kapitel [Ṯamāniya fuṣūl]. Eine Abhandlung zur jüdischen Ethik und Gotteserkenntnis. Arabisch und deutsch von Maurice Wolff. Nach-

druck der Ausgabe Leiden 1903. Mit Einführung und Bibliographie von Friedrich Niewöhner. Hamburg 1981 (Philosophische Bibliothek, 342).
[-:] Maimonides on sexual intercourse [Fī al-jima]. Translated from the Arabic with an introduction and commentary. Edited by Morris Gorlin. Brooklyn 1961 (Medical historical studies of medieval Jewish medical works, 1).

Nicolas Oresme: An Algorism of Ratios: Manipulation of Rational Exponents [Algorismus proportionum; Ausz.]. Translated and annotated by Edward Grant, in: Grant, E.: A Source Book in Medieval Science. Cambridge, Mass. 1974, 150–157.
-: De proportionibus proportionum, and Ad pauca respicientes. Ed. with introd., Engl. transl. and critical notes by E. Grant. Madison, Wis. 1966.
-: Traktat über Geldabwertungen [De mutatione monetarum]. Hrsg. u. eingel. von E. Schorer. Jena 1937.
-: The De Moneta of Nicholas Oresme and English Mint Documents. Transl. from the Latin with introd. and notes by C. Johnson. London 1956.
-: Die Bewegung der Erde [Livre du ciel et du monde; Ausz.]. Übers. von E. Schmid, in: Sambursky, Shmuel: Der Weg der Physik. Zürich–München 1975, 217–219.
-: Le livre du ciel et du monde. Edited by Albert D. Menut and Alexander J. Denomy. Translated with an introd. by Albert D. Menut. Madison, Wis. 1968.
-: Le livre de yconomique d'Aristote. Critical edition of the French text from the Avranches Ms. with the original version of William of Moerbeke. Introd. and English translation by A.-D. Menut. Philadelphia 1957.
-: The Questiones de spera. Latin text with Engl. transl., comm. and variants by G. Droppers. Madison, Wis. 1966.
[-:] The Questiones super de celo of Nicole Oresme. By Claudia Kren. 5 vol. Madison, Wis. 1965.
-: Infinite series [Quaestiones super geometriam Euclidis; Ausz.]. Translated and annotated by Edward Grant, in: Grant, E.: A Source Book in Medieval Science. Cambridge, Mass. 1974, 131–135.
[-:] Nicole Oresme on light, color, and the rainbow. An edition and translation, with introd. and critical notes, of part of book three of his Quaestiones super quatuor libros meteorum. By Stephen C. McCluskey. 2 vol. Madison, Wis. 1974.
[-:] Nicole Oresme and the marvels of nature. A critical edition of his Quodlibeta with English translation and commentary. By Bert Hansen. 2 vol. Princeton 1974.
[-:] Nicole Oresme and the kinematics of circular motion: Tractatus de commensurabilitate vel incommensurabilitate motuum celi. Edited with an introd., English transl., and commentary by Edward Grant. Madison, Wis. 1971.

[Nicolas Oresme:] Nicole Oresme and the medieval geometry of qualities and motions. A treatise on the uniformity and difformity of intensities known as Tractatus de configurationibus qualitatum et motuum. Edited with an introd., English transl. and commentary by Marshall Clagett. Madison, Wis. 1968.

[-:] Nicole Oresme, highlights from his French commentary of Aristotle's Politics. Englished by Albert D. Menut. Lawrence, Kan. 1979.

[Nicolaus Cusanus:] Schriften des Nikolaus von Cues. In deutscher Übersetzung. Hrsg. im Auftrag der Heidelberger Akademie der Wissenschaften von Ernst Hoffmann u. a. Heft 1 ff. Leipzig, später Hamburg 1936 ff. (Philosophische Bibliothek).

[-:] Des Kardinals und Bischofs Nikolaus von Cusa wichtigste Schriften. In deutscher Übersetzung von F. A. Scharpff. Freiburg i. Br. 1862. Nachdr. Frankfurt a. M. 1966.

-: The layman, about mind [Idiota de mente]. Translation and introduction by Clyde Lee Miller. New York 1979.

[Nicolaus von Autrecourt:] Mittelalterlicher Empirismus. Zwei Briefe an Bernhard von Arezzo. Übers. von K. Flasch, in: Flasch, Kurt: Geschichte der Philosophie in Text und Darstellung: Mittelalter. Stuttgart 1982, 484–500.

[-:] The universal treatise of Nicholas of Autrecourt [Exigit ordo]. Transl. by Leonard A. Kennedy, Richard E. Arnold, Arthur E. Millward. With an introduction by Leonard A. Kennedy. Milwaukee, Wis. 1971 (Medieval Philosophical Texts in Translation, 20).

[Otloh von St. Emmeram:] Otloh von St. Emmeram: das Buch von seinen Versuchungen. Eine geistliche Autobiographie aus dem 11. Jahrhundert. Eingeleitet u. übersetzt von Wilhelm Blum. Münster 1977.

Otto von Freising: Chronik, oder: Die Geschichte der zwei Staaten [Chronica]. Übers. von Adolph Schmidt. Hrsg. von Walther Lammer. Berlin 1960 (Ausgewählte Quellen zur deutschen Geschichte des Mittelalters, 16).

Paulus Orosius: The seven books of history against the pagans [Historia adversus paganos]. Translated by Roy J. Deferrari. Washington 1964 (The Fathers of the church; a new translation, 50).

Petrus Abaelard: Exposition of the Epistle to the Romans (An Excerpt from the Second Book). Ethics or the Book Called "Know Thyself" (Excerpt). Hymn for Saturday Vespers. Translations by Gerald E. Moffatt, Eugene R. Fairweather and John Mason Neale, in: Fairweather, E. R.: A Scholastic Miscellany: Anselm to Ockham. New York 1970, 276–299.

[-:] Œuvres choisies d'Abélard. Textes prés. et trad. par M. de Gandillac. Logique, p. 1. Ethique. Dialogue entre un philosophe, un juif et un chrétien. Paris 1945 (Bibliothèque philosophique).

-: A dialogue with a Jew and a Christian [Dialogus inter Philosophum, Iudaeum et Christianum]. Translated by Pierre J. Prayer. Toronto 1979.

[-:] Nosce te ipsum, die Ethik des Petrus Abaelard. Übers. u. eingel. von F. Hommel. Wiesbaden 1947 (Bücher des Wissens, 2).

[-:] Peter Abelard's Ethics [Ethica]. An edition with introduction, English translation and notes by David E. Luscombe. Oxford 1971.

-: Die Leidensgeschichte und der Briefwechsel mit Heloisa [Historia calamitatum]. Übertr. und hrsg. v. E. Brost. 3., erw. Aufl. Heidelberg 1963.

[-:] The Story of Abelard's Adversities. A transl. with notes of the Historia calamitatum by J. T. Muckle. Pref. by E. Gilson. Toronto 1954.

-: Das Universalienproblem [Logica Ingredientibus]. Übers. von Kurt Flasch, in: Flasch, K.: Geschichte der Philosophie in Text und Darstellung: Mittelalter. Stuttgart 1982, 233–262.

-: Die Vieldeutigkeit der Texte – Interpretation als Problem. Prolog zu „Sic et non“. Übers. von Bernhard Milz, überarb. von Kurt Flasch, in: Flasch, K.: Geschichte der Philosophie in Text und Darstellung: Mittelalter. Stuttgart 1982, 262–269.

-: Du Bien Suprême (Theologia Summi boni). Introd., trad. et notes par Jean Jolivet. Montréal–Paris 1978 (Cahiers d'Etudes Médiévales, 4).

Petrus Damiani: On Divine Omnipotence [De divina omnipotentia; Ausz.]. Translated by Owen J. Blum, in: Wippel, J. F./Wolter, A. B. (ed.): Medieval Philosophy: From St. Augustine to Nicholas of Cusa. London–New York 1969, 143–152.

-: Lettre sur la toute-puissance divine [De divina omnipotentia]. Introd., texte critique, trad. et notes par André Cantin. Paris 1972 (Sources chrétiennes, 191).

Petrus Lombardus: The Four Books of Sentences (Selections) [Libri quatuor sententiarum; Ausz.]. Translation and Notes by Owen R. Orr, in: Fairweather, E. R.: A Scholastic Miscellany: Anselm to Ockham. New York 1970, 334–351.

[Raimundus Lullus:] Lulle. L'arbre de philosophie d'amour. Le livre de l'ami et de l'aimé et choix de textes philosophiques et mystiques. Introd., trad. et notes par L. Sala-Molins. Paris 1967.

[-:] L'Ars compendiosa de R. Lulle. Avec une étude sur la bibliographie et le fond Ambrosien de Lulle par C. Ottaviano. Paris 1930 (Etudes de philosophie médiévale, 12).

-: Formen der Erkenntnis [De modo naturali intelligendi; Ausz.]. Übers. von Peter Kunze, in: Flasch, K.: Geschichte der Philosophie in Text und Darstellung: Mittelalter. Stuttgart 1982, 374–380.

-: Das Buch vom Liebenden und Geliebten [Llibre d'amic e amat]. Eine mystische Spruchsammlung. Aus dem Altkatalanischen übersetzt und hrsg. von Ludwig Klaiber. Köln 1967.

[Raimundus Lullus:] The book of the lover and the beloved [Llibre d'amic e amat]. Edited by Kenneth Leech. From the E. Allison Peers translation of Ramón Lull. Rev. ed. London 1978 (The Spiritual Masters).

[-:] Ein katalanisches Thierepos von Ramon Lull [Llibre de les besties]. Hrsg. u. übers. v. K. Hofmann. München 1871 (Königlich-bayerische Akademie der Wissenschaften. Abhandlungen. Philosophisch-philologische Classe, 12).

-: Le livre des bêtes [Llibre de les besties]. Version française du XVe siècle avec traduction en français moderne, introduction et notes par A. Llinarès. Paris 1965 (Bibliothèque française et romane. Sér. B: Textes et documents, 3).

-: Le livre du gentil et des trois sages [Llibre del gentil e los tres savis]. Version française médiévale complétée par une traduction en français moderne. Texte établi et présenté par A. Llinarès. Paris 1966 (Université de Grenoble. Publications de la faculté des lettres et sciences humaines, 43).

[-:] Das Leben des seligen Raimund Lull. Die „Vita coëtanea" und ausgewählte Texte zum Leben Lulls. Übertr. und eingel. von E.-W. Platzeck. Düsseldorf 1964.

[Roger Bacon:] The Opus Majus of Roger Bacon. A transl. by R. B. Burke. 2 vol. Philadelphia–London 1928. Reissue New York 1962.

-: Opus Maius: Moral Philosophy. Translated by Richard McKeon, Donald McCarthy and Ernest L. Fortin, in: Lerner, R./Mahdi, M.: Medieval Political Philosophy: A Sourcebook. New York 1963, 355–390.

-: Mathematik als die Grundlage der Wissenschaft. Über die Bewegung der Waage [Opus maius, Ausz.]. Übers. von Th. G. Bucher, in: Sambursky, Shmuel: Der Weg der Physik. Zürich–München 1975, 208–215.

[-:] Late thirteenth-century synthesis in optics [Opus maius – De multiplicatione specierum; Ausz.]. Translations, introduction, and annotation by David C. Lindberg, in: Grant, E.: A Source Book in Medieval Science. Cambridge, Mass. 1974, 392–435.

[-:] Roger Bacon on the nullity of magic [De mirabili potestate artis et naturae]. Translated from the Latin by Tenney L. Davis, together with notes and an account of Bacon's life and work. New York 1982.

[Siger von Brabant:] Thomas Aquinas, Siger of Brabant, Bonaventure, On the Eternity of the World [De aeternitate mundi]. Transl. from the Latin with an introd. by C. Vollert, L. H. Kendzierski, P. M. Byrne. Milwaukee, Wis. 1964.

-: On the Intellective Soul [De anima intellectiva; Ausz.]. Translated by J. A. Arnold and J. F. Wippel, in: Wippel, J. F./Wolter, A. B. (ed.): Medieval Philosophy: From St. Augustine to Nicholas of Cusa. London–New York 1969, 360–365.

[Sulpicius Severus:] Die Schriften des Sulpicius Severus über den heiligen

Martinus, Bischof von Tours. Aus dem Lat. übers. v. P. Bihlmeyer. Kempten–München 1914 (Bibliothek der Kirchenväter, 20).
-: Vie de Saint Martin. Introduction, texte et traduction par Jacques Fontaine. 3 vol. Paris 1967–69 (Sources chrétiennes, 133. 134. 135).

[Thomas von Aquino:] Die Philosophie des Thomas von Aquin. In Auszügen aus seinen Schriften hrsg. und mit Anmerkungen von Eugen Rolfes. Leipzig 1920. 2. Auflage mit einer Einl. und Bibl. von K. Bormann. Hamburg 1977 (Philosophische Bibliothek, 100).
-: Philosophical texts. Selected and translated with notes and an introd. by Thomas Gilby. London–New York 1951. Repr. Durham, N. C. 1982.
[-:] The pocket Aquinas. Selections from the writings of St. Thomas. Edited, with some passages newly translated, and a general introduction by Vernon J. Bourke. New York 1960.
-: Compendium theologiae. Grundriß der Glaubenslehre. Deutsch-lateinisch. Übersetzt von Hans Louis Fäh. Hrsg. von Rudolf Tannhof. Heidelberg 1963.
-: Treatise on separate substances [De substantiis separatis]. A Latin-English edition of a newly established text based on 12 mediaeval mss. With introd. and notes by Francis J. Lescoe. West Hartford, Conn. 1963.
-: On the unity of the intellect against the Averroists [De unitate intellectus]. Translated from the Latin with an introd. by Beatrice H. Zedler. Milwaukee, Wis. 1968 (Mediaeval philosophical texts in translation, 19).
-: Commentary on the Posterior analytics of Aristotle [In Aristotelis librum Analyticorum Posteriorum expositio]. Translated by F. R. Larcher. With a preface by James A. Weisheipl. Albany, N. Y. 1970.
-: Die Seele. Erklärungen zu den drei Büchern des Aristoteles „Über die Seele“ [In Aristotelis librum De anima Commentarium]. Übertragen und eingeleitet von Alois Mager. Wien 1937.
-: Commentary on the Metaphysics of Aristotle [In duodecim libros metaphysicorum Aristotelis expositio]. Translated by John P. Rowan. 2 vol. Chicago 1961 (Library of living Catholic thought).
-: Commentary on Aristotle's Physics [In octo libros physicorum Aristotelis commentaria]. Translated by Richard J. Blackwell, Richard J. Spath and W. Edmund Thirkel. Introd. by V. J. Bourke. London 1963.
-: The trinity and The unity of the intellect [In librum Boethii De trinitate expositio – De unitate intellectus]. Translated by Rose Emmanuella Brennan. St. Louis–London 1946.
-: The division and methods of the sciences. Questions V and VI of his Commentary on the „De Trinitate“ of Boethius. Transl. with introd. and notes by Armand Maurer. 3d rev. ed. Toronto 1963.
[-:] Die menschliche Willensfreiheit. Texte zur thomistischen Freiheitslehre [Quaestiones disputatae]. Ausgewählt und mit einer Einleitung versehen von Gustav Siewerth. Übersetzung von Placidus Wehbrink.

Düsseldorf 1954 (Texte zur Problemgeschichte der Philosophie und der philosophischen Anthropologie).

Thomas von Aquino: Untersuchungen über die Wahrheit [Quaestiones disputatae. De veritate]. In deutscher Übertragung von Edith Stein. 2 Bde. 3., erw. Aufl. Löwen–Freiburg 1964 (Edith Stein, Werke, 3. 4).

-: Summe gegen die Heiden [Summa contra gentiles]. Hrsg. und übersetzt von Karl Albert und Paulus Engelhardt unter Mitarbeit von Leo Dümpelmann. Darmstadt 1974 ff. (Texte zur Forschung).

-: The Summa contra Gentiles. Literally transl. from the latest Leonine ed. by English Dominican Fathers. 5 vol. London 1928–29.

-: Summa contra gentiles. Transl. by A. C. Pegis, J. F. Anderson, V. J. Bourke and C. J. O'Neil. Notre Dame, Ind. 1975.

-: Die deutsche Thomas-Ausgabe. Vollständige, ungekürzte deutsch-lateinische Ausgabe der Summa theologica. Übers. von Dominikanern und Benediktinern Deutschlands und Österreichs. Hrsg. von der Albertus-Magnus-Akademie Walberberg bei Köln. Bd. 1 ff. Salzburg, später Heidelberg 1933 ff.

-: Summa theologica. First complete American edition. Translated by Fathers of the English Dominican Province. New York 1947–48. Repr. Westminster, Md. 1981.

-: Somme théologique [Summa theologica]. Traduction française par A. D. Sertillanges et al. Paris 1947 ff. (Editions de la Revue des jeunes).

Thomas von Erfurt: On the modes of signifying. A speculative grammar by Thomas of Erfurt. The first translation into English of the De modis significandi, sive Grammatica speculativa, which was ascribed to John Duns Scotus. Translated by Charles Glenn Wallis. Ann Arbor, Mich. 1938 (The classics of the St. John's program).

-: Grammatica speculativa. An edition with translation and commentary by G. L. Bursill-Hall. London 1972.

Wilhelm von Ockham: Texte zur Theorie der Erkenntnis und der Wissenschaft. Hrsg., übers. und kommentiert von Ruedi Imbach. Stuttgart 1984 (Reclams Universal-Bibliothek 8239).

-: Philosophical Writings. A selection. Edited and translated by P. Boehner. Edinburgh–New York 1957 (The Nelson philosophical texts).

[-:] The De sacramento altaris of William of Ockham. Edited by T. Bruce Birch. Latin text and English translation. Burlington, Ia. 1930.

-: Commentaire sur le livre des prédicables de Porphyre. Précédé du Proême du commentaire sur les livres de l'art logique [Expositio in librum Porphyrii De praedicabilibus – Expositionis in libros artis logicae prooemium]. Introd. de Louis Valcke. Trad. française de Roland Galibois. Sherbrooke, Québec 1978.

-: Summe der Logik [Summa logicae; Ausz.]. Aus Teil I: Über die Termini. Ausgewählt, übersetzt und mit Einf. und Anmerkungen hrsg. v. Peter Kunze. Hamburg 1984 (Philosophische Bibliothek, 363).

[-:] Ockham's Theory of Terms. Part I of the Summa logicae. Transl. and introduced by Michael J. Loux. Notre Dame, Ind. 1974.

[-:] Ockham's Theory of Propositions. Part II of the Summa logicae. Translated by Alfred J. Freddoso and Henry Schuurman. Introd. by Alfred J. Freddoso. Notre Dame 1980.

-: Commentary on the Sentences. Seven Quodlibets [Super 4 Libros Sententiarum – Quodlibeta Septem; Ausz.]. Translated by James J. Walsh, in: Hyman, A./Walsh, J. J. (ed.): Philosophy in the Middle Ages. The Christian, Islamic, and Jewish Traditions. New York 1967, 618–653.

[Wilhelm von St. Thierry:] The Works of William of St. Thierry. Vol. 1 ff. Spencer, Mass. 1970 ff. (The Cistercian fathers series, 3. 6. 9. etc.).

-: Œuvres choisies. De la nature du corps et de l'âme. De la nature et dignité de l'amour. Sur le cantique des cantiques. Introd., trad. et notes par J.-M. Déchanet. Paris 1944.

-: Gott schauen, Gott lieben. De contemplando Deo, De natura et dignitate amoris. Übertr. und eingel. von W. Dittrich und H. U. von Balthasar. Einsiedeln 1961 (Sigillum, 21).

-: Deux traités de l'amour de Dieu [De contemplando Deo – De natura et dignitate amoris]. Textes, notes critiques, trad. par M.-M. Davy. Paris 1953.

-: Nature et dignité de l'amour [De natura et dignitate amoris]. Traduit et présenté par Robert Thomas. Chambarand 1965.

-: Un traité de la vie solitaire. Lettre aux Frères du Mont-Dieu de Guillaum de Saint-Thierry [De vita solitaria]. Traduction française, précédée d'une introduction et de notes doctrinales par M.-M. Davy. Paris 1946 (Etudes de philosophie médiévale).

REGISTER

1. Personen

Verzeichnet sind die Namen der im Text behandelten Autoren. Für die Autoren des Mittelalters sind in der Regel die Vornamen maßgebend.

2. *Sachen*

TAFELN

Tafel 1: S. Vitale, Ravenna. Innenansicht und Grundriß.

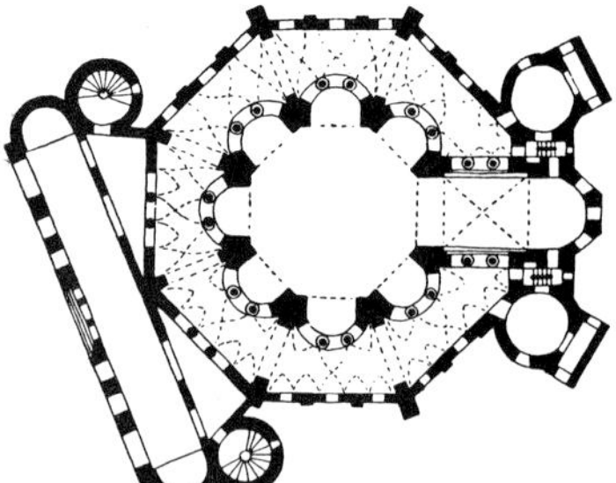

Foto Alinari
(zu Kap. I 1)

Tafel 2: Pfalzkapelle Karls d. Gr., Aachen. Innenansicht und Grundriß.

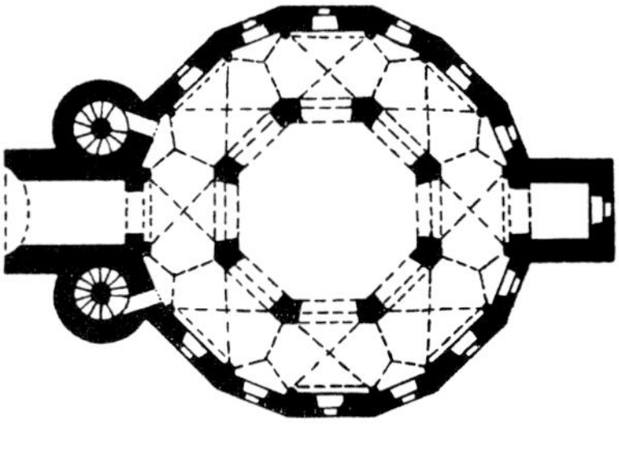

Foto Dr. H. Busch
(zu Kap. I 1)

Tafel 3: Lotharkreuz – Detail mit der antiken Augustuskamee, Aachen.

Foto Ann Münchow
(zu Kap. I 1)

Tafel 4: Friedensallegorie, von A. Lorenzetti. Fresko im Stadtpalast von Siena.

Foto Alinari
(zu Kap. X 4)

Tafel 5: Soldaten in der Stadt, von A. Lorenzetti. Fresko im Stadtpalast von Siena.

(zu Kap. X 4)

Tafel 6: Wiesenkirche, Soest. Außenansicht.

Foto E. Müller
(zu Kap. XII 4)

Tafel 7: Wiesenkirche, Soest. Innenansicht.

Foto E. Müller
(zu Kap. XII 4)